PARACHUTÉ SUR BERLIN

LOWELL BENNETT

PARACHUTÉ SUR BERLIN

Traduit de l'anglais (Etats-Unis) par
Alan Bennett

Nuvis, 2023

Flasher ce QR Code pour découvrir le site www.nuvis.fr

ISBN 978-2-36367-303-9

A Elizabeth, ma femme,
qui m'a attendu sans jamais perdre confiance

1

REPORTAGE AU-DESSUS DE L'ALLEMAGNE

La mission ressemblait, de prime abord, à beaucoup d'autres reportages de guerre. Cette fois-ci, c'était un vol dans un bombardier britannique pour voir Berlin brûler à l'occasion d'une des grandes attaques aériennes nocturnes. Les préparatifs pour ce voyage ne différaient guère de ceux de dizaines d'autres missions similaires. Mais cette fois-ci, il y avait pour moi une différence importante : le pressentiment fort et persistant que ce ne serait qu'un aller simple.

Des attaques massives contre la capitale allemande avaient été lancées pratiquement toutes les nuits au cours des deux dernières semaines. Le maréchal Sir Arthur Harris, patron de la Bomber Command, voulait anéantir la ville, l'effacer, tout comme les bombardiers l'avaient déjà fait avec Hambourg, premier port de l'Allemagne.

Jusqu'à présent, en dehors de raids plus légers pendant les trois premières années de la guerre, quelque dix mille tonnes d'explosifs et d'incendiaires infernaux étaient tombées en avalanche sur Berlin. Des rapports émanant des services de renseignements et de la presse neutre confirmaient une dévastation générale. Près du quart de la ville avait été rasée.

Ce ne serait pas le dernier raid, il en faudrait encore beaucoup d'autres, pour mener à bien la destruction que les Alliés jugeaient indispensable pour une victoire en Europe. Mais cette fois-ci, quatre journalistes accompagneraient la vague de bombardements pour témoigner de son exécution et de son effet.

Edward Murrow, qui avait fait des reportages sur le Blitz de Londres trois ans auparavant, représentait les radios américaines. Il allait voler avec le commandant d'une escadrille de Lancaster. Walter King et Norman Stockton, deux correspondants de guerre australiens vétérans devaient partir avec les commandants de deux escadrilles de bombardiers lourds de la RAF. Et moi, je partirais avec un Lancaster d'une quatrième escadrille, comme représentant de la presse écrite américaine.

Un soir de novembre 1943, nous fûmes tous les quatre convoqués au Ministère de l'Air britannique à Londres, et un commandant d'escadron nous proposa «l'opportunité d'assister à un grand raid contre Berlin, par un temps assez clair», selon ses propres mots.

« Si vous acceptez » nous prévint-il sur un ton empreint de solennité, «vous allez devoir accepter des risques qui, en ce moment, sont plus élevés que pour n'importe quel autre objectif en Allemagne. Vous pourriez être abattus et de ne pas avoir d'article. En revanche, si vous en revenez, le bombardement de Berlin vous donnera la matière d'un très beau papier.

«Les Allemands savent que nous avons l'intention de détruire leur capitale,» ajouta-t-il comme en passant, «et nous savons qu'ils le savent. Mais le Vieux [Le maréchal de l'Air, Sir Arthur Harris] est déterminé à finir le travail. Voilà donc - êtes vous partants ?»

En plus des deux Australiens et des deux Américains, un cinquième homme avait demandé à venir. Il s'agissait d'un capitaine de l'Armée libre norvégienne, un grand gaillard quadragénaire, au visage rubicond, qui se renfrogna et se durcit quand il proclama : «Je viens à Berlin moi aussi.» Quelque chose dans sa manière de s'exprimer montrait qu'il avait une raison très personnelle pour ce choix : il voulait voir souffrir les Allemands. Officiellement, il représenterait la Presse libre norvégienne en Grande-Bretagne, mais sa motivation personnelle l'emportait visiblement beaucoup plus sur la professionnelle.

Le commandant de l'escadron nota nos noms et ceux de nos proches, puis nous annonça que nous voyagerions en train le lendemain pour rejoindre les diverses bases aériennes d'où nous devrions nous envoler. Nous sortîmes du ministère de l'Air, qui était sous garde étroite, pour revenir à la routine du reportage londonien. Je restais néanmoins poursuivi par cette prémonition : ce ne serait qu'un aller simple.

Les psychologues se moquent des pressentiments comme d'autant de pensées primitives et déraisonnables. Sans doute. Mais l'appréhension était si forte, si tenace, que j'écrivis une lettre à ma femme, dont voici le début : «Quand tu recevras ceci, je serai en train de traverser l'Allemagne à pied pour rentrer à la maison... Ne te laisse pas perturber par le rapport «porté disparu»... qui te sera posté au New Jersey lorsque je ne reviendrai pas du raid.»

Le parcours en train de Londres vers le nord, par les Midlands, plats et parsemés de villages, fut aussi monotone et sans surprises que tant d'autres voyages vers les bases aériennes pour un reportage sur les aviateurs et leur travail. Je regardais subrepticement les autres passagers, quand ils n'étaient pas en train de me lorgner, moi, ou encore, l'étiquette «Correspondant de guerre américain» cousue sur la manche de mon uniforme.

Je pouvais aussi contempler les publicités décolorées, datant du temps de paix, encore apposées aux parois des compartiments, comme autant de rappels mélancoliques que la vie pouvait, après tout, être autre chose que la guerre. J'avais aussi le loisir de regarder par la fenêtre du train et voir passer un brouillard crasseux de novembre, qui nous rappelait la grisaille de la guerre et les questions sans réponses qu'elle soulevait.

La gare de Lincoln avait un air martial, pleine du grouillement sans but apparent de voyageurs en uniforme sur des quais maussades. Mais ce ne fut là qu'une image fugitive, car la RAF nous attendait, et tous les reporters furent mystérieusement embarqués en voiture pour une base où nous allions devoir attendre le lancement de l'attaque dont nous serions les témoins.

Ce fut le début d'une longue attente de six jours, le délai nécessaire au Bomber Command pour lancer un nouveau raid de nuit colossal contre Berlin. La météo avait été déplorable lors de la dernière attaque. Après une offensive périlleuse de sept heures contre la capitale allemande, les six cents Lancaster et Halifax n'étaient revenus que pour retrouver leurs bases couvertes par une nappe impénétrable de brouillard.

Heureusement, d'autres aérodromes dans le Nord-Est de l'Angleterre étaient dégagés et les avions purent atterrir. Mais le carburant était au plus bas et les pilotes n'avaient pas l'habitude des pistes d'atterrissage de secours. Les pertes causées par les atterrissages cette nuit-là dépassèrent celles de l'attaque elle-même.

De tels désastres devaient être maîtrisés, de telles pertes réduites a minima. Harris semblait vouloir démontrer aux sceptiques qu'il obtiendrait la reddition de l'Allemagne avec une série d'attaques meurtrières contre sa capitale. Il voulait que sa flotte de bombardiers puisse voler aussi souvent que possible et avec le maximum de puissance possible. Mais même avec le meilleur équipement et le plus grand courage du monde, les hommes ne pouvaient pas voler lorsque la météo le leur interdisait. Cette fois, la RAF attendit.

Les 29 et 30 novembre, d'importants raids nocturnes avaient été planifiés, puis abandonnés à cause de la météo. Le premier aurait visé Munich, berceau du nazisme, choisi comme cible, en raison, à cette époque, d'une absence presque totale d'objectifs industriels de guerre. Cette ville ne serait attaquée que pour saper le moral des populations. Les bombardements de nuit visaient autant à démoraliser les civils qu'à neutraliser la production. Selon le commandement, que la cible soit une grande ville, et de surcroît, un bastion du Parti nazi, justifiait largement l'attaque.

La deuxième mission avait été prévue pour la ville de Leipzig, haut-lieu de l'édition de livres en Europe. On agirait par feinte. Près de cinq cents bombardiers parviendraient à une vingtaine de kilomètres de Berlin, puis vireraient brusquement vers le sud pour déverser un déluge de feu sur Leipzig endormie.

Les deux attaques voulaient ainsi tromper les défenses aériennes allemandes, en faisant croire à la Luftwaffe que l'assaut contre la capitale avait été temporairement différé. Ces raids de diversion devaient contraindre l'ennemi à disperser ses escadrilles de chasse nocturne loin de Berlin autour de laquelle leur commandement les avait concentrées. Ainsi - en théorie - l'attaque suivante contre la capitale devrait s'exposer à proportionnellement moins de pertes.

Aucun de ces raids de diversion n'eut lieu. Les bulletins météo les firent annuler au dernier moment.

La RAF, tout comme son arme sœur, la Huitième Aviation américaine en Grande-Bretagne, avait au cours de longs mois de batailles et de pertes, développé une philosophie sans doute propre aux guerriers dont l'espérance de vie se mesurait non pas en années mais en semaines. Le renouvellement constant des équipages pour remplacer les pertes au combat, l'incertitude permanente, le fatalisme de la jeunesse, tous ces facteurs créaient des liens de cordialité et de camaraderie que l'on peut retrouver entre des condamnés, qui vivent ensemble et partagent une intimité commune, avant leur fin collective.

Dans la RAF en particulier, on ne discutait plus depuis longtemps sur la mort, dont les nombreuses formes effrayantes tourmentaient ces aviateurs aux visages juvéniles. Pour un étranger, leur attitude pouvait passer pour l'indifférence d'adolescents inconscients de la gravité de la situation. Mais là n'était pas la question. La mort était devenue une routine, un corollaire à leur travail. Ils se devaient de l'ignorer, tout comme ils ignoraient la mort qu'ils transportaient dans leurs soutes pleines de bombes.

En revanche, lorsqu'une attaque de nuit importante se préparait, la tension remontait progressivement. On la ressentait dans les salons des équipages ; on s'apercevait que le bar (ils l'appelaient «l'allée de la bière») était déserté, et que très peu d'hommes fumaient. Chacun voulait s'assurer qu'il était au mieux de sa forme pour la nuit à venir.

Ces hommes ne paraissaient ni morbides ni découragés. Cet état était dépassé depuis longtemps. Certains écrivaient des lettres à leur famille, d'autres restaient avachis dans des fauteuils, regardant avec morosité par les fenêtres, préoccupés par la mission à venir, s'interrogeant sur ce que serait, cette fois-ci, leur destin.

Puis, quand une attaque était annulée, c'était comme lorsque l'on relâche une bande élastique trop tendue. Tous étaient galvanisés, ils avaient passé des heures à réfléchir au travail, à s'y préparer – ce ne serait pas pour cette fois-ci. Plus besoin de cacher ses émotions. Alors les gars se payaient des bières et maudissaient le météorologue qui changeait d'avis au dernier moment.

Pour un reporter qui n'était guère qu'un amateur dans le métier du bombardement aérien, la tension et l'expectative avaient naturellement atteint un degré beaucoup plus fort. Six jours passèrent avant que l'attaque sur Berlin se produise, et pendant ce temps, il n'y avait pas grand-chose à faire. J'écoutais d'interminables récits à propos d'orgies lors des permissions, des histoires de «gars bizarres» qui avaient rejoint puis quitté l'escadron, d'incidents étranges dans le ciel disputé de l'Allemagne. Ils avaient déjà raconté ces histoires de nombreuses fois, mais avec l'arrivée d'un «reporter», il leur fallait recommencer, et j'appris, par fragments, l'histoire et les faits d'armes de l'Escadrille 50 de la Royal Air Force.

Le pilote qui devait me transporter à Berlin était le lieutenant Ian D. Bolton, un Écossais âgé de vingt ans, vétéran de vingt-neuf missions au-dessus de l'Europe. Son âge paraissait incompatible avec sa compétence, car il commandait le tiers d'une l'escadrille de vingt-quatre Lancaster, les plus gros bombardiers britanniques. Ses coéquipiers, à l'exception d'un Canadien-Écossais qui était l'artilleur dorsal, étaient tous originaires d'Écosse.

Ils auraient pu en vouloir à ce surpoids opérationnel qu'ils allaient devoir transporter lors de leur prochaine sortie sur Berlin, mais ils n'en laissaient rien paraître. L'équipage avait partagé presque un «tour» de missions (soit trente vols de combat), et il était classé parmi les meilleurs de l'aérodrome. Mais Bolton, d'une maturité inhabituelle, vu son âge, m'apporta un autre éclairage : «Ce n'est vraiment qu'une question de chance» m'expliqua-t-il, «et jusqu'ici nous en avons eu peut-être trop. Ces Lancaster sont les meilleurs que possède la RAF; ils peuvent encaisser beaucoup. Certains pilotes ont perdu deux moteurs [sur quatre] au-dessus de leur cible et ont tout de même réussi à rentrer à la base».

« Dîtes-vous que les Allemands vont abattre de cinq à dix pour cent de tous les bombardiers que nous leur enverrons au-dessus de Berlin. Ils nous balanceront de la DCA plein le ciel. D'habitude ils arrivent à faire décoller environ deux cents avions de chasse, avec le soutien d'autant de projecteurs. S'ils vous descendent - et bien, pas de chance, vous faites partie des cinq à dix pour cent. Si vous passez, vous lâchez vos bombes, vous réussissez à revenir à la base, et alors vous faites partie des quatre vingt dix à quatre vingt quinze pour cent.»

Le jour où l'on prévoyait une attaque, la nouvelle circulait incroyablement vite. Chacun connaissait l'objectif par la rumeur plusieurs heures avant le décollage. Les équipes au sol qui ravitaillaient les avions en carburant et en bombes devinaient à peu près leur destination, rien qu'à la quantité d'essence et au poids des bombes transportées.

Ces hommes savaient qu'une attaque contre la Ruhr industrielle nécessiterait à peu près treize mille livres de bombes (5 900 kilos) et environ mille cinq cents gallons de carburant (6 800 litres). Pour une attaque sur Berlin, il faudrait environ dix mille livres de bombes (4 500 kilos) et plus de mille huit cents gallons de carburant (8 200 litres). Plus l'objectif était éloigné, bien sûr, moins il y aurait de bombes et plus il faudrait de carburant. Les équipes au sol avaient acquis un tel savoir-faire dans la préparation des raids contre la plupart des grandes villes allemandes que leurs pronostics étaient presque devenus une science exacte.

Le briefing pour l'attaque de Berlin du 2 décembre 1943 était à 13 h 30, ce qui signifiait qu'on partirait de bonne heure. Les capitaines des avions se retrouvèrent dans un local qui ressemblait à une petite salle de classe dans le «bâtiment opérationnel» au bord de l'aérodrome.

Les gradés prirent place devant des bureaux. Ils étaient dix, ce qui correspondait au nombre de Lancaster en mission cette nuit-là. Leurs cartes, leurs dossiers et leurs carnets étaient posés sur des bureaux devant eux. Sur le mur, une grande carte de l'Angleterre et de l'Europe du Nord-Ouest, et un tableau noir, recouvert de notes calligraphiées à la craie définissait avec précision la mission, ce qui accentuait l'ambiance classe de géographie.

Le premier à prendre la parole fut le météorologue, un civil mince, aux traits émaciés, un gars du nord de l'Angleterre qui semblait plutôt s'ennuyer et peu convaincu de la valeur de ses données. Il annonça d'une voix grincheuse et rauque que la température serait entre -36° et -50° C à vingt mille pieds (6 000 mètres) au-dessus de la cible. Il ajouta qu'il y aurait deux «fronts» climatiques à traverser, un avant de quitter les côtes britanniques et un autre au-dessus de l'Allemagne.

Mais il ne savait pas quel temps il ferait au-dessus de Berlin, car la météo changeait rapidement. Il pourrait faire un temps raisonnablement nuageux, offrant donc un degré raisonnable de sécurité. Ou bien le ciel pourrait être parfaitement clair, ce qui rendrait le bombardement plus précis, mais aiderait aussi les défenses de la ville. Ce serait «au petit bonheur la chance», conclut-il, en s'emparant de son lot de cartes et de documents avant de sortir de la salle.

Le suivant fut le commandant de l'escadrille, Robert MacFarlane, un Écossais âgé de 29 ans, fort de plus de soixante raids au-dessus de l'Allemagne. Il lui revenait de détailler le déroulement de l'offensive.

Six cent soixante et un avions devaient y participer, tous des quadrimoteurs Lancaster et Halifax, accompagnés d'un certain nombre d'éclaireurs Mosquito. Ceux-ci devaient diriger l'attaque et larguer des indicateurs de cibles pour l'armada qui les suivait. Une autre petite force de Mosquito se lancerait dans une «attaque factice» au sud-est de Berlin pour y attirer une partie de la défense. Le total des bombes larguées serait de près de 2500 tonnes, ce qui ferait de ce raid contre Berlin le plus intense de toute la guerre.

MacFarlane, s'exprimant avec clarté et rigueur, comme un bon cadre d'entreprise, précisa que l'attaque ciblerait de nouvelles zones de la capitale allemande, qui n'avaient pas été bombardées jusque-là. Les Allemands avaient concentré leurs chasseurs de nuit et leur artillerie anti-aérienne mobile autour de Berlin. Ce ne serait donc pas facile d'atteindre l'objectif, de larguer les bombes puis de revenir au pays.

L'itinéraire, tel qu'il le traçait, survolait la Mer du Nord, traversait la côte européenne au-dessus de la Hollande, et à partir de là, s'orientait droit vers Berlin, en empruntant un tracé souvent utilisé vers Hanovre. Après le bombardement, le chemin de retour prendrait la direction nord-est, puis vers le nord, pour finir en ligne droite vers l'Angleterre.

«Il s'agit de la cible la plus importante de la guerre, les gars», conclut-il. «Allez-y et mettez-leur le paquet. Que chaque bombe compte - puis rentrez sans prendre de risques. Soyez attentifs aux chasseurs. Surveillez les balises lumineuses qu'ils emploient pour marquer votre parcours. Bonne chance à tous.»

S'ensuivit un briefing collectif, au cours duquel le capitaine de chaque avion, assis à une table avec ses six équipiers, leur expliquait en détail ce qu'il avait appris au cours du briefing principal. Chaque équipier avait sa spécialité : le navigateur, qui s'occupait de l'itinéraire ; celui qui réglait le lâcher des bombes, et qui identifiait la couleur et le type de marqueur de cible; et les mitrailleurs, qui écoutaient attentivement les informations sur les chasseurs de nuit.

À 15 heures eut lieu un repas spécial avant la mission, qui comprenait un menu rare par temps de guerre (pour l'Angleterre) : un vrai œuf, servi avec du vrai bacon et du lait frais. Bien que l'ordinaire du personnel volant de la RAF ne soit pas bien meilleur que celui des civils, chaque mission faisait l'objet d'un repas spécial, pour compenser la tension.

Pour moi, dont les menus avaient suivi la sobriété de règle à Londres, l'œuf était un véritable régal. Mais pendant le repas, l'esprit occupé par la mission à venir, le pressentiment me revint, oppressant, que ce voyage serait à sens unique. Je mangeai rapidement et retournai au salon pour dactylographier un article pour les journaux du lendemain : «J'écris ceci au cas où je ne reviendrais pas et ne pourrais achever un rapport plus complet sur l'attaque de la RAF contre Berlin cette nuit. Cet article est basé sur l'information reçue lors du briefing avant le vol....»

Nous devions partir avec la troisième vague, pour bombarder la cible à 20 h 10. Deux vagues de Halifax devaient bombarder avant nous et deux vagues de Lancaster suivraient. Toute l'attaque devait avoir lieu en moins de douze minutes - le raid aérien lourd le plus concentré de toute la guerre.

Chaque vague, (qui comprenait plus de cent bombardiers), avait un temps imparti d'exactement quatre minutes pour mener à bien le bombardement puis déguerpir. Il appartenait au pilote et au navigateur de chaque avion d'assurer que l'horaire soit respecté.

Quelques minutes après 15 h 30 des camions embarquèrent les personnels de vol vers les zones de dispersion où étaient parqués les gigantesques Avro-Lancaster noirs. Autour de chaque avion s'affairait une équipe au sol de trois ou quatre hommes pour les ultimes vérifications.

Nous nous arrêtâmes au bureau des opérations pour nous équiper de parachutes, du type de ceux qui s'enclenchent sur deux attaches fixées à un harnais de torse. S'y ajoutait un gilet gonflable (une «Mae West» selon les aviateurs, à cause de sa ressemblance à une poitrine de star hollywoodienne). Ensuite chaque aviateur reçut un «kit de secours», un petit paquet étanche qui contenait des devises européennes, des tablettes d'urgence de nourriture concentrée, des cartes, une boussole, une lime en acier et d'autres articles qui pourraient servir en cas d' atterrissage forcé en Europe.

Je portais également un havresac de l'Armée américaine, dans lequel se trouvait un carton de cigarettes, cent cartouches de munitions de calibre .45 pour le revolver que je portais en bandoulière, des sous-vêtements épais pour l'hiver, et des accessoires de toilette. Le pressentiment que je ne reviendrais pas de Berlin en avion était tellement fort que je voulais m'assurer que j'aurais le nécessaire pour me faciliter la vie si jamais je devais rentrer à pied.

Bien entendu, l'arme contrevenait aux règles internationales concernant les correspondants de guerre alliés, car nous n'avions pas le droit d'en porter. Mais notre homologue allemand était considéré par son gouvernement comme étant d'abord un combattant, ensuite seulement un reporter. Je me sentais donc un peu justifié, et, de plus, j'avais bien l'intention d'essayer de rentrer chez moi avec mon reportage.

Lourdement chargé de mon parachute, de mon gilet de sauvetage, de mon havresac et d'un trench-coat lourd doublé de laine, je m'avançai péniblement vers le camion. Un officier de l'équipe de sol de la RAF m'arrêta. «Tu auras probablement froid avec tes chaussures légères. Pourquoi ne pas emprunter mes bottes d'aviateur ?» me proposa-t-il. C'était une bonne idée ; les bottes paraissaient chaudes et confortables. Les histoires qui circulaient sur des aviateurs gelés, ainsi que les prévisions du météorologue de températures de -40° C, rendaient l'offre tout à fait acceptable.

«Juste une dernière chose», ajouta-t-il pendant que j'enfilais les bottes, «Bien sûr tu vas revenir. Mais, si ça ne te dérange pas, pourrais-tu signer pour les bottes au cas où il t'arriverait quelque chose. Comme ça je pourrai en demander une autre paire». Le pressentiment me revint avec force pendant que je signais le reçu.

Les membres de l'équipage, lourdement harnachés, grimpèrent à bord du camion et en deux minutes nous fûmes conduits sur la piste en béton jusqu'au bombardier, accroupi comme une créature monstrueuse sur l'aire de garage. Les bombes et le carburant étaient stockés bien en sécurité et tout était prêt.

Le viseur de bombes et moi fîmes une inspection de la soute, une ouverture béante de vingt pieds (6 m.) par six pieds (1,8 m.), placée sur le giron de l'avion, dans laquelle avaient été entassées plus de cinq tonnes d'explosifs et de bombes incendiaires.

La bombe principale consistait en quatre mille livres (1800 kilos) d'explosifs puissants concentrés dans une cartouche en métal, qui ressemblait à une chaudière à vapeur, d'un diamètre de huit pieds (2,4 m.) par trois (92 cm.) La RAF l'appelait «cookie» par euphémisme. Les Allemands la nommaient «blockbuster» - briseur de blocs – car ils en connaissaient l'effet. Curieusement, la cartouche qui contenait les explosifs était légèrement rouillée, mais lorsqu'on savait la puissance de mort à l'intérieur, cela ne changeait rien.

Autour du «cookie» étaient coincées près de mille bombes incendiaires pesant de quatre à trente livres (1,8 à 13,6 kg). Le Bomber Command avait fini par trouver, au terme de trois années de dures expériences, que la meilleure façon de démolir une ville, c'était de l'incendier complètement, au lieu de la pulvériser. Les Allemands eux-mêmes l'avaient démontré lors de la grande attaque de Noël sur Londres en 1940, quand, en un seul raid, ils avaient causé plus de dégâts et de destruction par le feu que lors des dix attaques précédentes avec des bombes à démolition.

Hambourg avait été le premier test réel de cette politique pour la RAF. La ville avait été divisée en quatre quartiers et toutes les nuits, un quartier avait été systématiquement rasé par un cataclysme de bombes incendiaires. Ce soir-là, Berlin - et par la suite toutes les grandes villes allemandes - allait être «hambourguisé». Nous transportions vers Berlin une bombe explosive de deux tonnes et un peu plus de trois tonnes de bombes incendiaires. Le viseur, un jeune enthousiaste de dix-neuf ans, aux joues roses, m'expliqua que les bombes seraient toutes larguées grâce à un interrupteur principal qu'il déclencherait dans le compartiment à l'avant.

«Elles ne tombent pas toutes en même temps» me dit-il. «Il y a une minuterie qui les fait partir dans le bon ordre. Le «cookie» est largué en premier pour souffler les toits, puis les incendiaires, pour mettre le feu aux maisons. Ou encore, on balance les incendiaires en premier puis le «cookie» pour les éparpiller».

Nous entrâmes en file dans le bombardier par une petite échelle et en nous engouffrant dans une trappe sur le côté. Les mitrailleurs rampèrent jusqu'à leur tourelle, un dans la queue (où se trouvaient quatre mitrailleuses calibre 30) et l'autre dans une tourelle surélevée au-dessus du milieu de l'avion (avec deux mitrailleuses de 30.) L'opérateur radio s'enfila dans un compartiment étroit, le viseur se glissa vers l'avant et vers le bas pour s'installer dans le nez de l'appareil. Le pilote se hissa pour prendre place sur son siège, et le mécanicien se mit immédiatement au travail face à l'extraordinaire étalage d'instruments et de machines disposés en labyrinthe dans les entrailles du bombardier.

Bolton, le pilote, avait le grade de capitaine ; les autres étaient tous des sergents. Un des mitrailleurs avait vingt-deux ans, c'était l'aîné de l'équipage. Cette équipe de sept aviateurs, dont chacun aurait encore pu être scolarisé s'il n'y avait pas eu la guerre, se préparait à transporter plus de cinq tonnes de destruction vers la capitale de l'Allemagne nazie. Ils allaient voler à bord d'un bombardier qui avait coûté des centaines de milliers de dollars et des semaines de travail par des ouvriers hautement qualifiés. Entre leurs jeunes mains avait été placé un engin de mort d'une capacité inimaginable il y a seulement quelques années.

Les quatre moteurs chauffèrent pendant vingt minutes avant le décollage, tournant au ralenti avec un vrombissement rond et rassurant. Le bon fonctionnement de chaque instrument fut testé. Les écoutilles des soutes à bombes furent fermées, le pilote lança un interrupteur à côté de son siège. Nous étions prêts à partir.

À 16 h 30 précises, déblocage des freins, les cales sont retirées par les mécanos au sol. Nous avançons lentement de l'aire de garage jusqu'à la piste d'enceinte qui menait à la piste principale. Le long de la voie, d'autres Lancaster émergeaient des zones de dispersion à moitié cachées dans l'aérodrome, en file indienne vers la vaste piste de décollage.

« Le décollage, c'est toujours le plus mauvais moment pour le pilote » avait expliqué Bolton. «Vous pensez à cet entassement de bombes à l'intérieur et à quel gros désordre ça ferait en cas d'accident ou si l'avion se retournait au lieu de décoller. C'est plutôt inquiétant.

Arrivés dans le ciel, on se sent beaucoup plus en sécurité.»

Notre bombardier était le huitième dans la file; sept Lancaster se positionnèrent, leurs moteurs lancés à plein régime, puis se mirent à rouler sur la longue bande de béton, augmentant leur vitesse jusqu'à ce que, presque imperceptiblement, ils aient quitté la piste et pris leur envol.

Enfin ce fut à nous. Le long de la piste, une cinquantaine de mécaniciens au sol nous regardaient et nous firent signe de la main. Parmi eux se trouvait le commandant d'escadrille, le commandant de l'aérodrome et le vice-marshal Cochrane, qui commandait une section entière de la Bomber Force de la RAF. Ils nous firent des signes de la main, avec les doigts en «V». Puis vint le signal de la tour de contrôle, Bolton augmenta la poussée des moteurs dans un rugissement suraigu, lâcha les freins et l'avion se mit à rouler de l'avant.

D'abord lentement, puis accélérant, de plus en plus vite, de plus en plus vite, le sol défilait sous nos yeux à presque 160 km/h, l'avion se souleva légèrement, une secousse en retouchant le sol, puis une nouvelle élévation - nous voilà partis, fuyant le sol tel un oiseau avec des ailes immenses vers un soleil hivernal moribond.

Nous étions en vol, nous élevant dans la cathédrale du ciel, vers Berlin, pour engager un style de combat le plus étrange et le plus terrible que l'humanité ait jamais conçu. Nous serions aux premiers rangs, à plus de six mille mètres dans le ciel, pour assister et participer à la destruction d'une ville. Je vis s'éloigner la terre pendant un moment pendant notre montée, puis me retournai pour jeter un coup d'œil à l'aérodrome. «Regarde bien, tu ne seras pas de retour avant plusieurs mois », pensai-je. Le pressentiment était toujours là ; angoissant, narquois, mais aussi comme un rappel subtil et moqueur.

2

PARACHUTÉ SUR BERLIN

Les Midlands de l'Angleterre étaient comme un puzzle de fermes et de villages dispersés, dont les cheminées crachaient des jets de fumée sombre. Les paysages s'étalaient sous nos yeux tandis que l'avion manœuvrait pour monter dans le ciel. Les routes et les ruisseaux parcouraient le sol plat tels des rubans. Au-dessus, on voyait le vide du ciel, de plus en plus sombre, plein de mystère ; au-dessous, des lieux familiers et amicaux, là où vivaient les hommes avant que des ailes en métal leur poussent pour les soulever vers l'inconnu.

Tout autour de nous volaient les Lancaster, énormes oiseaux noirs, majestueux et lourdement chargés, s'élevant avec régularité. L'aiguille de l'altimètre indiquait cinq cents pieds, mille pieds, puis continuait de grimper progressivement pendant que nous prenions de l'altitude durant la demi-heure suivante.

Pendant que nous montions, la ligne d'horizon s'abaissait. Un soleil rouge semblait nous accompagner dans la montée. Le crépuscule s'assombrissait et jetait une ombre sur le sol. Des centaines de bombardiers s'élevaient autour de nous, mais nous ne pouvions en voir que quelques-uns car une brume crépusculaire et un ciel hivernal strié de traînées nuageuses réduisaient rapidement la visibilité. Les moteurs grondaient en un quatuor régulier de puissance mécanique contrôlée, deux capots volumineux sous chaque aile aplanie. Les équipiers s'affairaient à leur travail.

L'Angleterre s'étendait sous nos yeux, panorama d'une nature aux couleurs douces, brodée par les transformations œuvrées de main d'homme. Dans l'ombre, des villages miniatures se blottissaient, les lignes fines et sombres des chemins de fer et des routes sillonnaient la terre, des parcelles bétonnées : les aérodromes, perchoirs de l'armada qui s'élevait autour de nous.

Notre itinéraire nous dirigeait vers l'est, au-dessus de la Mer du Nord, il traversait la côte anglaise en direction de l'East Anglia, puis il basculait vers le sud en direction de la Hollande. Il fallait être très attentif aux centaines d'avions au-dessus, en dessous et de tous côtés. Ceux-ci n'étaient visibles qu'à cent ou deux cents mètres de distance, l'obscurité arrivait et les nuages se transformaient en nappes d'épais brouillard gonflé de pluie. Nous savions qu'il y avait plus de six cents bombardiers qui convergeaient en un flot puissant, tournés dans la même direction, et sensiblement à la même altitude.

Nous atteignîmes vingt mille pieds (6 000 m) avant de traverser les côtes du Continent. Le bombardement aurait lieu à une altitude un peu plus élevée, mais pour le moment celle-ci suffisait pour éviter l'anti-aérien léger et moyen que nous aurions à affronter avant d'atteindre la cible.

Les premières réactions ennemies se produisirent une fois passée la côte néerlandaise après deux heures de vol sans incident. Devant nous la DCA éclaboussait et mouchetait le ciel assombri, avec des feux scintillants rouges et roses qui éclataient dans la lueur évanescente loin devant. Les tirs semblaient impuissants, impersonnels - nous n'avions rien à craindre. Des grappes d'éclairs fulguraient et explosaient de temps en temps, mais elles étaient toujours devant ou loin sur les côtés. Bolton annonça qu'elles étaient tirées depuis la mer par des navires équipés de DCA ou par des batteries côtières, et que les Allemands cherchaient à nous rendre nerveux et indécis.

Nous montâmes à vingt et un mille cinq cents pieds (7 000 m), à travers et au-dessus d'un «front» de nuages lourds et imbibés. Voler à travers des bancs de nuages épais n'était pas de tout repos, car le flot d'avions devenait plus étroit au fur et à mesure qu'il s'enfonçait dans l'entonnoir de la route vers Berlin.

Une pluie cinglante aspergeait de traînées le pare-brise, et réduisait encore plus la visibilité. Un tintement urgent émis par un appareil électrique nous avertissait chaque fois que nous nous approchions trop d'un autre avion, et le pilote redressait légèrement pour sortir de son orbite. Parfois nous étions piégés dans le sillage de l'hélice d'un bombardier juste devant nous, et notre Lancaster faisait une embardée en se balançant, mais chaque fois la main ferme de Bolton nous remettait dans le bon chemin.

Notre vitesse aérienne restait constante, aux alentours de cent soixante miles à l'heure, presque deux cent trente miles/h à vitesse terrestre, soit 370 km/h, en tenant compte du vent de queue et des corrections aux instruments. De temps à autre le navigateur redressait très légèrement l'itinéraire. Parfois les mécaniciens changeaient les mélanges du carburant. Ils vérifiaient souvent les tableaux de bord, mais des manipulations mécaniques étaient rarement nécessaires.

Nous arrivions dans des cieux périlleux, encombrés de nos propres bombardiers et de chasseurs ennemis. La surveillance s'intensifia. De mon siège, juste derrière l'ingénieur et juste devant le navigateur, je pouvais apercevoir les deux côtés du compartiment du pilote, devant, à travers l'habitacle du viseur de bombes et derrière, dans la queue de l'avion. La seule lumière visible émanait de la lueur phosphorescente du tableau de bord et de l'échappement incandescent de chaque moteur.

Mais il n'y avait aucune nervosité - uniquement le martèlement régulier et sonore des quatre moteurs puissants qui nous entraînaient à travers la nuit. Nous aurions pu être seuls, car aucun autre avion n'était visible. Je mangeai de la nourriture concentrée qui nous avait été fournie pour un «repas de mission», après avoir retiré brièvement mon masque à oxygène. Je pris quelques photos des reflets de lune qui éclairaient un peu trop nos ailes ; je jetai un coup d'œil au pilote qui tenait en silence et avec assurance son immense volant.

Ce n'était que ça, le bombardement tant vanté de l'Allemagne ! Où donc était l'enfer aérien censé accompagner chaque raid ? Où étaient les bombardiers qui tombaient en flammes, les colonnes et les murailles de DCA dont parlaient les aviateurs ? C'était paisible, presque ennuyeux. Mes prémonitions n'étaient clairement qu'une absurdité.

Soudain, devant nous, dans l'obscurité parsemée d'étoiles, des éclairs crépitèrent, indistincts et de façon intermittente. Nous approchions de notre objectif. Des deux côtés, l'anti-aérien se mit à griffer le ciel, l'écorchant et le perçant en rafales acérées et explosives.

La météo était beaucoup trop bonne ; comme l'avait dit le météorologue, il faisait très clair. Un tiers de lune étincelant se réfléchissait sur nos ailes, et toutes les étoiles de la création étaient sorties voir la bataille à venir, formant un toit au-dessus de l'arène de Berlin.

Curieusement la situation était soudain passée de la monotonie à une action en accéléré. Pendant trois heures et demie nous avions tracé un chemin vers notre objectif, pratiquement sans aucun incident. Ni la DCA ni les chasseurs ne s'étaient manifestés, du moins contre notre bombardier. Trois heures et demi que j'aurais pu vivre comme de l'ennui pur, hormis le fait qu'il s'agissait d'une première, ce que compensait le vrombissement des quatre moteurs rugissants qui incitait au sommeil.

Bolton s'excusait presque de la tranquillité de la mission jusque-là. «Ce n'était rien... Attends que nous soyons à la grande ville», me répondit-il lorsque j'avais évoqué la DCA au-dessus de la côte hollandaise.

Lorsque nous passâmes au-dessus et au nord de Hanovre, où des centaines de projecteurs étaient dirigés immobiles vers le haut, éclairant la couche épaisse de nuages en dessous, telle une couverture blanche et compacte, il m'expliqua : «C'est pour faire ressortir nos silhouettes contre la lumière, ainsi les chasseurs de nuit peuvent nous voir...» Aucune de ces explications ne m'avait particulièrement effrayé ; les deux offraient des promesses d'une action passionnante.

Et soudain, abruptement, tous les sens en émoi, nous nous trouvions dans un branle-bas comme nous aurions pu le souhaiter. Plus nous nous approchions de la grande ville, plus la DCA devenait perçante, lumineuse, et ô combien plus précise. Elle éclatait à profusion autour de nous, parfois distante de seulement quelques centaines de mètres, par-dessus et par-dessous. En quelques minutes semblait-il nous approchions les abords d'une grande métropole.

À partir du cercle extérieur des défenses, d'épaisses taches de lumière rougeoyaient dans le ciel, des dizaines de projecteurs spectraux balayaient comme des doigts l'arrière-plan du fond nocturne. Les torches de signalisation des chasseurs remplissaient le ciel en un étalage surréaliste qui éclairait le monde d'une lueur contre nature.

Non loin devant, les Path Finders[1] étaient déjà arrivés et avaient lâché les indicateurs de cible, sortes de grappes de torches rouges et vertes, semblables à des lustres. En dessous et tout autour les Allemands tentaient de les abattre en tirant des chapelets de traceurs d'un rouge terne, les projectiles de 88 mm de la DCA, qui montaient vers nous en forme d'arches.

Notre indicateur de visée était net. Les bombes qui seraient larguées dans sa direction s'abattraient sur un quartier résidentiel du sud-est de Berlin. Il était suspendu comme une balise, entouré d'un enfer de flammes flamboyantes et d'explosions. Chaque instant nous en rapprochait, à chaque instant la tension montait. La DCA engloutissait notre horizon et semblait rivaliser

1- Les « éclaireurs ». Avions chargés de marquer les cibles avec des engins pyrotechniques pour faciliter le travail des bombardiers qui les suivaient.

avec les nombreuses étoiles, telle une gigantesque célébration du Quatre Juillet[2] en technicolor brillant.

Des tirs de canons légers éclaboussaient et fracassaient le ciel sous notre avion ; des éclats plus lourds déchiraient l'air autour de nous. Mais aucun bruit ne surpassait le martèlement régulier et vibrant des moteurs. Parfois, cela rappelait les films muets dans lesquels l'action se déroule dans un silence total.

Je n'avais pas du tout peur ; j'étais trop impressionné pour pouvoir éprouver une autre émotion. Le spectacle devant nous, et maintenant derrière, et de tous les côtés - car nous arrivions au-dessus de la ville - était spectaculaire, et ne pouvait se comparer, pour moi, avec aucune autre expérience connue. Lors du briefing il nous avait été dit que huit cents canons anti-aériens et plus de deux cents projecteurs étaient concentrés dans le secteur de Berlin.

Mais ici, semblait-il, toutes les armes de la création s'étaient rejointes dans ce grand spectacle impressionnant et fantastique de lumières et de couleurs. Devant, il nous semblait voir un mur presque solide d'explosions, et l'indicateur de visée, qui descendait lentement, était encadré d'un rideau de centaines d'explosions éblouissantes.

Au sol, des incendies avaient déjà éclaté - des taches rouge-sang qui giclaient et s'agitaient dans

2- Fête nationale des Etats-Unis.

un enfer terrestre dantesque. Je pus dénombrer cinq zones rougeoyantes qui frémissaient, d'un cramoisi de cadmium enfoui dans des masses enveloppantes de fumée, éclairées par les incendies. Ailleurs, d'autres incendies - allumés par les Allemands pour tromper les bombardiers et les faire s'éloigner de la ville - flamboyaient, isolés et visiblement factices.

Soudain, peu en avant, un bombardier fut touché directement. Une immense explosion, inaudible à nos oreilles, dévasta le ciel. Des fragments enflammés s'éparpillèrent et dérivèrent vers le sol, tels des feuilles d'automne cramoisies, tout ce qu'il restait du bombardier et de son équipage de sept hommes. Leur cargaison de bombes avait certainement explosé, touchée par un coup au but.

Presque aussitôt après il y eut une nouvelle explosion, suivie d'une balafre aveuglante de lumière. Un autre bombardier avait été touché, il tourbillonna comme un immense brandon. Nous le vîmes heurter le sol dans une explosion béante et jaillissante, vomissant ses bombes incendiaires en anneau.

Gigantesque bataille ! Des balises de chasseurs de nuit étaient suspendues de partout, et avec les projecteurs et la DCA, éclairaient le ciel comme une immense arène pour une lutte à la mesure du vingtième siècle. La lune brillait encore, d'une luminosité honteuse, et les étoiles contemplaient la grande lumière en dessous.

De véritables couloirs de balises blanches au phosphore flottaient partout et se rejoignaient, comme des feux de signalisation aux carrefours routiers. Les escadrilles de chasseurs de nuit se donnaient suffisamment d'éclairage pour leur travail de mort.

«Un chasseur qui monte devant, à tribord», cria un des mitrailleurs. Nous regardâmes les feux verts de navigation d'un avion ennemi, qui s'élevait lentement vers nous en oscillant.

Bolton tordit violemment notre avion pour pouvoir s'échapper, dans un sens, puis dans un autre. Il partit en tire-bouchon pour esquiver l'attaque ennemie. Mais un problème arrivait de l'arrière. Les mitrailleurs venaient juste de signaler deux autres chasseurs qui fonçaient derrière nous, et les hoquets métalliques de nos mitrailleuses claquaient par saccades dans nos interphones. Ces garçons aux visages de gamins étaient à l'œuvre ; nous étions presque au-dessus de la cible et leur mission était de tenir les chasseurs à distance jusqu'à ce que nous ayons largué nos bombes.

Mais soudain des jets et des éclats de lumière filèrent à nos côtés. Nous étions dans le « couloir de bombardement » ; les soutes allaient s'ouvrir dans un instant et nos cinq tonnes de mort allaient tomber vers Berlin. Un chasseur fonça sur nous. Bolton poussa le manche à balai et nous plongeâmes en tire-bouchon pour éviter les obus de canon tirés par le chasseur qui nous suivait à la trace.

Des murs de DCA se dressaient droit devant ; le chasseur se rapprochait vivement en poupe. Je m'accrochai solidement pour éviter d'être projeté vers le plafond pendant la chute.

Bolton était un pilote magnifique. Il lança le Lancaster et son lourd chargement dans tous les sens, tel un jouet, pour échapper aux chasseurs. Tout l'équipage regardait le chaos de lumière et d'action dans la nuit, il suivait les chasseurs et tirait des rafales brèves et fracassantes. Les mitrailleurs lançaient des alertes brusques et précises au pilote pour l'avertir des concentrations de DCA, et de deux autres chasseurs qui semblaient se rapprocher.

Le vol en tire-bouchon et les plongeons nous avaient éloignés du premier intercepteur. Mais les deux nouveaux chasseurs s'approchaient ; l'un plongeait depuis l'arrière, l'autre montait par le côté. Nous étions piégés.

Le désastre frappa soudain de façon terrifiante.

Notre univers explosa en un enfer de flammes. Notre avion tressaillit, puis se souleva et se balança violemment. Une longue rafale de canon avait tailladé notre aile droite et les deux moteurs avaient explosé en un incendie violent.

Nous vîmes le métal se tordre, fondre et s'arracher de l'aile par l'intensité de la chaleur. Des fragments de toile enflammés filèrent comme des éclairs. Un panneau de feu solide obstrua la vue sur le côté droit. Malgré mon pressentiment précédant le vol, savoir que nous étions perdus - en flammes et tombant sur Berlin, près de mille kilomètres à l'intérieur de l'Allemagne - m'emplissait de panique.

Mais la voix contrôlée et égale du pilote «plumez [coupez] les moteurs à tribord» nous ramena momentanément à la raison. Le mécano se pencha vers l'avant, coupa les deux moteurs de l'aile droite pour éteindre les incendies. Nous pourrions peut-être rentrer avec deux moteurs à l'aile gauche. Mais c'était sans espoir.

L'interphone résonnait toujours du cliquetis de nos mitrailleuses. Notre équipage continuait à se battre. Le pilote tendit sa main vers la poignée d'urgence pour larguer les bombes. Elle avait été fracassée. «Largage impossible», hurla-t-il.

Un vrombissement recouvrit jusqu'au bruit des deux moteurs qui nous restaient et noya celui de l'incendie. Un des chasseurs arrivait sur nous, s'approchait pour la mise à mort, sa cible, une balise enflammée. Le tir fracassa le compartiment du largueur de bombes, à quelques centimètres à peine de sa tête, et fit exploser son tableau de bord.

L'incendie s'était propagé aux réservoirs de carburant sous les ailes et nous fûmes enveloppés de flammes, une nappe rouge-blanc qui noyait et recouvrait tout le côté droit de l'avion. La chaleur envahit la cabine comme une vague, un souffle incandescent. Les projecteurs se tournèrent vers nous et leur éclat aveuglant nous maintint dans leur cône.

Frénétiquement, dans l'urgence, je tendis la main, m'emparai de mon parachute, l'accrochai aux crochets de torse sans attendre d'instructions. Je savais, sans être aviateur, que ce Lancaster ne nous ramènerait jamais à la base. J'empochai à la hâte l'appareil photo dont je m'étais servi pour photographier la DCA et l'incendie de l'aile.

«OK les gars, on saute. Désolé !», ainsi furent les paroles incroyablement tranquilles de Bolton dans l'interphone. Les autres hommes se débattirent pour accrocher leurs parachutes, tandis qu'il luttait pour que l'appareil restât droit. L'avion s'élançait et se cabrait comme un cheval sauvage, et pendant un instant je fus témoin de la splendeur d'un homme en lutte contre une machine saccagée, qui tentait l'impossible pour nous éviter une vrille fatale.

Il ne restait pas de temps pour réfléchir, pour analyser. Des heures d'attente avant le vol étaient concentrées en fractions de secondes d'action, sans émotion aucune. La panique, qui avait été la première réaction, fut remplacée par un instinct froid et entraîné. Chaque équipier avait une tâche ; la mienne était de m'écarter de leur chemin. Ce grand bombardier, avec ses cinq tonnes de néant instantané fourrées dans ses entrailles, était un cercueil enflammé. Dans les secondes à venir, il se transformerait en bûcher aérien pour ses huit passagers, si nous ne sortions pas immédiatement.

«Dépêchez-vous les gars, je ne peux plus tenir longtemps», nous enjoignit le pilote, toujours d'un ton retenu et détaché.

Devant nous, le viseur de bombes déverrouilla la trappe de secours et l'enfonça d'un coup de pied. Un torrent de vent s'engouffra comme un cyclone dans l'avion qui tanguait, tel un déluge d'eau glaciale qui nous transperçait. Le mécano peinait à boucler son parachute. Dans ma tête, je me demandais s'il valait mieux enlever le masque à oxygène et courir le risque de m'évanouir dans le vide, à six kilomètres d'altitude ou bien qu'il me soit arraché pendant ma chute.

Les évènements dans notre monde déchaîné défilaient avec une vitesse inouïe. J'étais désorienté et secoué, et mes pensées cavalaient à travers un magma d'idées et de réactions. Celle qui dominait était : «Quelle drôle de façon de faire un reportage».

Mais les projecteurs aveuglants, le panorama étincelant de la DCA, l'avion qui vibrait et tressautait comme s'il allait s'autodétruire, et la vue de Bolton qui se battait désespérément et en silence pour le maintenir en l'air jusqu'à ce que nous puissions sauter en parachute, tout créait une urgence frénétique où la rationalité n'avait pas de place.

Je jetai un coup d'œil vers l'aile à tribord : elle était en train de fondre. Les deux moteurs étaient arrachés. De larges sections, rougies par l'incendie, se détachaient et filaient vers l'arrière. C'était un miracle que nous soyons encore en train de voler.

«Au revoir, capitaine. Bonne chance !» cria le jeune viseur au moment de sauter par l'écoutille. Puis le mécano qui se débattait encore avec son parachute le suivit, marqua une pause au-dessus de la sortie de secours, sauta devant lui, et je le perdis de vue.

Je me traînai vers l'avant, empesé par mon parachute, mon gilet de sauvetage, ma sacoche et mon manteau, en dégringolant dans les marches qui menaient au compartiment du viseur de bombes. Les bottes que j'avais empruntées se détachèrent toutes les deux. Je n'eus aucune envie de m'arrêter pour les récupérer. Mes cinq sens n'avaient plus qu'une unique sensation et un seul ordre : «Sors vivant de cet avion». Je décrochai le masque à oxygène.

Le navigateur me suivit en se heurtant la tête, car lui aussi était pressé. L'opérateur radio arriva derrière lui.

Les mitrailleurs devaient sortir par une autre écoutille. Lorsque tout le monde serait dehors, le pilote tenterait de s'extirper de son siège, puis sauterait derrière nous avant que l'avion n'explose ou ne parte en vrille. Déjà l'appareil faisait des embardées et plongeait brutalement, malgré tous les efforts pour le contrôler. À tout moment les réservoirs d'essence ou les bombes pourraient exploser et brusquement anéantir trente tonnes d'avion.

Je m'accroupis près de l'écoutille pendant qu'un vent violent me cinglait le visage, et je pensai soudain, avec une grande froideur : «J'aurais dû prendre une assurance deux fois plus importante... Ce n'est pas sérieux, pour un père de famille»; je m'emparai de la corde de mon parachute, et m'enfilai, le dos voûté, vers la sortie.

Une chaussette resta accrochée à un bout de ferraille qui avait été arraché par le vent ; elle se déchira sans bruit. Peu importait. Le dos de mon manteau s'accrocha et s'effilocha aussi. Le vent fit virevolter la sacoche qui s'enroula autour de mon cou.

Nous étions à six mille mètres d'altitude, six kilomètres au-dessus du centre de Berlin, dans ce vaste vide d'un autre monde. Sous mes pieds, juste au moment de sauter, je vis les incendies et la DCA, les balises et les projecteurs. C'était un kaléidoscope de cauchemar.

3

UN VISITEUR INATTENDU

Il faisait froid, telle fut ma première réaction - un froid mordant, engourdissant. J'avais actionné le cordon d'ouverture presque immédiatement, ce qui est une grosse erreur à cette altitude. Nous avions sauté juste au-dessus de la zone de frappe, la DCA vomissait énergiquement vers le ciel, saturant l'air d'une barrière cramoisie, porteuse de mort. J'aurais dû me laisser tomber encore quatre ou cinq kilomètres avant d'ouvrir le parachute, de façon à éviter le barrage et me retrouver dans un air plus chaud.

Presque aussitôt, il y eut une secousse à me tordre le dos, et je crus que mes bras et mes jambes allaient être arrachés. Je levai les yeux et j'aperçus un drap blanc rassurant se gonfler et en même temps je vis la DCA et le feu qui encadraient un décor fantasmagorique. Mes doigts congelés n'arrivaient pas à dégager la lanière du havresac qui m'enserrait la gorge. Lorsqu'enfin je parvins à la déplacer, elle me claqua dans la bouche et me coupa la lèvre. Mais le sang se congela aussitôt, à mon grand soulagement.

Arrivé à ce point, je levai les sourcils, ce qui est parfaitement idiot dans une chute en direction de Berlin, mais c'était ainsi. À voix haute je m'écriai : «Tu voulais un grand reportage. Et bien, le voilà. Merde alors !»

La DCA emplissait d'éclairs l'obscurité autour de moi. Mes oreilles tintinnabulaient du choc des explosions et du changement de la densité de l'air. Mes poumons manquaient d'oxygène dans cet air glacial et raréfié, et cette aventure impossible me tournait la tête.

Je ne prenais soudain que trop conscience, avec accablement - même au milieu de tant de folie - de mon effroyable insignifiance : j'étais en train de pendouiller, impuissant dans cette immensité, seul et sans défense, face aux éclats de lumière hachurée qui emplissait le vide glacial. Un drap de soie, fabriqué de main d'homme, et un homme, né d'une femme, qui se balançait suspendu en dessous - une intrusion animale, une impertinence atomique, dans ce néant infini et irréel.

Et je pensais aussi que mon pressentiment d'avant la mission était en voie d'accomplissement. Dans le havresac se trouvait tout le matériel dont j'aurais besoin pour m'évader si je réussissais mon atterrissage. Je ricanais intérieurement de cette morbide prévoyance. J'avais du mal à croire que l'ombre de la suspicion était devenue la terrible substance de la réalité : j'étais bien parti pour un aller simple pour Berlin.

Des pensées toutes pratiques s'entrecroisaient aussi dans mon esprit désorienté : ma jeune épouse anglaise, qui venait de découvrir l'étrange nouveauté de l'Amérique, et un fils âgé de deux ans. Maigre viatique pour de telles aventures.

Un craquement de cordes tendues parvint à mes oreilles. Les haubans du parachute fléchissaient sous mon poids ; rien que cette pensée balayait toute analyse de ma catastrophe personnelle. Je n'entendais que ce bruit, ainsi que celui des brins raidis des cordes qui se rompaient sous la tension. Un fatalisme résigné m'engourdissait. Il me semblait avoir dépassé de quelques minutes le temps que le destin m'avait alloué. Peu m'importait ce qui allait s'ensuivre.

Sous mes pieds, pour autant que je puisse voir, avec la lanière qui me tailladait la bouche et s'enfonçait dans ma gorge, les incendies se propageaient, toujours plus larges et plus distincts. Je tombais en pleine zone de frappe. Une nouvelle angoisse, celle d'arriver au milieu d'un incendie, m'envahit l'esprit, prenait le pas sur toutes les autres pensées.

Un avion en flammes passa en hurlant juste en dessous, si près que je ressentis momentanément un ouragan d'air chaud sur mes pieds nus. Un obus explosa tout près et fit valser mon parachute, je paniquai à l'idée qu'il eut été percé. Puis, le temps de reprendre rapidement mon souffle, j'eus le temps de compter trois bombardiers qui avaient été frappés et qui chutaient en zigzaguant comme des météorites vers le sol. Un souffle frappa le parachute, et je me mis à tourbillonner et à tournoyer, aussi pantelant qu'une marionnette.

Le panorama sauvage de la bataille et de la mort, la symphonie affolée des bombes, des avions, des canons - c'était fantasmagorique. Le puzzle chaotique de couleurs et de bruits, une peur de tous les diables, une confusion, une immense épouvante. L'expérience défiait toute description.

La descente fut désespérément lente et il faisait un froid mortel. Quinze ou vingt minutes s'étaient écoulées depuis que j'avais quitté l'avion ; j'avais l'impression qu'il s'était passé plusieurs heures interminables. Je me sentais partir à la dérive, m'éloigner de la ville et des incendies. Mes tympans étaient tellement dilatés que je n'entendais plus avec autant d'acuité les avions et les canons. Une colère profonde commençait à chasser ma peur et ma nervosité.

Un projecteur isolé se braqua sur moi, le blanc aveuglant traversait mes paupières fermées. J'attendis un instant qu'il se déplace, et comme il ne bougeait pas, je devins furieux. Je fouillai à l'intérieur de mon manteau, défis la gaine à mon épaule et sortis mon automatique. Sans réfléchir, je mis en joue le projecteur et appuyai sur la gâchette, rapidement et plusieurs fois de suite. Puis la peur me revint. «Mauvaise politique», pensai-je, en replaçant le revolver dans sa gaine et j'attendis, retenant mon souffle, les balles d'une mitrailleuse en accusé de réception. Il ne se produisit rien, et un peu plus tard le projecteur se déplaça dans le ciel.

Soudain, à côté et en dessous, j'aperçus une lueur lumineuse qui scintillait et se réfléchissait dans de l'eau. Je tirai désespérément sur les cordes d'un côté du parachute, pour dériver vers la terre ferme, mais rien à faire, les cordes étaient raidies par le gel.

J'arrivai au plancher presque aussitôt, m'enfonçai à travers des roseaux épais, et m'embourbai jusqu'à la taille, avec de l'eau à mi-poitrine. La lucidité me revint aussitôt, tant l'eau était glacée. Je tordis le déclencheur sur le harnais du parachute, je lui assenai un coup de poing et je sentis la voile se dégonfler, partir à la dérive. Je m'emparai du gilet de sauvetage et tirai brusquement la poignée de gonflage automatique.

J'avais bien atterri. Les plus gros dégâts que je pouvais constater étaient une lèvre très entaillée, deux éraflures sur la cheville, causées par les tirs de DCA ou des fragments de l'avion, et des bras et des jambes frigorifiés. Le trench-coat, avec sa doublure de laine épaisse absorbait l'eau comme une éponge sèche et son poids augmentait. Je tentai de sortir les jambes de la boue en agrippant les roseaux, et je réussis à avancer de deux ou trois pas, puis je m'enfonçais de nouveau dans du visqueux jusqu'aux cuisses.

J'essayais de me diriger vers ce qui ressemblait à une surélévation à la base d'une touffe particulièrement épaisse de roseaux. A chaque pas, je m'enfonçais de nouveau à la même profondeur. Plusieurs fois je glissai et retombai dans l'eau, et je ne pus flotter que grâce à mon gilet de sauvetage.

Le manteau et le havresac devenaient de plus en plus lourds. Avec effroi je ressentais un froid terrible dans le corps. Chaque pas me coûtait un effort physique excessif. Je n'avais avancé que d'une douzaine de pas, et je ne savais absolument pas si j'allais dans la bonne direction. Ma montre avait indiqué 8:35 à mon atterrissage et à 10:30 j'avais parcouru moins de sept mètres depuis mon harnais, derrière lequel s'étendait le parachute, flasque, dégonflé, d'un blanc spectral.

Je sentais mes jambes qui se gelaient dans la boue et l'eau ; mes doigts étaient engourdis et impuissants. Je savais que je devais rapidement atteindre la terre ferme ou bien geler dans la solitude noire de ce lac. Mais même avec les meilleures intentions et des efforts désespérés, en m'exhortant moi-même avec des cris et des jurons, c'était inutile. Je me congelais plus vite que je n'avançais.

Je tentai d'arracher les roseaux, de me fabriquer une plate-forme que je puisse escalader pour pouvoir m'orienter. Mais déraciner des roseaux de trois mètres de haut s'avérait être une impossibilité de première classe. J'eus une vision tout à fait saugrenue de Moïse dans son berceau au milieu des scirpes du Nil, qui avait été secouru par un prince égyptien. Mais si quelqu'un avait cherché cette nuit à secourir une personne dans la boue et les roseaux, il aurait été aussi fou que cet aviateur amateur qui se débattait sans succès dans un bourbier sans fin.

Cependant, cette nuit-là, il y avait du monde dans les parages. Vers minuit j'entendis des voix à quelque distance. Je me mis à crier en anglais, en français, en espagnol - puis je me rendis compte que ces langues ne servaient à rien ici. «Komm hier (venez ici). Au secours. Nom de dieu, sortez-moi d'ici». Mais mon allemand était trop limité et ma voix trop faible.

Peu après, j'avais atteint le stade où peu m'importait que je fusse sauvé. La détermination, la colère et le désir ne peuvent maintenir le sang à bonne température que pendant un certain temps. Passée cette durée, le froid de l'air de décembre et de l'eau eurent le dessus, et hurler et me débattre étaient une bataille perdue. Je ne pouvais plus bouger mes jambes, mes bras étaient plombés ; je me sentais ineffablement las.

Le bombardement était fini depuis longtemps. Le ciel s'était totalement obscurci, à part un reflet rouge à l'horizon. L'eau ne miroitait plus les teintes vives des explosions et des incendies, comme lors de mon atterrissage.

Puis j'entendis d'autres voix au loin, des voix d'hommes, faibles et peu distinctes. Je trouvai la force de crier de nouveau : «Venez par ici pour me chercher s'il vous plaît. Ist kalt hier...Komm hier, bitte.» Au bout d'un moment les voix devinrent plus animées, puis elles s'arrêtèrent. Je m'interrogeai sur la suite des évènements : survivre, pour ensuite être lynché ? Mon automatique me revint à l'esprit... d'autres hommes avaient pu revenir en Angleterre après avoir sauté en parachute au-dessus de l'Europe... je mettrai en joue ces Allemands, je prendrai leurs chaussures, je me saisirai d'un véhicule...

Aujourd'hui, je pense que je devais alors avoir perdu l'esprit. Je ne me souviens d'aucune cohérence dans mes pensées, je n'avais pas une pleine conscience de ma propre situation.

Les voix criaient en réponse. J'entendis le clapotis de l'eau contre le bois, le craquement des rames, et la respiration rythmique des hommes qui ramaient. J'essayai de leur dire que je ne pouvais pas bouger un nerf, encore moins un muscle - et je me mis à rire, et je leur annonçai que j'étais américain, et s'ils ne venaient me secourir que pour m'offrir le premier rôle dans un spectacle de lynchage, autant qu'ils partent tout de suite car je ne voulais pas jouer. Quatre heures passées dans l'eau m'avaient rendu quasi-hystérique.

Il leur fallut une demi-heure, une éternité, avant d'arriver jusqu'à moi. Ils se frayèrent un chemin au travers des roseaux à l'aide d'une grande perche, ils s'approchèrent assez pour que je puisse étendre mon bras, et ils me tendirent la perche. Je m'emparai d'une extrémité. Pendant qu'ils tiraient, mes mains engourdies glissèrent.

Nouvel essai. Je tordis mes bras autour de la perche, j'en glissai l'extrémité sous une aisselle. Mais cela ne servait à rien.

Ils s'approchèrent de quelques mètres, laborieusement, car les roseaux étaient épais et ne cédaient pas. Un des hommes se pencha et s'empara de mes bras. C'était un grand gaillard, je le voyais malgré l'obscurité, mais il ne réussissait pas à me déplacer. Son compagnon, qui équilibrait le bateau, debout de l'autre côté, s'avança et chacun me prit un bras.

Ils me soulevèrent avec un tel effort que c'en était ridicule - ils me faisaient penser aux pêcheurs de Paimpol qui rentraient leurs filets. J'étais dans le bateau : la pêche du soir.

Un des hommes me remit debout, me soutint pendant un moment, me scruta, et dit : «Ja, Amerikaner», comme s'il confirmait ce que je leur avais déjà dit lorsque j'étais dans l'eau. L'autre se dirigea vers la proue de la barque, ce qui la fit légèrement basculer. C'était suffisant. Je perdis l'équilibre et, raide de froid, je me cassai la figure pour me retrouver à plat, le visage dans une flaque d'eau et de boue au fond du bateau.

Le deuxième homme me remit d'aplomb, puis parut changer d'avis et me fit asseoir sur un siège fait d'une planche de bois. Pendant que le collègue manœuvrait pour nous sortir de la végétation, il se mit à genoux et me frotta les jambes. Il fallut longtemps pour se dégager à la perche des roseaux. Un des hommes la maniait tandis que l'autre me frottait les jambes, puis ils intervertissaient les rôles. Je ne pus m'empêcher de penser que c'était tout de même aimable de leur part. C'était gênant de penser que j'aurais à les tenir en joue pour pouvoir m'échapper.

Enfin nous parvînmes à sortir des roseaux pour déboucher dans une eau claire, une lune claire et la clarté des étoiles, et je vis que nous nous trouvions dans un lac de taille importante. Une certaine chaleur me revenait dans les bras et les jambes, et le moral était de retour.

Au bout d'un moment nous approchâmes une rive floue et sombre. L'homme qui m'avait frotté se redressa lorsque notre bateau racla sur la plage rocailleuse. Il s'avança, me laissant momentanément seul. Je glissai ma main, encore engourdie de froid, dans mon manteau et ma tunique déboutonnée, je dégainai mon automatique. Il me semblait terriblement lourd et peu maniable et ma main tomba sur le côté.

Le rameur s'arrêta et jeta les avirons dans le bateau. L'autre sauta à terre et tira vivement le tiers de l'embarcation hors de l'eau. Le rameur me prit le bras et m'aida à descendre à terre, tandis que l'autre remonta à bord pour chercher les rames. C'est maintenant ou jamais, pensai-je. Nous avions parcouru quelques pas sur la plage. Mes jambes étaient mal assurées, mais je pensais pouvoir tenir debout tout seul.

Je m'arrachai de la prise de l'homme qui me tenait le bras, basculai vers lui tout en me retournant pour confronter les deux. L'autre ramassait ses rames dans le bateau et le bruit lui fit lever la tête. Sous le tiers de lune brillante, je pouvais voir leurs visages, et j'étais sûr qu'ils pouvaient voir le revolver que je pointais vers eux, en gesticulant pour notifier à celui qui était à terre qu'il devait remonter à bord. Il hésita.

Je leur donnai l'ordre : «In dem boot», d'une voix aussi basse que possible, au cas où il y aurait d'autres personnes dans les environs, et je pointai le revolver en direction du bateau. Les deux hommes avaient une expression hébétée et surprise. Je ne me sentais pas très fier de moi. Ils avaient été secourables avec moi, beaucoup plus que je ne l'aurais été si les conditions avaient été inversées.

«Écoutez, les gars», j'étais obligé de le dire en anglais, mais il fallait bien que je m'excuse d'une certaine façon. «Je ne veux pas vous faire de mal. Mais je ne suis pas un soldat. Ich bin nichts Soldat. Le gouvernement ne me verse pas de solde si je me fais prendre. Je suis un reporter, ein Korrespondent. Alors il faut que je rentre chez moi. Montez à bord et mettez-vous à ramer». Je me sentais ridicule, après avoir dit tout ça, mais il me fallait racheter ma conscience. Et il n'y avait aucun précédent pour cette sorte de choses, les évènements et les réactions devaient prendre une direction à laquelle je n'étais pas préparé.

L'homme sur le rivage fit un pas en arrière vers le bateau, et je le remerciai intérieurement de m'avoir facilité la tâche. L'autre homme resta figé, immobile, les rames à la main et le regard plutôt confus. Aucun des deux ne fit mine de s'asseoir pour ramer.

Je commis alors une erreur. J'étais debout dans l'eau. Ce n'aurait eu aucune importance, car elle ne m'arrivait qu'aux chevilles, mais je sentis mes pieds déchaussés s'engourdir de nouveau. Je fis un pas de côté, hors de la cuvette boueuse, tout en restant face au bateau, pour me diriger vers ce qui paraissait être une légère surélévation. Je m'enfonçai dans un trou. Ma jambe droite s'enlisa d'au moins quinze centimètres, je basculai sur le côté et le pistolet m'échappa des doigts, pendant que je tentais de m'agripper à quelque chose pour pouvoir rester debout.

Je ne le vis pas, mais je sentis venir un des hommes du bateau. Il me frappa le dos avec son épaule comme un plaqueur de football américain, et j'eus l'impression que ma jambe était cassée. Mon souffle s'expulsa comme aspiré par le vide. Je luttai pour m'échapper, je lui mis un bras autour du cou et je serrai autant que je pouvais, je tentai de me dégager pour me remettre debout, mais je me rendis compte que c'était sans espoir.

Mes vêtements étaient très lourds, et le bref effort que j'avais déployé pour me redresser m'avait vidé de toute mon énergie. Je réussis presque à me libérer en me tortillant, en l'empoignant par le cou et en serrant le plus possible, puis j'essayai de m'échapper brusquement pour me remettre debout. Mais son poids et celui de mes vêtements trempés, c'était trop.

Tout aussi abruptement il me relâcha et je me retrouvai seul à terre, haletant comme si j'avais fait de la lutte pendant des heures. Je me demandai froidement, comme si je n'étais pas concerné, s'ils allaient me tuer. Je levai les yeux et je vis l'autre homme me mettre en joue avec mon pistolet. Il m'intima de me relever.

L'un des deux glissa son bras sous le mien et me mena sur un sentier empierré qui montait vers une petite maison à quelques centaines de mètres du bord du lac. L'autre tenait toujours fermement mon revolver, prêt à tirer, dans cette espèce de mélodrame hallucinant, et me suivait à peu de distance. J'étais alors trop fatigué pour me fâcher contre moi-même. Je me sentais à la fois complètement résigné et perplexe : ces hommes ne m'avaient pas encore fait de mal pour cette stupide tentative d'évasion.

La maison était petite : un logement d'ouvrier, meublé en conséquence. Ils m'amenèrent dans la cuisine, retirèrent mon manteau, ma tunique et mon pantalon. Un des hommes fit chauffer une bassine d'eau sur le poêle à charbon pendant que l'autre remplissait une baignoire avec de l'eau froide et me fit comprendre que je devais m'y tremper les pieds. Puis il prit une petite miche de pain noir dans une armoire en bois et la découpa en plusieurs tranches épaisses, qu'il enduisit de margarine et d'une couche épaisse de pâté de foie. À ma surprise, le pain était pour moi. Avec l'eau chaude ils firent du café qui fut également servi au visiteur inattendu. Leurs gestes étaient rapides et décisifs, ils paraissaient ne pas se soucier de la personnalité de leur prisonnier, seulement de ses besoins physiques immédiats.

Le pain et le café étaient des ersatz. Mais après un séjour de quatre heures dans un lac, les deux étaient plus qu'acceptables. Depuis ce jour-là, aucun café aussi bien préparé n'a été aussi bienvenu, alors que cette boisson me brûlait la lèvre inférieure, qui pendouillait, sévèrement coupée.

Entre la nourriture, la lumière et la torpeur décroissante de mon cerveau et de mes membres, la raison me revenait lentement. Je parcourus des yeux la salle ainsi que les étrangers qui m'avaient sauvé.

L'un était unteroffizier, caporal de l'armée allemande, un jeune homme plaisant, au teint cireux et d'apparence anodine. L'autre était plus âgé, plus dur. Ce ne devait pas être le père, car ce n'était pas le même type d'homme. J'appris plus tard qu'il était bûcheron.

J'esquissai un geste en direction de mon havresac (j'avais déjà découvert qu'une lèvre coupée n'améliorait pas mon allemand médiocre), dans lequel deux cents cigarettes américaines auraient dû être au sec sous leurs célèbres emballages en cellophane. Mais tout le contenu avait littéralement fondu - le papier, le tabac, les emballages - pendant la longue immersion. Cependant le bûcheron devina ce dont j'avais envie et m'offrit une cigarette allemande insipide qu'il sortit d'un paquet en carton de sa poche.

Ce geste déclencha chez le reporter que je suis une première tentative de les soudoyer. «Que diriez-vous de mille dollars et une lettre d'introduction auprès de Mme Roosevelt ?» demandai-je au bûcheron. Il comprit, au bout de quelques minutes d'échanges en un hybride germano-anglais, et me demanda ce qu'il devait faire pour les gagner. «Vous me trouvez une voiture, du carburant, une carte et mon revolver - et vous me rendez mon pantalon», ajoutai-je, en pensant soudain que c'était plus fort qu'à Hollywood - si seulement il ne faisait pas aussi froid.

Les deux hommes rigolèrent, secouèrent la tête, «non», et l'offre se termina là. J'ai pensé depuis que je n'avais pas imaginé que ça pourrait marcher. Puis arriva l'hypocondrie - j'allais sûrement attraper une pneumonie et mourir. Ou bien, à défaut, je n'aurai plus jamais chaud, pensai-je intérieurement, avec une sérénité troublante.

Environ une heure plus tard, une voisine vint voir le prisonnier. Celui-ci consommait du pain noir, du pâté de foie et des cigarettes remplies de crottin. Elle parlait raisonnablement bien anglais et s'était munie d'un énorme dictionnaire pour aider la conversation. Pendant des heures avant le lever du jour, dans la cuisine d'une maison près d'un lac des environs de Berlin, nous parlâmes de la guerre. Quelques heures auparavant j'étais sur un aérodrome en Grande-Bretagne.

La femme était en bonne santé et assez jolie. Elle avait la quarantaine. Son mari était sergent, il commandait une unité de fusiliers sur le Front de l'Est, et elle ne l'avait pas vu depuis dix-sept mois. Quelques jours auparavant elle avait été évacuée de Berlin avec le seul enfant qui lui restait, une fillette âgée de douze ans. L'autre, un fils de dix-sept ans, me dit-elle, avait été tué en août pendant un raid de la RAF sur la capitale.

Elle avait amené avec elle une couverture, dans laquelle elle m'enveloppa. Lorsqu'elle vit ma chaussette complètement déchirée, elle fit apparaître comme par enchantement une aiguille à repriser et de la laine. En cinq minutes la chaussette était comme neuve. Dans une sorte de sabir confus, mêlant l'allemand et l'anglais, nous tentâmes de discuter de la guerre. Nous comparâmes le rationnement de la nourriture ; nous évoquâmes les raids aériens. À propos du deuxième sujet, je me souviens qu'elle affirmait avec emphase et une vitalité inattendue : «Ils sont durs. Mais nous ne capitulerons jamais».

Vers la levée du jour, deux sergents arrivèrent d'une batterie de projecteur voisine. Le bûcheron avait téléphoné pour déclarer son prisonnier pendant que je conversais avec la femme.

Un des nouveaux arrivants tenait une mitraillette et l'autre un revolver. Leur maintien militaire était impressionnant. Celui avec le revolver était un homme à l'aspect revêche, âgé d'environ trente cinq ans. Il me regarda fixement et m'annonça que sa femme était dans un hôpital voisin avec deux côtes cassées à la suite du raid aérien de la RAF de la veille. Qu'est-ce que j'en pensais ?

Que diable pouvais-je en penser ? D'abord j'avais trop froid pour penser. Si mon cerveau fonctionnait, ce n'était qu'à propos de ma propre situation, qui me semblait pathétique - une épouse, un fils, pas de compte bancaire. Je n'avais que faire de l'épouse sans côtes d'un sergent d'opérette. Qu'est-ce que je pensais des côtes cassées ? C'était tant pis, et puis voilà. J'avais conduit une ambulance pendant le blitz sur Londres. J'avais ramassé beaucoup de braves gens dont les blessures causées par les bombes étaient bien plus graves que des côtes cassées. Bien sûr que la guerre, c'était l'enfer. Mais les côtes de sa femme n'étaient pas vraiment mon problème.

Toutefois tu ne racontes pas ce genre de choses à un sergent allemand armé, quand ta moelle épinière ressemble à un glaçon, que tu es enveloppé dans une couverture et que tu n'as pas de pantalon. Aussi je m'efforçai de feindre une grande sympathie et je demandai à la femme de traduire : «C'est une guerre difficile».

Ce devait être l'attitude juste, car il m'offrit une de ces cigarettes fades qui me réchauffa tout de même un peu. Puis nous nous mîmes en route, le prisonnier chaussé de pantoufles prêtées par le bûcheron, direction la batterie de projecteurs.

Tout en marchant, dans un air matinal vif et dégrisant, vêtements à demi séchés et jambes à demi réchauffées, je tentais d'analyser la situation. Elle défiait l'entendement. J'étais stupéfait de constater que le temps d'un saut en parachute j'étais devenu un introverti extrême et un égotiste. Tout me tombait dessus : cette espèce de cirque invraisemblable, les uniformes allemands, la femme et son dictionnaire, le bombardier, la DCA, le lac. Tout cela créait un décor pour mon entrée et pour mon sketch ; et quel sketch d'enfer.

C'était une matinée superbe. Les pins, argentés par le gel et enracinés sous une neige vierge, montaient la garde le long de notre parcours, sur un sentier qui grimpait. Il n'y avait pas de guerre dans l'air frais et vivifiant, ni dans les prés drapés de blanc, qui s'étendaient de part et d'autre. Ici, la seule guerre était entre les sergents et moi.

Je trébuchais lentement et avec peine, car mes pantoufles étaient trop larges et le sol dur me blessait les pieds. Le sergent armé d'un revolver ouvrait la voie, solennel et sans hâte. Celui à la mitraillette suivait à quelques pas derrière. J'étais proprement en sandwich entre eux. Une évasion aurait évidemment été futile.

Un jeune lieutenant élégant nous attendait à la batterie de projecteurs. Je vis que les sergents s'adressaient à lui avec un respect qui frôlait la vénération.

«Comment allez-vous ? Parlez-vous allemand ? Vos papiers s'il vous plaît» me demanda-t-il avec une politesse déconcertante.

«Je me sens mal, merci. Mon allemand est assez limité. Les sergents ont mes papiers», répondis-je d'un ton amical, à la fois parce qu'il avait l'air d'être un brave type et parce qu'une attitude pareille est en soi politique de la part d'un prisonnier.

Tandis qu'il vérifiait mes papiers d'identité je m'assis près d'une grande cheminée à foyer ouvert, en état de méditation vagabonde. Quelques minutes plus tard, une ordonnance frappa à la porte, fit un salut amidonné «Heil Hitler», et fit entrer... Ian Bolton, mon pilote. Pour une surprise, cela en était une. J'avais vu l'aile de notre avion commencer à se décrocher au moment de mon parachutage et j'avais sérieusement douté que le pilote pût s'en sortir vivant.

Il était là, dans la salle, tout aussi soigné et flegmatique qu'il avait été à l'aérodrome en Angleterre. Nous nous saluâmes comme des frères réunis. Le jeune Bolton, tout viril et digne qu'il était dans de pareilles circonstances, n'avait aucunement la retenue qui accompagne souvent ces qualités. Lorsque le lieutenant allemand apprit que nous nous connaissions, il nous laissa discuter ensemble pendant qu'il enregistrait nos identités et notre capture.

Nous évoquâmes la mission que «B pour Bolty» avait à moitié menée à bien. Il raconta en détail sa version de notre désastre personnel au-dessus de Berlin.

«Juste après votre sortie, à toi et aux autres», m'expliqua-t-il, «mon vieil avion s'est mis à piquer tout droit. Les commandes étaient inutiles ; j'ai cru qu'elles avaient explosé. Je suis sorti en rampant de mon siège vers le nez de l'appareil au moment où l'aile à tribord s'est détachée.

Quelque chose m'est tombé dessus et je suis resté coincé contre l'écoutille. Puis il y a eu une explosion et j'ai été frappé à la tête. Ensuite je me suis rendu compte que je dégringolais dans le noir. Je me souviens vaguement d'avoir tiré la poignée du déclencheur.»

«Après l'ouverture du parachute, mon seul souvenir c'était les arbres au sol. Puis du fracas et un arrêt très abrupt. Je me suis balancé contre un tronc d'arbre, j'ai décroché mon harnais, j'ai glissé et je suis tombé à terre.»

«En même temps, j'ai entendu un rugissement épouvantable, qui paraissait emplir le monde entier. J'ai vu tomber un avion en flammes - droit vers moi semblait-il. Il a percuté le sol à quelques dizaines de mètres, dans un vacarme terrifiant, et les débris me sont passés loin au-dessus de la tête. Je me suis retourné et l'ai regardé au loin. Je me sentais mal, allongé sur le côté à le regarder : ce cercle lumineux en flammes, c'était le bûcher funéraire de notre bombardier.»

«Puis il y a eu un autre moment de vide. Plus tard, je me suis relevé - il faisait un froid glacial - et je me suis mis à marcher. J'ai continué à travers les bois jusqu'à ce que je me retrouve sur une piste. Il y avait des bâtiments devant moi, j'ai essayé de les contourner, en passant entre ce que je croyais être deux buissons. En fait, c'était des piles de sacs de sable.»

«Soudain une ombre s'est détachée de l'obscurité et j'ai vu briller un fusil. J'étais sur un site de la DCA et la sentinelle me contrôlait. Il y a eu un autre moment de vide - des civils qui venaient me dévisager et m'injurier - un voyage en voiture, un lit dur, et quelques heures de sommeil. Puis un nouveau voyage en voiture avec des gardes allemands. Me voici donc. C'est quoi, la suite ?»

Par souci d'équité pour Bolton, je dois préciser que son récit n'était pas tout à fait le récital qu'il paraissait. Il parlait d'une voix basse, avec de fréquentes interruptions, il s'efforçait de rassembler ses souvenirs. Il interrompait son histoire en se questionnant lui-même sur le sort de ses gars, les six autres aviateurs dans l'appareil. Il ressentait visiblement la lourde charge de sa responsabilité à leur égard. Et il était encore sous le choc du coup sur la tête, hébété et peu sûr de lui.

L'officier allemand fit porter du café et du pain noir, que nous dévorâmes comme des affamés. D'autres aviateurs de la RAF furent ramenés au QG ce matin-là. Le premier était un petit Écossais osseux avec un visage sale et féroce, il avait une rotule cassée. Il fallait le soutenir pendant qu'il se déplaçait en boitillant douloureusement. Il avait été le régleur de bombes d'un autre Lancaster, et à sa connaissance, il était le seul survivant. Son chagrin était réel, et n'avait rien à voir avec la rotule brisée. Il s'était marié juste deux jours avant la mission fatale au-dessus de Berlin. Que devait penser sa bien-aimée en ce moment ?

D'autres aviateurs furent escortés dans la salle, ils s'assirent en demi-cercle autour du feu, chacun enfermé dans son désarroi personnel, avec ses idées d'évasion, son sentiment de deuil abasourdi de la mission qui l'avait mené jusqu'ici.

Nous parlions peu. Des bribes de conversation arrivaient par salves sporadiques. Ils essayaient tous de jouer les braves, nonchalants et imperturbables, bien que le désastre régnât dans toutes les consciences. Les jeunes de la RAF, qui avaient été formés avec beaucoup d'autodiscipline, se comportaient bien. En revanche, un jeune Canadien réagissait tout autrement à la situation. Il était aussi le seul survivant de son avion, et il tempêtait abruptement et violemment sans arrêt, comme s'il voulait démontrer qu'il restait aussi invaincu qu'il l'avait été en Angleterre quelques heures auparavant.

«Ces salopards de Boches», déclara-t-il, «ils sont vraiment dans un merdier pire que nous. Nom de Dieu, je préfère être prisonnier ici qu'être un Allemand à la fin de la guerre. Les Russes, les Français et les Polaks seront avec nous. Pour nous ça ira bien. Mais ces pauvres couillons de Boches - ils vont s'en prendre plein la gueule».

4

ISOLEMENT CELLULAIRE

Berlin était en ruines, d'une façon impensable, sans commune mesure avec Londres en 1943. Nous traversâmes le centre de la ville en camion avec neuf prisonniers et quatre gardes allemands. Nos escortes n'avaient pas très envie de nous montrer les ravages que nous avions infligés à leur capitale, et ils avaient baissé les auvents déchiquetés. Mais c'était un véhicule ancien et la toile ne manquait pas de trous.

Les gardes nous observaient avec curiosité pendant que nous parcourions leur ville anéantie. Personne n'échangea un mot pendant tout le voyage.

Jusqu'à ce jour, je n'aurais jamais pu concevoir une destruction aussi massive. J'avais vu des villages détruits en France et en Afrique, labourés par des tirs d'artillerie, réduits à des décombres arides par des bombardements et des mitraillages en piqué. À Londres il y avait des quartiers en ruines, dévastés et béants, des pâtés de maisons emplis de débris là où autrefois se dressaient des immeubles. Mais nous étions maintenant dans une ville qui avait été massacrée, pilonnée et pulvérisée, incendiée et déchiquetée, aussi totalement que possible, une destruction qui défiait toute description.

Nous n'avions pas été conviés à une visite guidée de la ville. Le but du voyage n'était certainement pas d'exhiber ce que nous, et d'autres avant nous, avions infligé à la capitale allemande. On nous transférait seulement de la batterie de projecteurs à l'aéroport principal de Tempelhof, en passant par Unter den Linden et le sud-ouest. Durant ce voyage nous vîmes très peu de portes dans les bâtiments qui restaient encore debout - et pas une seule fenêtre vitrée.

Le gros des dégâts semblait avoir été causé par des incendies, tout comme le Bomber Command de la RAF l'avait prévu. Les pâtés de maisons se succédaient tout au long de notre route, ce n'était que carcasses de bâtiments noirs, calcinés et à moitié fondus par le feu des incendies épouvantables qui les avaient dévastés. Par endroits il y avait les traces du terrible blockbuster et un peu plus loin, des immeubles de dix étages réduits à des piles de gravats de quelques mètres de haut.

Les riverains et les commerçants des quartiers qui avaient été les moins touchés balayaient des monceaux de verre dans les rues et les empilaient soigneusement le long des caniveaux. Ailleurs, des équipes de prisonniers de guerre russes en uniforme kaki s'affairaient à nettoyer les décombres. Il y avait un garde allemand pour cinquante prisonniers, ce qui ne semblait pas très utile, car les ouvriers donnaient l'impression de travailler avec entrain.

Des ouvriers de l'organisation Todt[3] étaient également en nombre. Ces hommes étaient vêtus d'uniformes kaki similaires et, tout comme les Russes, étaient occupés à déblayer les dégâts des trottoirs, charger des camions avec ce qui était récupérable, faire tomber les bâtiments en partie détruits, et ramener un semblant d'ordre dans ce qu'il restait de la ville.

En dehors des deux groupes de travailleurs, très peu de civils semblaient s'intéresser à cet invraisemblable saccage. Les Berlinois se pressaient dans les rues, certains avec une valise et des cartons emplis sans doute de leurs derniers biens temporels. D'autres se déplaçaient de la même façon que le feraient des habitants affairés de New York ou de Londres.

En fin d'après-midi nous arrivâmes à l'aérodrome; le ciel s'alourdissait de masses de nuages de pluie qui se succédaient rapidement. «Ce pourrait être une autre belle nuit pour un raid», commenta un jeune aviateur

3- Puissant groupement de génie civil et militaire conçu par l'ingénieur nazi Fritz Todt, l'O.T. reposait largement sur le travail forcé de civils réquisitionnés et de prisonniers de guerre.

trop bavard qui nous dérangeait tous avec ses fréquents commentaires sur le triste état de l'Allemagne.

Des sergents empressés, de l'administration de la Luftwaffe et des Luftwaffettes, comme nous finîmes par les appeler, établirent avec efficience des listes de nos noms au centre administratif. Ils nous demandèrent de remettre à un lieutenant nos montres, stylos, papiers et autres effets personnels.

«Nous vous rendrons tout - plus tard», nous expliquèrent-ils dans un anglais laborieux, mais ils voulaient nous rassurer : nous serions bien traités.

La cérémonie dura une demi-heure. Puis nous fûmes conduits dans une rangée de cellules dans un autre bâtiment, et chacun fut enfermé dans une pièce minuscule. C'était l'isolement cellulaire et je fus accablé par un sentiment d'impuissance, de solitude et de lassitude. Ma cellule était équipée d'un petit radiateur, une table en bois légèrement inclinée, avec une boite en bois à une extrémité, qui devait servir de lit et d'oreiller, et d'un tabouret à trois pieds.

La pièce en elle-même, après de nombreuses déambulations pour la mesurer, faisait neuf pieds (3 m) de long sur quatre (1,4 m) de large. À une extrémité, juste sous le plafond, se trouvait une petite fenêtre cadenassée, avec des barreaux extérieurs. Quelqu'un avait gratté un certain nombre de «V» sur les murs ; des fétus de paille traînaient par terre et il y avait une planche déglinguée dans le «lit». Il n'y avait rien d'autre et la pièce était sans couleurs, rébarbative, sans vie.

Deux ou trois heures après notre arrivée, un gardien armé déverrouilla la porte pour me donner une assiette de soupe épaisse d'orge. Cette substance gluante et peu goûteuse me parût savoureuse, c'était la première nourriture depuis plus de vingt-quatre heures. Le gardien reprit l'assiette quelques minutes plus tard.

Ensuite, et jusqu'à tard dans la nuit, il n'y eut plus aucune interruption, plus de bruit. Le cafard de l'isolement cellulaire s'imposa avec force. Chanter ou siffler ne faisait pas tourner l'horloge plus vite ; le bruit ne faisait que résonner sur les murs en soulignant la misérable solitude que je ressentais.

Je pris un éclat de bois de la planche et me nettoyai les ongles, soigneusement et lentement. Lorsqu'ils étaient propres, je les raclais par terre et je recommençais à me les curer. À la fin, le jeu perdit de son intérêt. Je me mis alors à réciter tous les textes que je connaissais, le discours de Gettysburg[4], des poèmes du Rubaiyat[5]. Je m'imaginais en train de planifier une évasion. Mais les barreaux de la fenêtre et la grosse porte m'en dissuadèrent.

4- « Adresse » de dix phrases prononcée par Abraham Lincoln lors de la consécration du cimetière de Gettysburg où s'était déroulé l'une des plus sanglantes batailles de la guerre de Sécession. Il y rappelle les principes du gouvernement du peuple par le peuple.
5- Poèmes persans attribués à Omar Khayyâm (1048-1131)

Au cours de la nuit un garde ouvrit brusquement la porte et les prisonniers furent sortis de leurs cellules vers une antichambre. Nos gardiens nous informèrent que nous allions être dirigés vers un camp, mais au moment de sortir par la porte vers un camion qui nous attendait, les sirènes se mirent à hurler leur chant funèbre.

Elles faisaient exactement le même bruit que les sirènes à Londres. C'était presque drôle de les entendre. «Survivre à tous ces putains de raids de la Luftwaffe à Londres», pensai-je, «pour se retrouver à Berlin sous les bombes de la putain de RAF...».

Les gardes étaient pressés et énervés. Ils nous dirigèrent vers un abri profond sous le bâtiment ; ils étaient impatients avec nos blessés qui n'avançaient pas assez vite. Ils nous menèrent en file indienne à travers un labyrinthe de salles, devant des centaines de visages allemands renfrognés et anxieux, vers une petite chambre à l'autre bout. Elle était beaucoup trop petite pour nous tous, mais les gardes fermèrent et cadenassèrent la porte à clef derrière nous.

Nous entendîmes le toussotement confus des canons, puis le matraquage sourd des bombes. Mais notre problème le plus sérieux était le manque d'air. Il faisait chaud et humide, l'oxygène se raréfiait rapidement dans la cellule avec son plafond bas. Tout le monde transpirait et respirait avec des petits halètements.

Finalement, un mitrailleur australien au visage rougeaud cogna contre la porte et lorsqu'un garde l'entrouvrit, lui hurla, «On n'a pas d'air mon pote. Laisse cette putain de porte entrouverte. Pas d'air». Le garde dévisagea l'aviateur, parut vouloir le frapper, puis partit en laissant la porte entrebâillée de quelques centimètres. Le confinement n'empira pas, mais ne s'améliora pas non plus.

Un peu plus tard nous entendîmes de nouveau le hurlement grêle des sirènes. Les gardes revinrent et nous quittâmes l'abri en file indienne pour retourner aux quartiers administratifs. À la place du camion, un vieux bus nous attendait, et sans délai nous fûmes transportés pendant plusieurs heures sur un autobahn en direction d'un autre dépôt. Nous arrivâmes vers le matin, pour nous retrouver, une fois de plus, en isolement cellulaire.

Vers midi nos gardes nous accordèrent le luxe de pouvoir nous retrouver dans une grande salle. Il y avait un nouveau dans le groupe, un pilote canadien, costaud, avec une barbe abondante, qui nous dit avoir été «en cavale pendant huit jours».

«J'avais bien atterri dans un champ», raconta-t-il. «Je me suis dit que j'irai à pied vers le nord, en direction d'un des ports de la Baltique, pour m'embarquer dans un bateau pour la Suède. Pendant la journée, je me cachais dans les bois ou dans des fossés. Je me recouvrais de branches, mais il faisait trop froid pour dormir.»

«Vers les 18 heures, je me remettais en route. J'évitais les axes routiers et je me servais de ma petite boussole pour maintenir le cap vers le nord et le nord-ouest.

C'était pénible. J'ai dû escalader des barrières, et je me suis souvent cassé la figure dans le noir. J'étais très vite épuisé.»

«Par moments j'avais tellement froid que j'ai presque failli me rendre. Je courais un peu pour me réchauffer, puis je devais m'asseoir, tellement j'étais fatigué. Pour toute nourriture j'avais un paquet de tablettes Horlicks[6] et j'en suçais une toutes les deux ou trois heures.»

«Le matin je cherchais une grange ou une remise pour me cacher et me protéger du vent. Mais elles étaient toujours fermées à clef. Ces salopards ferment tout à clef. Le bon côté c'est qu'il n'y a pas à s'inquiéter pour les chiens. Les chiens boches aboient tout le temps. Alors quand ils vous aboient après, ça n'a rien d'inhabituel. Ça ne veut pas dire que quelqu'un va sortir avec un fusil.»

«Comment je me suis fait prendre ? Vous, les gars, vous avez sacrément réussi votre coup. Je me trouvais à environ quatre-vingt kilomètres de Berlin, d'après ma carte. J'ai vu votre raid - tout le ciel était illuminé en rouge, et la DCA pétaradait comme des feux d'artifice. Mais les équipes de recherche sont sur le pied de guerre à chaque raid. Et je n'ai pas eu le bon réflexe de rester caché pendant un jour ou deux. Ou peut-être que j'avais trop froid, et je me sentais trop seul, sans rencontrer personne.»

6- Marque de confiseries au lait malté très populaires en Grande-Bretagne.

«Un soir je me mets en route - c'était le lendemain de votre raid - et voilà que je me trouve face à face avec un vieux papy avec l'insigne de la Landwehr[7] cousue sur la manche. J'aurais pu lui en balancer une, puis courir, mais j'étais trop fatigué. Nous nous sommes regardés. Puis il dit, «Britannique?» et j'ai répondu, «Ouais, mon pote».

«C'était un vieux grigou, peut-être soixante-quinze ans, et il s'est énervé. Il a dégainé un canif, l'a ouvert, l'a pointé vers moi. J'aurais pu le lui arracher, comme on enlève une sucette de la main d'un enfant. Mais j'étais trop fatigué, et le vieux bonhomme était tellement comique que j'avais envie de rigoler. Et toute cette guerre était vraiment trop dingue. Alors nous sommes allés au commissariat de police et ils m'ont conduit ici. Demain, si ça se trouve, je regretterai de n'avoir pas fichu une beigne au vieux pour ensuite prendre la poudre d'escampette. On dit que les camps de prisonniers, c'est vraiment du temps de perdu. Et les Boches ont capturé mon frère lors du raid des commandos sur Dieppe - ça va être dur pour notre mère de nous savoir tous les deux ici. Mais, nom de Dieu, j'étais tellement fatigué.»

Cet aviateur canadien était un grand gaillard, bien bâti. Il paraissait trop grand pour son uniforme sale. Il exprimait une majesté rude et juvénile avec ses yeux clairs et sa barbe en broussaille. Pendant huit jours il avait vécu comme un animal. Il s'était affamé ; il avait

7- Défense territoriale allemande

lutté contre lui-même pour ne pas se rendre. Son talent, son enthousiasme robuste et viril pour la liberté, et sa franche camaraderie, qui en disait plus sur lui qu'il n'en disait lui-même - tout cela serait utile le jour où la guerre serait finie et que nous commencerons à bâtir un monde plus sain.

Un autre nouveau, un gars maigre et chétif, originaire de la Nouvelle-Zélande, avait été mitrailleur de queue dans un Lancaster qui avait été piégé par les chasseurs peu après avoir quitté sa cible. Les chasseurs avaient attaqué par dessous, ce qui les avaient rendus invulnérables aux mitrailleuses du bombardier.

«Je ne les ai vus que lorsqu'ils nous ont doublés», affirma le Néo-Zélandais. «Mais j'ai tout de même réussi à tirer une courte salve sur le deuxième chasseur. Notre zingue partait dans tous les sens. J'ai compris qu'il avait été touché, car il s'est mis à tressauter juste avant que j'aperçoive les chasseurs. J'ai crié dans l'interphone «Tout va bien capitaine?»... mais il n'y a pas eu de réponse. J'ai essayé une autre fois. Toujours pas de réponse. Le zingue s'effondrait de partout, hors de contrôle.»

«Puis je me suis inquiété. J'ai pensé que l'interphone avait été coupé ou que le capitaine avait été tué. J'ai jeté un coup d'œil vers l'arrière, et, nom de Dieu, il n'y avait plus de zingue, rien que des étoiles. Les chasseurs l'avaient cisaillé en deux et j'étais seul, dans la partie de queue. J'ai pensé que j'étais foutu. La section où je me trouvais était la moitié arrière, et elle devait être en train de tomber accrochée à la queue, parce que j'ai gardé le souvenir précis de n'avoir vu que des étoiles et du ciel noir quand j'ai regardé derrière moi.»

«J'ai commencé à ramper pour sortir de la tourelle. Mais je ne pouvais pas bouger, car la queue ou ce qu'il en restait remuait de tous les côtés, et j'étais coincé dans ma tourelle. Il y avait un sacré vent.»

«Et soudain, je me suis retrouvé seul dans le ciel. J'avais dû être éjecté ou bien je suis tombé. Mais je ne me rappelle pas être sorti en rampant, et je n'ai aucun souvenir d'avoir accroché mon parachute.»

«Je suis tombé dans une forêt et j'ai atterri dans un arbre. Ma jambe s'est écrasée contre quelque chose et je me souviens avoir gueulé pour qu'on vienne me chercher pour me décrocher. Peu après un homme et une femme sont venus me chercher, m'ont amené chez eux et m'ont mis dans un lit. Le lendemain matin la police est arrivée et ils m'ont conduit avec deux autres gars à un hôpital où l'on m'a posé des bandages. Je ne saurai jamais comment j'ai réussi à enfiler le parachute.»

D'une certaine façon, ces récits ressemblaient aux histoires de nombreux aviateurs. Peu d'entre eux se remémoraient tous les détails de leur mésaventure. En revanche certains d'entre eux avaient atterri presque comme s'ils avaient sauté d'un mur lors d'un entraînement ; ils avaient enterré leur parachute, allumé une cigarette, s'étaient octroyé un moment de repos, puis étaient partis à pied - avant de tomber nez à nez face à un civil en alerte ou à des équipes de recherche.

Le soir venu nous fûmes entassés dans deux camions et reconduits à Berlin. Les camions s'arrêtèrent devant le Anhalter Bahnhof, une des gares principales. Il y avait sept gardiens avec nous - un pour quatre prisonniers - et tous étaient armés d'une mitraillette qui paraissait on ne peut plus efficace, ainsi qu'une bandoulière de munitions.

Pendant que nous restions debout, formant un vague groupe derrière un camion, on aida les blessés à descendre du camion voisin, et un attroupement de civils allemands se forma en demi-cercle autour de nous. Il y avait là des mères de famille, avec leurs paniers pleins de courses, et une femme avec un bébé qui braillait dans ses bras ; il y avait des garçons, des petits galopins aux visages sales, qui interrompaient leurs jeux pour regarder passer cette étrange procession ; et il y avait des vieillards qui nous regardaient comme ils auraient regardé n'importe quel spectacle de rue.

Et quel spectacle ! À part moi, tous étaient vêtus de la tenue de combat bleue qui était l'uniforme de vol de la RAF. Mais de nombreuses vestes étaient déchirées ; aucune n'avait été repassée et toutes étaient sales. Nous avions tous une barbe d'au moins deux jours. La plupart des gars avaient encore leurs bottes d'aviateur ; moi, j'étais en pantoufles. Un tiers des hommes était enveloppé de bandages, plusieurs d'entre eux se tenaient debout sur un seul pied, un bras posé sur l'épaule d'un compagnon pour se soutenir. Nous devions avoir un air passablement étrange, comme des galapiats, comme ces gangsters de l'air – pour parler comme le Dr. Goebbels.

Un des sergents anglais prit la parole, alors que la foule grandissait pour former une cohue de spectateurs renfrognés et curieux. Il dit quelque chose qui me fit soudain penser à la marche de *Pomp and Circumstance* d'Elgar, et à la glorieuse renaissance de la conscience nationale que quatre années de lutte désespérée avaient restitué à la Grande-Bretagne. J'avais surtout observé les jeunes Britanniques, plus que la foule. Je voulais connaître leurs réactions devant l'attroupement. Je vis le sergent regarder autour de lui. Puis il déclara soudain, apparemment sans préméditation :

«Les gars. Rappelez-vous, nous sommes des soldats. Nous sommes britanniques».

Et tous se redressèrent légèrement : les Britanniques, les Australiens, les Canadiens… et l'Américain. Ce geste n'avait aucun sens pour les badauds, car ceux-ci étaient occupés à inspecter nos uniformes, nos visages, nos bottes, nos blessés, mais le sergent avait soudain rappelé quelque chose à propos de sa nation et de la tradition de son peuple. Et pour cette raison, au moins un témoin non-britannique était fier de lui.

Les gardiens nous mirent en colonne par quatre et nous entrâmes au pas de marche dans la gare. «Au pas de marche» ne convient pas tout à fait, car les deux tiers d'entre nous soutenaient l'autre tiers, et dès les premiers pas, nous étions partis dans tous les sens. Nous nous éparpillâmes dans la gare, dans les vastes escaliers jusqu'au quai, tandis que les gardes nous tournaient autour, mitraillette à portée de la main pour d'éventuelles tentatives de fuite.

J'aidais à porter un officier pilote dont les jambes avaient été sérieusement écrasées lors d'un atterrissage forcé près de la ville. C'était une besogne fatigante, qui me donnait chaud, surtout avec les foules qui encombraient notre groupe. Je me rappelle avoir observé la gare pendant que nous montions les escaliers. Elle me faisait penser à Grand Central de New York ou à la Victoria Station de Londres, Saint Nazaire à Paris[8] - on y voyait des milliers de voyageurs semblables, tous pressés, dans une même confusion apparente.

Mais il y avait autre chose. Cette gare était intacte. Il s'agissait d'un des terminaux ferroviaires les plus importants de toute l'Europe. Et la pensée de la destruction à l'extérieur, comparée aux conditions de temps de paix à l'intérieur, suscitait brusquement une question sans réponse : «Pourquoi avons-nous bombardé un coin obscur du Berlin résidentiel et laissé cette cible intacte ?»[9]

8- Lapsus de l'auteur pour Saint-Lazare.
9- L'Anhalter Bahnhof servit à transporter 9 600 Juifs vers les camps de la mort. Le réseau ferroviaire - hors de la gare - fut tellement abîmé par des raids aériens le 23 novembre 1943 qu'elle ne servait plus qu'à des voyages locaux. En

Notre train avait une demi-heure de retard au départ. Nous entrâmes dans un wagon de troisième classe comme disent les Français et nous nous installâmes du mieux possible dans des voitures sans éclairage ni chauffage. Notre destination, selon un de nos gardiens, après un long questionnement, serait Francfort, dans le sud-ouest de l'Allemagne, où nous devions subir un interrogatoire avant d'être envoyés dans un camp permanent.

Lors des haltes dans les gares pendant le voyage, des filles de la Croix-Rouge nous offraient du café et des biscuits. Nos gardiens, dans le souci de nous faire tenir tranquilles - et considérant peut-être notre situation - nous aidaient en débouclant leurs gourdes pour les remplir du liquide ersatz qu'ils appelaient café. Cette cérémonie nous donnait des idées d'évasion. Leur attention se portait exclusivement sur les fenêtres côté quai lors des arrêts. Jusque-là il n'y avait eu aucune tentative d'évasion dans le train ; nous étions tous trop fatigués, trop confus.

Les toilettes étaient à chaque extrémité du wagon, et chaque fois qu'un prisonnier désirait s'y rendre, il devait s'y faire escorter par un garde, pour l'aller et pour le retour. Mais à ma dernière demande, j'avais simplement expliqué au garde (dans un allemand exécrable) que j'avais besoin d'aller aux toilettes. Il me fit un geste

---

février 1945, elle fut très largement détruite par des bombardements massifs américains

de la main pour me dire d'y aller, et j'avais effectué l'aller-retour tout seul.

Je décidai de tirer profit de son absence de rigueur militaire. Au moment où le train se mit à ralentir pour s'arrêter à la prochaine gare, je l'informai que je devais aller à l'urinoir. Le garde acquiesça d'un geste de la main et décrocha sa gourde pour refaire le plein de café à l'arrêt suivant.

Je me faufilai dans le passage noir d'encre, entre les rangées de sièges occupés par des aviateurs étendus à moitié endormis, et ouvrit la porte des toilettes. À l'intérieur je serrai d'un cran ma ceinture, j'attendis un instant pendant que le train s'arrêtait en gare et j'entendis les voix des prisonniers et des gardes qui appelaient les filles.

Par la porte mi-close je les voyais tous se presser contre les fenêtres, comme nous l'avions fait lors de l'arrêt précédent. Le wagon était faiblement éclairé par les lumières de la gare, mais il faisait toujours sombre de mon côté. Je me glissai par la porte, ouvrit la barrière qui séparait les deux wagons et me faufilai de l'autre côté, tout en la refermant le plus doucement possible derrière moi. Je filai rapidement à travers ce qui devait être un wagon de deuxième classe allemande, car un étroit couloir bordait des compartiments sur la gauche.

Deux hommes étaient stationnés au milieu du couloir et je leur demandai *pardon* en français en me faufilant entre eux, car je ne connaissais pas l'expression pour «excusez-moi» en allemand. Brusquement je craignis qu'ils aient remarqué les boutons brillants de ma tunique et l'insigne «U.S.» sur mon uniforme et qu'ils se soient rendu compte que quelque chose clochait. Mais ils ne me suivirent pas.

À l'extrémité du wagon j'aperçus un groupe de plusieurs personnes attroupées près de la sortie. Je n'osai pas me frayer un chemin pour sortir du train. Alors je me retournai à gauche vers les toilettes et je refermai rapidement la porte derrière moi.

La fenêtre était verrouillée, mais je la desserrai violemment, avec un désespoir pressant. Je m'aperçus aussitôt qu'elle était trop petite pour que je puisse m'échapper. J'essayai tout de même. Je me mis debout sur le siège des toilettes, face à l'intérieur et penchai ma tête hors de la fenêtre. Mais sortir était tout à fait impossible.

J'en étais là dans ma tentative, l'esprit parcouru de toutes sortes d'alternatives, lorsque je sentis un objet dur m'appuyer profondément dans le ventre. J'entendis des mots en allemand, mais je ne les compris pas. Je pense avoir sursauté de plusieurs centimètres. Je me glissai hors de la fenêtre, je descendis du siège des toilettes, et me retrouvai au sol, debout - face au gardien à qui j'avais parlé précédemment. Il m'enfonçait durement sa mitraillette dans le ventre, et bruyamment, de façon appuyée, introduisit une balle dans le canon.

Je levai les bras au-dessus de la tête et me demandai frénétiquement s'il allait vraiment tirer. Nous étions face à face, éloignés l'un de l'autre d'une cinquantaine de centimètres, serrés dans ce minuscule compartiment éclairé d'une faible lumière bleue. Le train grinça et se mit en route. J'envisageai de le frapper ou de le contourner pour l'étrangler. Mais je savais que ce serait du suicide, et c'est ce qui me sauva, car il aurait pu tirer avec à peine une légère pression du doigt.

Il tendit la main derrière lui, ouvrit la porte, puis sortit rapidement et me fit signe d'en faire autant. Je sortis lentement, frustré, avec le sentiment d'être complètement ridicule. Il me fit signe de retourner à notre wagon en marchant devant lui, les bras baissés.

Pendant notre retour il me dit quelque chose, qui, je pense, devait signifier : «Je t'ai vu quitter les toilettes. Tu ne dois pas essayer de t'évader. Tu vas geler avec le temps qu'il fait. Et si tu réussis à t'enfuir, tu risques de te faire tuer...»

Je grinçai des dents, plus en colère que je n'avais jamais été avant, en pensant, «Mon salaud, pourquoi es-tu si gentil avec moi ? Si moi je te prenais à essayer de t'évader, je te ferais probablement cracher les dents à coups de pied. Arrête de me donner des conseils et de faire le condescendant. La prochaine fois je ne me laisserai pas reprendre. La prochaine fois, je t'enverrai un courrier de Londres pour te dire de regarder notre parade le long du Unter den Linden après la Reddition Inconditionnelle».

Les trois heures que durèrent le reste du voyage furent calmes. Les gardiens ne nous adressèrent pas la parole. La fatigue nous assoupissait, malgré les sièges durs et l'espace exigu. Plus personne ne s'intéressait au café ni aux cigarettes. La réaction aux événements des deux derniers jours commençait juste à nous tomber dessus, et tout le monde était épuisé. De surcroît, il était quatre heures du matin passées. Les gardes faisaient des siestes à tour de rôle. Mais désormais ils comptaient régulièrement les têtes après chaque arrêt dans une gare.

À Francfort nous fûmes rassemblés hors des wagons puis transférés vers un train local. À cette heure matinale, peu avant le lever du soleil, c'était le moment le plus froid.

Nous fûmes rejoints par deux autres aviateurs, vêtus de chemises légères en coton et d'une tenue de combat kaki. Leur avion, un Beaufighter en patrouille, avait été abattu au-dessus de la Mer Adriatique. Ils avaient été capturés après avoir erré pendant cinq jours à la recherche de guérilleros. Mais les forces d'occupation allemandes en Albanie les avaient trouvés en premier. Dans leurs habits taillés pour un climat méditerranéen ils grelottaient de froid.

Le deuxième voyage en train, également dans un wagon de troisième classe sans lumière, ne dura qu'une demi-heure, et nous nous arrêtâmes à une petite gare qui se nommait Oberursel. Après avoir monté un autre grand escalier, ce qui était terriblement douloureux pour les blessés, nous ressortîmes dans l'air glacial qui précédait l'aube. Les premières traces de lumière grise commençaient à laisser des traînées dans le ciel.

Une fois de plus nous fûmes dirigés au pas de marche, par groupes de quatre (pas vraiment au pas de marche, plutôt en tâtonnant et en titubant) vers un arrêt de… trolley ! Pendant au moins une demi-heure nous attendîmes en grelottant de froid. Pendant toute cette attente un garde demeura à mes côtés, mais même dans ces circonstances je n'aurais jamais pensé à m'enfuir. Aucun des gars ne parlait ; personne n'avait rien à dire, ou ne pouvait ou ne voulait dire quoi que ce soit.

Enfin un trolley à trois wagons monta avec fracas depuis les ténèbres tranquilles du pied de la colline, et nous montâmes à bord. Les passagers civils furent déplacés vers un autre wagon et nous nous assîmes dans un intérieur éclairé.

C'était ridicule. C'était le moment le plus comique. Il devait être environ six heures et demie du matin. Nous étions vingt-neuf prisonniers de guerre et sept gardes armés de mitraillettes étincelantes, à voyager dans un trolley-bus dans les banlieues de Francfort, Allemagne, en route vers une prison.

Les publicités dans le wagon vantaient des lotions capillaires allemandes, des pâtes dentifrices allemandes, des bas allemands. Et le panneau *Nichtraucher,* Non-Fumeurs. Le contrôleur discutaillait avec le gardien-chef, pour savoir si nous devions nous munir d'un billet ou non…

Se munir de billets ; un trolley-bus allemand; un camp de prisonniers; Francfort, Allemagne; lotions capillaires; la DCA et les projecteurs au-dessus de Berlin. Des femmes avec leurs dictionnaires, dont les enfants se faisaient tuer dans les raids aériens, et des sergents avec des mitraillettes dont les épouses avaient des côtes cassées. Et le pilote Bolton, assis devant une cheminée, comme un britannique sorti tout droit d'un roman, soigné et sûr de lui, après avoir été projeté hors d'un bombardier qui explosait. Tout cela était trop fantastique.

Mon imagination me jouait une symphonie sauvage, et mes genoux marquaient le rythme avec le froid. Mes yeux larmoyaient devant l'absolue stupidité et la tragique drôlerie de tout ce panorama, celui d'hier, celui d'aujourd'hui, et celui de deviner de quoi sera fait demain.

C'était une pure folie, en dehors de ce monde. C'était comme un film ou un livre. Mais ce n'était ni l'un, ni l'autre. Car vous pouvez poser votre livre ou quitter le cinéma. Ici, vous étiez l'un des acteurs principaux de cette pièce de théâtre insensée.

Cet épisode, ce mélodrame personnel, ne durait que depuis soixante-douze heures. Mais le vortex du changement brusque - de l'antithèse émotionnelle et physique - dans lequel nous avions été plongés, où nous nous étions plongés nous-mêmes lorsque nous avions sauté de nos avions, cette folie confuse et exotique était irrésistible et incontrôlable.

5

QUESTIONS ET RÉPONSES

L'incarcération solitaire est une rude épreuve. Les philosophes et les imbéciles s'en sortiraient mieux, dans un tel environnement, que l'être humain ordinaire qui dépend beaucoup des autres pour sa diversion. J'ai survécu, mais je dois avouer que je n'étais pas heureux dans cette cellule de la taille d'un placard et dans laquelle j'ai passé cinq jours au centre des interrogatoires près d'Oberursel.

Le but de l'isolement était de «ramollir» les prisonniers, leur délier la langue, pour que pendant l'interrogatoire ils révèlent plus facilement les secrets de leur pays. Toutefois, en ce qui concernait la plupart des aviateurs, il y avait un retour de manivelle. Un traitement brutal provoquerait de la colère plutôt que de la loquacité.

Cette nouvelle cellule mesurait sept pieds sur quatre (2,13 m. sur 1,2 m.) Elle contenait une paillasse et un oreiller de paille, un petit radiateur, un banc et un interrupteur mural pour pouvoir appeler un gardien. J'y passai cinq jours à rechercher désespérément un moyen d'évasion, à essayer de passer le temps dans la réflexion, à chanter, à dormir. Je ne vais pas raconter mes états d'âme, sauf pour dire que pour moi, l'isolement était une torture mentale qu'aucun tourment physique ne pouvait dépasser.

Les aviateurs avaient reçu une formation contre ce genre de traitement. Les agents du renseignement les avaient avertis qu'ils ne devaient pas faiblir, malgré le confinement en cellules minuscules, ni parler lorsqu'ils étaient soumis à un interrogatoire. Mais moi, en tant que passager civil, je n'avais jamais bénéficié d'une formation sur ce qui allait se passer si mon avion était abattu.

Finalement je fus sorti de ma cellule, mené dans un couloir à travers des baraquements au plafond bas, devant des rangées de cages toutes identiques, vers un autre petit local qui était le centre des interrogatoires. J'y rencontrai le lieutenant de la Luftwaffe Joseph Borner, pilote de Stuka, vétéran de soixante-dix-huit missions contre des bombardiers, qui était chargé de mon interrogatoire. Il avait été représentant de commerce en Angleterre et en Amérique pendant de nombreuses années, appris-je plus tard, et il parlait bien anglais.

Par la suite, d'autres aviateurs m'ont parlé du «Boche rusé» et de ses manigances pour forcer les prisonniers à révéler des informations. «Méfie-toi du vin et des femmes qu'ils vont t'offrir», tel était le conseil donné par leurs supérieurs. «Ne leur donne que ton nom, ton grade et ton numéro de matricule. Ne discute pas avec eux, n'essaie pas de les tromper. Ne leur parle pas».

Mais malheureusement Borner n'avait ni vin ni femmes à proposer à son prisonnier qui en aurait bien aimé. Lorsque j'entrai dans son bureau (suivi de près par un gardien de taille imposante), il se leva de sa chaise, me tendit la main, et me dit, «Comment allez-vous, M. Bennett ? Nous étions curieux de savoir quand nous allions enfin vous revoir».

C'était un moment affreux. J'avais été fait prisonnier en France lorsque j'avais été chauffeur d'ambulance en 1940. Je m'étais enfui et j'avais rejoint les Forces Françaises Libres de De Gaulle. Les membres des ces forces étaient considérés comme des *francs-tireurs* des guérilleros qui n'étaient pas protégés par les conventions internationales. Malgré l'overdose de repos des cinq derniers jours, je me sentis soudain très faible et très apeuré. Peut-être que, malgré mon statut actuel de non-combattant, les Allemands me considéreraient encore comme un *franc-tireur.*

«Asseyez-vous, je vous prie. Tenez, prenez une cigarette», me proposa-t-il de façon peu amène. L'euphémisme démarre maintenant, pensai-je, la cordialité à l'eau de rose - jusqu'à ce que je commence à parler, ensuite je serais fusillé. Je me recroquevillai sur ma chaise, allumai ma première cigarette de la semaine, jetai un coup d'œil à la ronde, en me demandant s'il n'y avait pas de micro pointé vers moi, puis j'attendis.

«Ainsi vous avez voulu voir la RAF bombarder Berlin ? Qu'en pensez-vous ?»

«C'était intéressant». (Il me faut surveiller mes paroles, pensai-je ; il ne faut rien leur dire).

«Bien, voyons ça. Vous vous êtes envolés de Skellingthorpe à bord de l'avion 'B' de l'escadrille numéro cinquante de la Bomber Command. Votre pilote, c'était Bolton. C'est un brave type ; ça fait longtemps que nous l'attendions». (Surtout ne pas montrer d'émotion ; ne dis rien; ne pense à rien).

«Vous savez, la BBC a annoncé que trois correspondants avaient été perdus l'autre soir. Vous êtes le chanceux. Les deux autres sont morts. Le Norvégien, et Stockton, l'Australien, ne sont pas sortis de leurs bombardiers. Ils sont morts tous les deux. Oui, c'est vous le veinard».

«Que va-t-il se passer maintenant ? Me rapatrier en tant que non-combattant ?» Il me fallait dire quelque chose, alors j'en vins à la phrase rituelle que j'avais répétée dans ma cellule pendant cinq jours. «Ne suis-je pas éligible pour un échange ?»

«Peut-être», réfléchit-il. «Il nous faudra voir ça. Mais pour le moment, aimeriez-vous prendre un goûter avec moi ?»

«Merci, ça me ferait très plaisir». Nous y voilà. C'était le charmant prélude avant l'arnaque finale. Que je sois maudit si tu apprends quoi que ce soit avec moi, espèce de primate, avec tes paroles doucereuses.

Mais Borner n'était pas un primate. C'était un homme séduisant, âgé d'environ trente-cinq ans, arborant la Croix de Fer Première et Deuxième classes sur son uniforme immaculé, qui s'exprimait avec modération. Il se comportait en hôte affable. J'engloutis du pain, du pâté de foie, des confitures, j'avalai plusieurs tasses de café et fumai une douzaine de ses cigarettes pendant son «goûter».

La conversation n'abordait que des sujets non-militaires. Nous apprîmes que nous avions vécu près l'un de l'autre en Grande-Bretagne, dans un coin du nord-ouest de Londres, et nous évoquâmes surtout nos voyages du temps de paix dans des sites touristiques en France et en Angleterre. En tant qu'invité, je n'étais pas au même niveau que Borner l'était en tant qu'hôte : j'étais empli de soupçons : café drogué, cigarettes droguées, micros dans le bol de confiture, dans le chandelier, dans le téléphone. Et j'avais du mal à les dissimuler.

«Mon dernier invité, c'était le jeune John Winant, le fils de votre ambassadeur en Angleterre. Un garçon très sympathique. Il travaille actuellement avec la

Croix-Rouge à Francfort». Voilà le ton de notre conversation, et il fallut attendre que le gardien eût débarrassé la table avant que Borner n'abordât des sujets plus sérieux.

«Vous savez», me dit-il, «notre boulot c'est de vous identifier, de nous assurer que des espions ou des saboteurs n'ont pas été parachutés des bombardiers. Maintenant, si vous voulez bien répondre à certaines de mes questions, nous pourrons vous identifier complètement et nous mettre au travail au sujet de votre rapatriement.

«D'abord, que savez-vous de la technique Path Finder (éclaireur) ?

«Que savez-vous à propos de la 'Pamplemousse' ?

«Que pouvez-vous me dire à propos de la toute nouvelle Neuvième Aviation ?

Après chaque question, Borner ne manifestait que peu de déception quand je haussais les épaules en signe de déni. «Je suis un reporter, et l'armée ne nous confiait aucun secret», lui répondis-je. Ce qui n'était pas tout à fait vrai. En Angleterre j'avais bien entendu parler de la technique «H-S» des patrouilles aériennes en éclaireur, des formations aile à aile, de la tactique de la bombe volante, dont le nom de code était Pamplemousse, et de la Neuvième Aviation qui était en voie de développement pour fournir une couverture aérienne à la future invasion de la France.

«Bon, je vais vous dire des choses que vous ignorez sans doute». Il fouilla dans une pile de dossiers, en sortit une grande chemise. «Aimeriez-vous apprendre quelque chose à propos de vos aviations ?

«Nos défenses ont abattu en moyenne treize pour cent de tous les bombardiers américains au-dessus de l'Allemagne, et en moyenne sept pour cent des avions britanniques. Soixante-douze pour cent des Américains sont sortis vivants de leurs avions ; seulement vingt-sept pour cent des Britanniques ont eu cette chance. Soixante pour cent des survivants américains ont été blessés et quarante-quatre pour cent des Britanniques. Environ un tiers d'un pour cent de vos aviateurs ont réussi à s'évader et à retourner en Angleterre, surtout grâce aux réseaux clandestins et en passant par l'Espagne, mais ce chiffre diminue régulièrement, car nos forces d'occupation procèdent à l'élimination des clandestins.

«Vous me dites ignorer le nombre d'avions en Grande-Bretagne. Je vais vous le dire, moi : la Huitième Aviation américaine possède 1 250 Flying Fortress et Liberators, et ce chiffre va doubler dans les sept prochains mois. La Bomber Command de la RAF possède 1 750 avions, dont 175 Mosquitoes bimoteurs.»

En mon for intérieur je pensais qu'il était peut-être en train d'inventer ces chiffres. «Que savez-vous à propos des groupes individuels de bombardiers américains», lui demandai-je.

«Prenons le quatre-vingt-onzième Groupe de Bombardiers, commandé par le Colonel Stanley T. Wray», répondit-il, en sortant un autre dossier. Il me lut la date de son arrivée en Angleterre, les noms de ses commandants d'escadrille, l'emplacement de sa base, la chronologie de ses opérations. «Wray a perdu soixante et un bombardiers à ce jour. De ce fait, son groupe est le plus touché de tous». Je reconnaissais les noms, et je cherchais à ne pas lui montrer ma surprise devant des renseignements aussi précis. Il était évident qu'il ne partageait toutes ces données que pour m'encourager à divulguer les miennes.

«D'où tenez-vous toutes ces informations ? De la part d'aviateurs qui ont été abattus ?»

«Oh, il y a des agents des deux côtés. Les documents les «plus secrets» et «strictement confidentiels» en Angleterre sont entre nos mains quelques heures après leur publication. J'ai les plans de vos nouveaux chasseurs à réaction. Vous savez, il y a probablement plus de monde en Allemagne à connaître vos secrets qu'en Angleterre ou en Amérique».

«Pensez-vous que toutes ces informations suffiront à arrêter l'invasion ?»

«C'est là une question délicate», affirma-t-il pensivement. «Vous savez, ils sont nombreux dans l'état-major d'Eisenhower à penser que ça ne marchera pas. C'est un peu comme un spectacle qui serait donné pour la première fois. Vous avez eu vos répétitions - l'Afrique, la Sicile, l'Italie - mais personne ne sait comment se déroulera le véritable spectacle. Nous ne pourrons sûrement pas vous arrêter avec ces seules informations. Mais si nous connaissons à l'avance les détails, nous pouvons augmenter terriblement le coût de l'offensive, et amener le peuple américain à se rendre compte qu'une victoire ne vaudrait pas le prix de la guerre.»

J'étais sur le point de me fâcher, ce qui n'était pas la bonne attitude. Je voulais entendre tout ce qu'il avait à me dire. Je n'avais jamais eu un entretien de ce genre, et j'étais encore sûr de pouvoir m'en sortir pour pouvoir rentrer en Angleterre.

Mais l'entrevue était finie. Borner regarda sa montre, se souvint qu'il avait un rendez-vous, m'annonça que je devais revenir le lendemain matin. «Vous autres correspondants, vous n'avez rien à faire ici», ajouta-t-il. «Il faudra que je téléphone à Berlin pour voir ce que nous allons faire de vous.»

Le lendemain matin, après une nuit épuisante passée à combattre une variété nazie de puces de lit, Borner et moi allâmes nous promener dans une magnifique forêt dans les montagnes du Taunus, au nord de Francfort. Borner me raconta ses expériences en Crète, à Stalingrad et en Tunisie.

J'avais écrit un livre après la bataille d'Afrique, dans lequel j'avais expliqué comment une offensive faite de bouts de ficelle contre Tunis avait échoué tout de suite après l'invasion d'Alger qui l'avait précédée. Borner, qui avait piloté un Stuka contre les mêmes positions où je m'étais terré, m'expliqua que si Tunis n'était pas tombée entre les mains des Alliés lors de cette première avancée, c'était tout simplement par excès de prudence de notre part.

«Nous avions quelques batteries de calibre 88, un bataillon de chars de taille moyenne et quatre compagnies d'infanterie», me dit-il. «Vous n'aviez aucune raison de ne pas nous enfoncer - vous n'étiez qu'à douze kilomètres de la ville - et nous vous y attendions, nous étions prêts à évacuer. Mais vous nous avez surestimés - comme vous l'avez fait pendant toute la guerre - alors nous avons pu faire venir des renforts, et il vous a fallu six mois et une montagne de matériel pour nous déloger».

Nous marchâmes pendant deux heures dans la forêt et je m'émerveillais des arbres gigantesques, voilés de gel, et des sentiers tortueux sur lesquels des enfants, complètement insoucieux de la guerre, jouaient à leurs jeux hivernaux. Des couples déambulaient, solennels, la main dans la main; ils étaient moins insensibles à la guerre, mais s'efforçaient de l'oublier – ce qui semblait facile au sein de la sérénité des bois. En vérité, il n'y avait pas de guerre ici. Les ruisseaux qui chantaient en cascadant vers la vallée, l'aspect digne et majestueux des pins...Mais au-dessus de nos têtes rugissaient presque continûment des moteurs car les Fortress attaquaient une nouvelle cible et les défenses allemandes étaient en action. Et je portais l'uniforme d'un officier américain, et j'étais prisonnier.

Ensuite nous visitâmes un petit hôpital où étaient soignés des aviateurs alliés. Dans un environnement aussi grandiose, les bâtiments ne semblaient être surveillés que par les grands arbres. A ma surprise, l'un des prisonniers était le colonel Loren McCollom, que j'avais aperçu quelques semaines auparavant sur un aérodrome en Angleterre, où il commandait un groupe de Thunderbolts P-47. Nous feignîmes ne pas nous reconnaître, mais je fus choqué de voir sa tête et ses poignets enveloppés de plusieurs couches de bandages. Il avait été brûlé lorsque son chasseur avait été touché par la DCA en France, et il s'en était à peine sorti vivant.

Un autre prisonnier était capitaine du Corps médical britannique, capturé quelques semaines auparavant, dans le Dodécanèse, sur l'île de Cos par les Allemands. Pendant seize jours, en compagnie de centaines d'autres prisonniers, il avait été transporté en train dans une bétaillère ouverte à travers la Grèce, les Balkans et l'Allemagne du sud.

«À Athènes», me raconta-t-il, «les Allemands nous ont fait traverser la ville au pas de marche. Ils voulaient sans doute impressionner les Grecs. Il y avait une longue colonne composée de quelques Britanniques et de plusieurs centaines d'Italiens. Mais les Grecs ont fait comme si c'était une parade victorieuse. Ils sont sortis nous acclamer, ils arboraient le V de la Victoire, ils ont hué les gardiens allemands. Les Allemands semblaient s'en moquer.

«Les paysans nous ont toujours salués de la main lorsque nous avons traversé leur pays en train. Nous n'avons pas rencontré d'hostilité ailleurs qu'en Bulgarie. Là, visiblement, ils préféraient les Boches».

Nous partîmes après une tasse de café de la Croix-Rouge, qui avait un goût délicieux, familier et luxueux, comparé à son imitation allemande, et une cigarette américaine. Ses volutes me firent m'apitoyer sur moi-même, à la seule pensée de me retrouver dans une situation telle qu'une seule cigarette puisse me donner autant de plaisir.

De retour au bureau des interrogatoires, Borner me parla des États Unis. Ce qu'il me dit à ce moment-là aurait pu n'être que de la propagande habilement préparée, mais je me souviens encore de ses paroles, et aujourd'hui - dix-huit mois plus tard, après de nombreuses expériences - elles ont toujours leur poids.

«Vous, aux États Unis», commença-t-il, «vous pouvez adopter pratiquement n'importe quel type de gouvernement. La nature a doté votre pays de tant de richesses, et votre peuple a hérité d'une telle énergie, qu'aucun gouvernement ne pourrait vous ruiner complètement. Car même avec le gaspillage du New Deal et le prix de cette guerre, votre terre livre une telle abondance qu'il restera toujours assez pour nourrir vos populations.»

«Bien que vous ayez pu brûler le maïs, tuer les porcs et laisser les fruits pourrir sur les arbres parce que leur prix de vente était trop bas, nous, en Europe, nous avons dû faire des économies très strictes pour pouvoir maintenir notre peuple en vie. N'avez-vous pas remarqué que chaque maison en Allemagne possède son jardin, chaque hectare de notre terre est cultivé au maximum ?»

«Vous n'aimez pas notre gouvernement, vous haïssez nos dirigeants - je sais ce que vous en pensez, je reçois vos magazines depuis Lisbonne - et vous dites que vous luttez contre la dictature et l'oppression. Ne vous est-il jamais venu à l'esprit que nous ne pouvons pas nous permettre le luxe du gaspillage, et que le gaspillage, c'est le partenaire de la démocratie ?»

«Vous nous combattez parce que nous essayons d'unifier l'Europe sous une direction unique, celle de l'Allemagne - et vous nous en voulez de penser que l'Allemagne, à la fois de par sa localisation et de par les qualités de son peuple, est la plus apte à diriger l'Europe ? Il n'y aura jamais une paix véritable ni de bien-être économique sur ce continent s'il reste morcelé en petites nations. Leur simple existence est cause de frictions ; les dépenses nécessaires à leur défense et à la compétition sont source de gâchis. Nous ne pouvons nous permettre cette désunion.»

«Même si nous, les Allemands, perdons cette guerre, et j'ai envisagé cette possibilité, l'Europe doit s'unir. Cette union se réalisera, grâce aux Russes, aux Britanniques, ou grâce à vous, les Américains, sinon il n'y aura jamais ici que guerre et chaos... Nous luttons pour établir notre autorité, notre unité. Nous pensons que nous sommes les plus qualifiés - et nous ne cesserons jamais de nous battre pour cette union...»

Dans mon esprit, des réponses se bousculèrent : votre union, voulais-je lui dire, n'est fondée que sur la peur, l'éradication de la contestation par des camps, le fantasme délirant d'une race supérieure. Mais malgré tout ce que je trouvais pour combattre ses idées, je ne pouvais m'empêcher d'être saisi par sa gravité et son apparente sincérité. Cet homme savait ce pour quoi il se battait. Il ne se rendrait pas facilement.

Le lendemain après-midi, je fus conduit de nouveau au bureau du lieutenant.

«Nous allons à Berlin», m'annonça-t-il dès mon arrivée. «Des gens là-bas veulent vous voir. Nous prendrons le train cette nuit».

Ce soir-là il me porta une paire de bottes de la Croix-Rouge et nous partîmes à Francfort - dans le même trolleybus qui m'avait conduit au camp. En sortant de la station principale, Borner fit une pause et posa sa valise.

«Regardez bien autour de vous», me conseilla-t-il. «Ce que vous voyez dans l'obscurité, c'est Francfort. Dans quelques jours, peut-être dans quelques semaines, vous pourriez apprendre la destruction de cette ville. Vos bombardiers peuvent balayer tout ça en une seule nuit à coup de bombes incendiaires», et il me montra, en les nommant, plusieurs bâtiments qui entouraient la place principale. Deux mois plus tard des raids colossaux de la Huitième Aviation détruiraient plus de la moitié de la ville. Vingt mois plus tard, le général Eisenhower y établirait son QG au cœur des ruines pour imposer la paix à l'Allemagne conquise.

J'ai pensé à cette histoire qui circulait en Angleterre à l'époque, citant un prétendu communiqué de l'aviation allemande : «Des bombardiers ont lancé une attaque de terreur sur l'Allemagne la nuit dernière. Grâce à notre DCA et à nos chasseurs nous en avons abattu vingt-cinq. Une de nos villes a été portée disparue». En cette nuit tranquille et froide, je trouvais que la plaisanterie n'était pas drôle.

Notre train avait soixante-cinq minutes de retard : il arrivait de Paris et, aux dires de notre chauffeur, il avait été retardé en route par des avions britanniques qui patrouillaient au-dessus de la France. Je fus agréablement surpris lorsque Borner sortit des billets pour un compartiment à deux couchettes, car je m'attendais à une répétition du voyage incommode de Berlin à Francfort de la semaine précédente. Derrière notre wagon je vis un wagon français, et derrière celui-là, un italien.

Presque dès le départ du train, je m'endormis dans mon lit, car l'air revigorant du Taunus m'avait fatigué, et de plus, c'était ce qui ressemblait le plus à un vrai lit en une semaine. Je voulais rester en éveil pour réfléchir à ma prochaine tentative d'évasion, mais la fatigue me tomba dessus comme une vague lourde et abrutissante.

Le voyage en train fut rapide, sans à-coups. À huit heures du matin je me réveillai pour regarder filer le paysage plat à l'ouest de Berlin à travers la fenêtre du couloir. À onze heures nous arrivâmes dans les faubourgs de la capitale, puis nous circulâmes plus lentement, pour entrer dans la ville elle-même.

Au début, les dégâts causés par les bombes semblaient éparpillés, mais ils augmentèrent en concentration et en quantité à l'approche du centre. Des Allemands, debout dans le couloir du train, regardèrent passer les destructions sans manifester d'émotion. Pendant les dernières minutes avant d'arriver à la gare, les dégâts à gauche des rails étaient gigantesques. Presque tout avait été détruit ou incendié. Nous traversâmes plusieurs centres de triage où il ne semblait y avoir ni absence de matériel roulant, ni dégâts dans les entrepôts et les dépôts.

La gare Potsdammer n'avait plus de toit, et il manquait des pans de murs, évidemment à cause des bombes, mais elle grouillait de voyageurs affairés. Une jeune femme et un chauffeur-gardien nous attendaient. Ils nous conduisirent à un immeuble de bureaux près du Wilhelmstrasse. Mon cerveau bouillonnait : regarde tout ce que tu peux ; voilà un bon article, me disais-je. Mais fais attention à ce qui va suivre.

J'avais craint un interrogatoire de la Gestapo, dans le pur style de Hollywood. Je fus presque déçu. Un certain M. Steiner nous accueillit, nous escorta à son bureau et nous invita à nous asseoir. Une fois de plus, avec tous les films que j'avais vus, je me demandai où était caché l'inévitable micro. Steiner me demanda si je voulais quelque chose.

«Une coupe de cheveux, un repas et des cigarettes», lui répondis-je.

Et ainsi nous nous rendîmes à l'Hôtel Esplanade, distant de quelques pâtés de maisons, et je me fis coiffer au centre de Berlin, en pleine guerre. Le coiffeur, un Italien d'importation, ne manifestait pas la même réserve que j'avais remarquée chez la plupart des Allemands à l'encontre de mon uniforme américain incongru.

«Sie sind Amerikaner?» me demanda-t-il en me regardant curieusement.

«Non, suédois», répondis-je en français, en oubliant momentanément les deux insignes «U.S.» épinglés aux revers de ma veste, qu'il avait sous le nez. Dans le salon de coiffure se trouvait un général allemand, ainsi que plusieurs autres officiers allemands, et un certain nombre de civils, qui attendaient leur tour pour le fauteuil du coiffeur.

Le général, un vieux monsieur tape-à-l'œil arborant une grosse moustache, entendit notre conversation, posa le Völkischer Beobachter [10]qu'il était en train de lire, s'approcha de mon fauteuil, me reluqua, lorgna sur mon uniforme, me reluqua une deuxième fois, et

10- « L'observateur populaire ». Journal du parti nazi, le NSDAP.

s'éloigna. Borner le poursuivit dans un coin vide du salon et dut évidemment lui expliquer la situation. Le général s'en retourna à sa chaise, ramassa son journal, me jeta un nouveau coup d'œil, et reprit sa lecture.

6

L'INVITÉ DU NAZISME

Tout relevait encore du fantastique, j'étais davantage dans le rêve que dans la réalité ; je me retrouvais soudain plongé, sans cérémonie, dans la capitale de mon ennemi. Dans cette expérience sans précédent, mes réactions devaient être intuitives, car je ne disposais d'aucun repère familier.

Les correspondants de la presse neutre stationnés en Allemagne ne m'étaient d'aucun secours avec leurs dépêches hétéroclites. En Angleterre, par exemple, j'avais lu que des membres armés de la Gestapo étaient partout ; qu'il y avait des bunkers à chaque coin de rue pour écraser toute velléité de révolte ; que des millions de prisonniers et de forçats n'attendaient que le moment propice pour lancer un coup de force contre leurs oppresseurs. J'avais lu que le moral des civils ne tenait qu'à la pointe d'une baïonnette ; que le sabotage était monnaie courante ; que les Allemands antinazis étaient sur le point de précipiter le pays dans la guerre civile.

Je voyais bien que pas un seul de ces rapports tant médiatisés n'était vrai.

Le premier après-midi, je fus interrogé par le Dr. Steiner et deux de ses collègues (qui représentaient évidemment les Affaires Étrangères allemandes). La teneur de leurs questions et leur verbiage prolixe mirent rapidement à jour une faille dans la façon allemande de procéder.

«Que pensent les gens en Angleterre de William Joyce[11] (un propagandiste de la radio nazie) ? Que pensent les Britanniques de Staline ? Qu'est-ce que Rudolf Hess[12] a dit à Churchill ? Quels sont les rapports entre les troupes américaines et les civils britanniques ? Averill Harriman[13] ira-t-il à Moscou en tant qu'ambassadeur ? Comment Maisky[14] est-il considéré en Angleterre ? Les Londoniens ont-ils peur de l'Arme Secrète [15]? Quand pensez-vous que l'Invasion aura lieu ? Où ?»

11- Journaliste d'origine américaine, rallié à l'Union britannique des fascistes, il s'installe en Allemagne dès le début de la guerre pour participer aux programmes anglophones de la Propagande nazie. Pendu en 1946 à Londres pour haute trahison. Il avait 39 ans.

12- Fidèle de Hitler depuis ses débuts, Rudolf Hess (1894-1987) fut longtemps considéré comme le n°2 du Reich sans avoir de rôle effectif. Il passe secrètement en Ecosse en 1941, pour négocier une paix séparée. Cette offre n'est pas prise au sérieux. Il n'a jamais rencontré Churchill.

13- Diplomate américain, représentant spécial de Roosevelt en Europe.

14- Ambassadeur soviétique à Londres

15- Josef Goebbels et la Propagande laissaient entendre que l'Allemagne dis-

À ces questions, et bien d'autres encore, répétées inlassablement, je ne répondais que par un haussement d'épaules évasif ou, dans certains cas, par une réponse énigmatique. Je leur offris en pâture le concept - présenté comme une «information interne» - que l'Invasion n'aurait jamais lieu. Ce ne serait qu'un gigantesque bluff, pour que l'état-major allemand reste occupé à inventer des défenses.

J'étais si soulagé d'être encore en vie, et plus qu'un peu médusé par la situation, que je tentai d'alléger la session avec des réparties. Un petit homme, dont le visage exprimait la moindre émotion, se fâcha quand j'affirmai que Dieu et Staline occupaient à peu près le même rang auprès des Londoniens.

«Maintenant, M. Bennett, vous ne devez pas nous raconter de blagues. Vous devez répondre correctement à ces questions».

«Inquiétez-vous des questions, moi je m'inquiéterai des réponses», rétorquai-je, et le visage du petit homme s'assombrit davantage.

En fait, une fois passée la tension des premières minutes - tout en m'avisant que pratiquement n'importe quelle réponse pourrait servir au «Boche rusé» - l'interrogatoire finissait par devenir plutôt amusant. Ces hommes étaient formés pour faire leur travail. Selon les critères nazis, ils étaient sans aucun doute habiles. Mais

---

poserait d'une Wunderwaffe (« arme miraculeuse ») qui changerait le cours de la guerre.

mon sentiment, qui fut par la suite souvent confirmé par de nombreux autres prisonniers, est que la minutie et la persévérance des Allemands ont été sérieusement identifiées à tort comme n'étant qu'une habile fourberie.

À un moment donné, j'osai interrompre avec une question, «Dites-moi, je vais dans un camp de prisonniers ou bien est-ce que vous allez me rapatrier ?» La réponse fut un haussement d'épaules qui laissait la situation exactement comme avant.

«J'ai cru comprendre que vous avez une sacrée ville ici», fut ma tentative suivante. Et celle-là fut une réussite. Ils se mirent à rayonner, aussi heureux que s'ils avaient été à la chambre de commerce d'une quelconque petite ville. S'il y a un côté du caractère nazi qui est plus susceptible à la flatterie que sa propre appréciation de la puissance germanique, c'est sûrement sa *Kultur* tant vantée. L'interrogatoire se termina rapidement et je fus embarqué pour une visite guidée de la capitale.

Nous conduisîmes et marchâmes pendant quatre heures à travers la cité meurtrie. Je n'oublierai jamais l'expérience de visiter la capitale ennemie en pleine guerre, et j'en garde encore un souvenir précis dans tous ses détails.

Les aperçus des destructions que j'avais eus lorsque j'avais traversé Berlin la première fois étaient démultipliés partout. Des secteurs entiers avaient été réduits à des squelettes défoncés et béants et de la maçonnerie inextricable. Certaines rues étaient complètement bloquées par des montagnes de débris ; d'autres étaient murées par des carcasses de bâtiments incendiés.

La célèbre «Allée des Ambassades» (Tiergartenstrasse) avait lourdement souffert. Curieusement, sur une soixantaine de bâtiments diplomatiques, le consulat japonais et deux légations latino-américaines n'avaient été que très peu touchés. Mais l'ambassade américaine située Unter den Linden - qui était alors occupée par la légation suisse, selon Steiner, - n'avait pas été touchée non plus.

Des arbres tordus et noircis, s'étirant de façon grotesque les uns sur les autres dans un énorme désordre, c'était tout ce qui restait du Tiergarten. Des bulldozers et des tanks «Tigre» de soixante tonnes étaient employés dans certaines zones à nettoyer les décombres. D'autres secteurs étaient bouclés et dynamités ; il était hors de question de les réparer.

Néanmoins les trolleybus et les métros fonctionnaient encore. Les gares ferroviaires avaient perdu leurs toits vitrés, mais le fret y transitait encore massivement. C'était l'image d'un peuple qui luttait durement avec tous les moyens dont il disposait pour éviter d'être submergé par les ravages.

L'espionnage préoccupait Berlin. Partout, je voyais des affiches mettant en garde contre les Spions, en prodiguant des conseils pour reconnaître des agents Alliés, comment les traiter, et, avec une touche typiquement nazie, en rajoutant un avertissement sérieux sur ce qu'il arriverait au citoyen qui manquerait à son devoir auprès de la Patrie. Sur une autre affiche, bien en évidence, figurait l'ombre d'un homme en manteau noir et chapeau mou. Un grand point d'interrogation s'étalait en blanc sur son dos. Et dessous se trouvaient les mots : «Méfiance, l'ennemi écoute».

«Les Berlinois appellent cette image 'Mussolini en fuite'», plaisanta une de mes escortes.

L'affiche la plus pittoresque représentait un individu lubrique, aux lèvres épaisses, qui regardait fixement de derrière les drapeaux aux couleurs de l'Amérique, de la Grande-Bretagne et de la Russie. En guise de légende : «Le Juif est derrière tout ça». À Berlin le Juif se faisait pourtant particulièrement remarquer par son absence. Les très rares Juifs que je vis arboraient une grande Étoile de David jaune bien en évidence sur leur vêtement.

Dans les escalators du métro S-Bahn il était clairement indiqué, «Interdit aux Juifs». La communauté décimée de Juifs mise à part, Berlin était sûrement aussi cosmopolite que Londres ou New York.

Comme je l'avais déjà remarqué auparavant, des milliers de prisonniers russes travaillaient au milieu des décombres. Dans d'autres équipes, il y avait des Français, des Italiens, des Polonais, des Serbes et des Anglais, chacun étant identifié par la première lettre de sa nationalité sur une manche, et chaque groupe surveillé par une sentinelle ou deux.

De rares officiers hongrois, japonais et finlandais étaient présents en tant qu'émissaires ou observateurs de divers pays alliés de l'Allemagne. Près de l'Esplanade j'aperçus trois officiers cosaques, membres de la Ligue Anti Bolchevique que les Allemands avaient recrutés parmi les soldats russes. Tous portaient des casquettes en fourrure, des capotes longues avec d'épaisses doublures, et des épées d'un mètre de long, qui brinquebalaient pendant qu'ils se déplaçaient avec une pesante dignité.

Il y avait également quelques officiers français, dont la plupart étaient affectés au service médical. D'autres Français et une poignée d'Espagnols, coiffés de bérets, étaient membres de la Légion Paneuropéenne qui avait été recrutée de gré ou de force par Hitler pour servir sur le Front de l'Est. Ces hommes arboraient l'insigne à tête de mort, propre aux SS nazis.

La circulation dans les vastes rues de Berlin était étonnamment réduite. La plupart des routes avaient apparemment très peu souffert des bombardements (la force pénétrante des «blockbusters» n'était pas très grande, et les nazis savaient que la meilleure façon de remettre de l'ordre dans une ville était d'en dégager les rues). Il semblait pourtant y avoir une pénurie de véhicules, ce qui peut s'expliquer par le rationnement sévère de carburants, et aussi par le credo nazi selon lequel les soldats et les civils devaient subir les mêmes privations.

Plus de la moitié des véhicules étaient propulsés par des carburants autres que de l'essence. La plupart étaient équipés de grands réservoirs montés sur le toit ou à l'arrière, qui contenaient du charbon, du coke ou du bois, transformés par un gazogène accroché à la voiture et qui produisait du carburant.

Circulaient aussi de très nombreux camions géants, dont plusieurs à deux ou trois remorques. Les Allemands allégeaient ainsi de toute évidence une partie de la pression sur leur système ferroviaire qui était soumis à très rude épreuve. De nombreux camions roulaient aussi avec des carburants autres que l'essence. Les relents d'alcool qu'ils émettaient me faisaient penser aux villes d'Afrique du Nord, où les voitures marchent avec tout sauf de l'essence.

Parmi les immeubles restants, plusieurs étaient chauffés avec des poêles grossiers faits maison, équipés de tuyaux pour évacuer la fumée par la fenêtre la plus proche. Un vent contraire repoussait la fumée et la suie dans les pièces, mais - comme la vie était alors très précaire - cela n'avait probablement que peu d'importance.

Des immeubles de bureaux dans le secteur de la Wilhelmstrasse, en revanche, n'avaient pas souffert de gros dégâts sous les bombardements, et ils étaient aussi modernes et aussi bien chauffés que n'importe quel immeuble en Amérique. Comparés à la valeur illusoire et purement sentimentale des cheminées anglaises, les bâtiments allemands paraissaient suffocants.

Du personnel militaire grouillait partout dans la ville. Berlin était bondé de troupes, encore plus qu'à Londres qui était alors le point de rassemblement de guerriers de toutes les Nations Unies. Il y avait une quantité phénoménale de saluts et de Heil Hitler. Des officiers de même rang se saluaient mutuellement et les simples soldats saluaient les caporaux. Une sentinelle casquée et armée montait la garde devant chaque entrée de la Chancellerie du Reich, qui était encore intacte. Toutes les branches des forces armées allemandes étaient représentées : la Wehrmacht, la Luftwaffe, la Kriegsmarine et aussi les SA (Schutz-Abwehr) ainsi les SS (Schutz-Stapfel).[16]

Chaque fois qu'un officier passait, les sentinelles se figeaient bruyamment et cérémonieusement en un garde-à-vous amidonné. Invariablement les SA et les SS faisaient le salut hitlérien, mais les autres sentinelles se mettaient simplement au garde-à-vous, le fusil à hauteur de la poitrine.

De nombreux SS, SA et Hitler-Jugend[17] en uniforme kaki parcouraient les rues. Au moins ceux-là répondaient parfaitement à mes attentes. La plupart d'entre eux étaient l'équivalent allemand de nos truands de bas quartier, la mine maussade, insolente, et ils se pavanaient.

16- Successivement : l'Armée de terre, l'Armée de l'air, la Marine, la milice paramilitaire nazie et les SS affectés à la garde rapprochée de Hitler.
17- Jeunesse hitlérienne

Ils portaient des brassards rouges, décorés d'une croix gammée noire, et leur démarche était autant le pas de l'oie que de la marche.

La population civile de la capitale paraissait fatiguée, pâle et apathique, apparemment moins nombreuse que celle des militaires et des armées de prisonniers de guerre. À ce jour Berlin avait reçu presque quinze mille tonnes de bombes, et les comportements des gens reflétaient leur fatigue et leur nervosité. Ils n'en restaient pas moins bien habillés, chaudement, ce qui - sur le coup - me fit une impression qui ne me quitta plus par la suite. Ils portaient des gros manteaux, bien doublés, avec des cols en fourrure. Les couleurs étaient d'un marron et d'un noir tristes.

J'apercevais aussi beaucoup plus de bas de soie qu'à Londres par temps de guerre, pour autant que je me souvienne. L'Angleterre pouvait se vanter d'avoir davantage de cosmétiques, mais les gens n'étaient pas vêtus aussi chaudement ni aussi confortablement. La réponse était évidente : l'Angleterre, qui était isolée, dépendait de convois sous stricte escorte du monde extérieur, alors que l'Allemagne, située au centre d'un nouvel empire temporaire, trouvait tout ce qu'elle voulait dans toute l'Europe.

«Nous recevons des livraisons de caoutchouc et d'autres matériaux rares par sous-marin depuis le Japon», se vanta Steiner. «Vous autres, vous pensez que vous bloquez tous les ports de l'Atlantique, mais nous faisons rentrer beaucoup plus que vous n'arrivez à couler».

De toutes mes impressions de Berlin, la plus étonnante fut la totale absence d'enfants. Pendant des mois avant le début des raids, les autorités nazies avaient encouragé l'évacuation des enfants, des personnes âgées et des femmes qui n'étaient pas strictement nécessaires. La totalité des évacuations jusqu'à ce jour, me dit Steiner, approchait les deux millions, presque la moitié de la population. De là venait cet aspect désertique et aride.

Ce qui se voyait aussi de façon remarquable, était le petit nombre de clients qui faisaient la queue devant les magasins, comme c'était courant en Angleterre. Malgré la destruction environnante, les magasins semblaient bien achalandés. Je ne vis une queue de ménagères que devant un fleuriste et un marchand de vins - et jamais devant une épicerie.

La vie sociale à Berlin avait été sérieusement limitée par les évènements de la guerre, m'expliquèrent mes guides. Les bals publics se trouvaient *verboten* en Allemagne et dans tous les pays occupés. Il y avait eu quinze jours de réjouissances autorisées à la fin des campagnes victorieuses en Pologne et en France, mais depuis 1941 - et avec les revers - les bals avaient été définitivement proscrits. Les soirées privées, bien sûr, n'étaient pas affectées.

Selon Borner, les soldats qui se battaient au front devaient se dire que leurs frères civils avaient la chance de pouvoir s'amuser. Je songeai à un secteur plein de tranchées sur notre front italien, puis aux bars regorgeant de whisky à New York. Les nazis avaient une longueur d'avance sur nous à cet égard.

Sans doute le même raisonnement expliquait les sanctions très lourdes pour adultère, lorsque c'était découvert. La punition minimum était deux années de prison, et dans certains cas, la peine de mort pour les deux contrevenants avait été requise. Toutefois la question restait ouverte quant à l'efficacité d'une telle dissuasion contre un passe-temps aussi courant.

Mais il restait encore de la musique, même si elle était d'une incroyable mauvaise qualité. Dans plusieurs brasseries et dans une poignée d'hôtels encore ouverts, des petits orchestres avaient été engagés pour produire en série des fadaises interminables au violon, plus déprimantes que divertissantes. La plupart des musiciens auraient dû se contenter de rester des papys à la retraite. Quant aux autres, ils avaient été importés des pays occupés que pour le divertissement des Berlinois et n'avaient pas le cœur à l'ouvrage.

Des réunions l'après-midi autour d'un caféhaus semblaient être pratiquement les seuls loisirs publics. Il restait encore deux opéras et le music-hall du Wintergarten. Beaucoup de salles de cinéma avaient été détruites. On trouvait encore quelques patinoires. Et c'était à peu près tout.

Berlin était une ville sobre et triste dont la population était bien trop occupée par les nécessités vitales pour se livrer aux divertissements collectifs qui occupaient une place si importante à Londres. La capitale de l'Allemagne était en fait devenue le Londres du blitz de 1940 - mais plus austère, plus déprimée, plus lugubre et bien plus sévèrement bombardée.

Pourtant la ville n'était pas obligée d'être sobre. Il s'y trouvait toutes les marques de vins et d'alcools d'Europe : tous les hôtels servaient des vins de Moselle, du Rhin, des Sauternes, du Bourgogne, ainsi que des vins de Hongrie. Des champagnes français et allemands (dont la marque Henkel de Ribbentrop) étaient disponibles en quantités infiniment supérieures et à bien meilleur marché qu'à Londres ou à New York. De la Finlande jusqu'en Italie on pouvait trouver du schnaps, le terme fourre-tout pour désigner n'importe quelle eau de vie. Seuls les whiskys américains et écossais se faisaient rares, pour des raisons évidentes.

Les boissons étaient rationnées, comme tout l'était en Allemagne. Mais chacun donnait l'impression d'en consommer beaucoup plus que le rationnement ne l'autorisait. Tous les hôtes proclamaient haut et fort, du moins à leur «invité» américain, que ce qu'ils buvaient «provenait de notre propre allocation... il n'y a PAS de marché noir en Allemagne».

Des blagues sur Hitler étaient évidemment plus fréquentes à Londres et dans les capitales neutres qu'à

Berlin. Il y en avait une, néanmoins, typique de l'humour allemand. C'était l'histoire d'un petit homme qui voulait faire des courses avec ses coupons de rationnement, et qui s'était trouvé dans une queue interminable devant le magasin. Tout à fait discipliné, il avait attendu son tour pendant quelques heures, et plus le temps passait, plus il était en colère. Finalement il n'avait plus réussi à se contenir.

«Je vais tuer celui qui est responsable de tout ça, des bombes et des queues», proclama-t-il. Il se dirigea vers le QG d'Hitler. Et là, bien sûr, il trouva une queue qui attendait aussi.

Tout comme les Londoniens, les gens de Berlin avaient de merveilleuses histoires de bombes à raconter : la grosse qui venait juste de rater sa cible, les cinquante incendiaires qui étaient tombées sur le toit mais qui n'avaient pas réussi à mettre le feu à la maison. Et ils avaient des idées invraisemblables sur les aviateurs qui avaient pris part aux bombardements.

«Chacun de vos aviateurs touche une prime de cinq cents dollars par mission en Allemagne, n'est-ce pas ?» demanda un nazi sur un ton très sérieux.

«Est-il vrai que vos équipages de bombardiers sont recrutés dans les cellules des prisons dans toute l'Amérique ?» questionna la femme d'un autre. Confronté à de telles questions, ainsi qu'à d'autres plus ciblées et plus insidieuses, je me bornais à répondre que je n'étais qu'un reporter - qui de surcroît espérait être rapatrié - et que je ne savais rien sur les forces armées.

Une histoire qui semblait véridique, narrait qu'un équipage de bombardier britannique avait un petit chien Spitz comme mascotte. L'avion avait été abattu au-dessus de Berlin pendant une attaque nocturne, et l'équipage avait dû sauter en parachute. Le chien avait été équipé d'un masque à oxygène spécial ainsi que d'un petit parachute spécial. Lui aussi avait été parachuté.

Il avait atterri sans problèmes près du zoo municipal et avait été recueilli après le raid par la comtesse Waldersee (la nièce d'un célèbre général allemand), et elle l'avait adopté. Si un des aviateurs lit un jour cet article, il saura où récupérer leur chien.

De très nombreux soldats blessés se trouvaient dans la capitale. Les béquilles et les bandages, beaucoup plus fréquents qu'en Angleterre, témoignaient du coût de près de quatre années de combats quasi-continus. En plus des bandages il y avait un nombre étonnant de décorations, principalement des Croix de Fer et des médailles parsemées d'étoiles.

La passion traditionnelle des Allemands pour les uniformes crevait les yeux. Presque tout le monde avait droit à un accoutrement militaire. Les policiers, les receveurs, les éboueurs, et toute une foule de dignitaires mineurs, tous portaient des uniformes qui ressemblaient étonnamment, du moins pour l'Américain qui venait juste d'arriver, aux tenues standard de la Wehrmacht.

S'ajoutait à cela une débauche de drapeaux et de draperies ornés de croix gammées, tout un matraquage d'affiches pour le Parti National Socialiste et de propagande guerrière tape-à-l'œil. Le contraste saisissant entre les panneaux d'affichage aux couleurs criardes et l'arrière-plan sombre des gravats et de la cendre avait valeur de symbole : la faillite du nationalisme creux et tant vanté.

Cette nuit-là il y eut un gros bombardement britannique. La crainte de me retrouver en ville pendant un raid me tourmentait depuis mon arrivée. Je savais que la RAF ne faisait que commencer son terrible travail contre l'Allemagne ; j'avais été le témoin du blitz à Londres trois ans auparavant, et ne pouvais ignorer que les Anglais entendaient y répondre au centuple. Lorsque les sirènes, les unes après les autres, se mirent à lancer leurs chants obsédants et déferlants, je me mis à trembler avec une peur plus profonde que celle éprouvée quelques nuits auparavant au-dessus de la ville.

C'était en début de soirée, nous nous rendions à l'hôtel où de toute évidence j'allais passer la nuit, après avoir quitté l'immeuble de bureaux distant de quelques pâtés de maisons. Borner et Steiner, avec une discipline acquise de l'expérience, trouvèrent un abri proche, sous un petit immeuble. Nous nous y précipitâmes.

À l'intérieur se trouvait une petite cave, convertie en abri anti-aérien avec des poutres transversales et des supports en bois massif pour soutenir le plafond. Une vingtaine de femmes étaient assises, par petits groupes de deux ou trois, blotties les unes contre les autres, sur des bancs et des tabourets de toile. Il y avait trois vieillards et un jeune responsable de la lutte anti-incendie, et nous étions avec eux les seuls hommes dans l'abri.

Sur les murs étaient accrochés des haches, des pelles, des trousses de secours, des seaux et plusieurs masques à gaz pour civils. Deux petites bougies étaient les seules sources de lumière.

Quelques minutes après notre arrivée, la DCA se mit à tirer. Des salves aiguës et rapides tirées par une batterie toute proche provoquaient des échos bruyants dans la cave. Bientôt la fusillade se transforma en un bruit de tonnerre presque solide, tandis que les batteries déroulaient leur tapis de mort au-dessus de Berlin. Je sentais la transpiration me ruisseler sur les bras et sur le visage. Je haletais ; j'avais les yeux mi-clos et les poings serrés. Je n'avais que trop conscience des insignes «U.S.» sur mon uniforme - ces gens vont me reconnaître, pensais-je. Si les bombes ne me tuent pas, ils s'en chargeront.

Mais les occupants de l'abri ne s'intéressaient qu'à eux-mêmes. Les femmes se tenaient voûtées, la tête sur les genoux, les mains sur les oreilles, elles se serraient les unes contre les autres - dans l'attente des bombes. Une femme étreignait fort deux bambins sur son sein ; un des bébés poussait des petits cris exaspérants et futiles.

Les hommes se tenaient debout contre le mur, les mains pendantes ou croisées sur la poitrine, les yeux fixés sur le mur en face. Un des vieillards, coiffé d'un casque de la guerre précédente, se tenait fixement au garde-à-vous, rigide de peur et d'anticipation. Le jeune responsable faisait les cent pas, tout en regardant les femmes, l'oreille tendue, dans l'expectative.

Puis ce fut le bombardement. Une avalanche assourdissante de pure terreur recouvrit le tonnerre en staccato des canons. C'était un train express, une cataracte, un tir de barrage... qui sifflait, qui cinglait, qui hurlait... un martèlement, une éruption, un vacarme. «Mon Dieu, c'est un cauchemar», pensai-je frénétiquement, pendant que mes ongles s'enfonçaient sans douleur dans mes paumes. «C'est un cauchemar ; la réalité ne peut pas être aussi terrifiante».

Il n'y a pas d'expressions pour raconter les vingt minutes qui s'ensuivirent. J'y étais ; je me souviendrai toujours de cet enfer à quoi rien ne peut se comparer. Les mots me manquent pour le décrire. Londres en 1940, ce n'était absolument rien à côté.

Je me rappelle le cliquetis des incendiaires sur le toit, dans la rue à l'extérieur, l'explosion débordante et trépidante d'une mine terrestre de l'autre côté de la rue. Je me souviens d'une femme qui poussait des cris perçants et affolés, et qui s'effondrait par terre accablée. Je me souviens des bougies qui s'éteignaient, du plâtre qui tombait par plaques du plafond sur le sol, de la porte qui s'ouvrait avec violence, et du bois de charpente de l'étage supérieur qui bloquait l'entrée, de l'air qui s'engouffrait d'une pièce à une autre lorsqu'une nouvelle bombe frappait un immeuble voisin. Mais je suis incapable de raconter la scène, de décrire toute l'horreur des bruits et des émotions.

Au bout d'un moment les bombes et la DCA s'arrêtèrent. Une accalmie de mort envahit la cave sombre. Puis des cloches sonnèrent dans la rue ; des véhicules de pompiers passaient à toute allure et en levant les yeux, j'aperçus un rideau rouge de flammes à travers la porte défoncée.

«Nous pouvons partir maintenant», dit Steiner. «C'est fini». De l'extérieur nous vîmes notre bâtiment en feu, avec les deux étages du haut qui flambaient violemment. Personne ne s'en préoccupait. Ce n'était qu'un bâtiment en flammes parmi tant d'autres.

Pendant une heure nous parcourûmes le centre de Berlin, à regarder les pompiers et les civils lutter contre les brasiers. Je n'avais jamais vu un tel spectacle à Londres. Des rues entières brûlaient ; des flammes et de la fumée jaillissaient des grands magasins, des bâtiments, des logements. Des rues étaient parfois infranchissables, celles où étaient tombés des explosifs détonants.

Des ambulances et des camions d'incendie fonçaient dans les rues dégagées. Les blessés étaient brancardés dans tous les sens. Les morts étaient empilés tout au long des caniveaux. «Les camions à ordures de Berlin viendront ramasser les cadavres demain lorsqu'ils auront le temps», me dit Steiner.

Des débris d'avions étaient disséminés dans les rues, des bouts d'ailes, de queues, de fuselage. Un moteur entier était à moitié enfoncé dans la chaussée, et à quelques mètres se trouvait la roue d'un Lancaster malchanceux.

Des bombes incendiaires étaient tombées sans exploser dans les rues dégagées, elles étaient régulièrement alignées en longues rangées, et chacune émettait une flamme chaude et blanche causée par le phosphore qui n'avait pas servi.

Devant une maison qui se consumait rapidement, une vieille dame assise sur une chaise sanglotait au milieu du crépitement des flammes. Elle avait sauvegardé deux chaises, une valise et un panier - c'était tout ce qui subsistait ; le reste était parti.

Nous retournâmes à l'hôtel, qui, à notre surprise, n'avait rien perdu d'autre que la plupart de ses fenêtres, et une partie du dernier étage qui avait brûlé. À l'intérieur nous dûmes déblayer les vitres cassées sur nos lits avant de nous y effondrer, épuisés.

Ni Borner, ni la sentinelle ne me firent bonne garde cette nuit-là. Mais cela n'avait aucune importance. J'étais bien trop épuisé pour essayer de m'évader.

7

TOURISTE PAR TEMPS DE GUERRE

Le lendemain matin, après plusieurs heures de discussion avec Borner, il me proposa une «visite de l'Allemagne». L'idée se présenta après un débat sur nos cultures réciproques, comparaison qui semblait l' intéresser au plus haut point.

«Vous aimez vous coiffer des lauriers de vos grands-pères», lui avais-je dit. «Votre musique et votre littérature n'ont rien à voir avec ce nouveau fantasme du nazisme. Vous avez été trop occupés à fabriquer des fusils ces dix dernières années pour créer quelque chose de durable».

«Vous n'en savez rien», me rétorqua Borner. «Vous n'avez pas vu l'Allemagne. Nous avons une magnifique architecture, de bonnes routes et des écoles qui ont été construites après 1933».

Telle fut l'origine de cette visite. Borner était tellement fier de son pays, de la nouvelle Allemagne, qu'au final il me fit une proposition très inhabituelle.

«Lorsque nous en aurons fini ici à Berlin, savez-vous, je devrai vous ramener à Dulag, et de là vous irez en camp de prisonniers. Peut-être serez-vous rapatrié plus tard, mais là, ce ne sera plus de ma compétence.»

«Il se trouve qu'un congé de huit jours m'est dû. Je pourrais vous garder hors du camp pendant ces huit jours. J'ai des amis ici. Je pourrais me procurer une voiture et du carburant. Si vous me promettez de ne pas tenter de vous évader, nous pourrions faire un tour en Allemagne. Et ainsi vous pourriez vous rendre compte que nous ne sommes pas un peuple aussi primitif que vous le pensez».

Et c'est ainsi qu'en pleine guerre je pus observer depuis les premières loges les conditions qui régnaient en Allemagne. Le lecteur pourrait penser que cette visite n'était destinée qu'à de la propagande, que les nazis avaient tout prévu et planifié à l'usage du premier journaliste qui arriverait en parachute à Berlin. J'affirme - et j'en suis fermement convaincu - que le but de ce voyage était conforme à l'attente de Borner : montrer l'avancement et les réalisations du Reich.

Les idées qui me sont venues sur l'Allemagne, fondées en partie sur ce que j'ai observé pendant ce voyage, sont entièrement les miennes. Avoir vu les Allemands à l'œuvre dans leurs villes endommagées ne m'a conduit ni à les admirer, ni à les apprécier. En bref, ce que je relate ici sont des observations et réactions d'un reporter américain qui n'oubliait ni son allégeance, ni sa profession.

Borner me procura une fausse carte d'identité auprès d'un ami à la mairie de Berlin. Il la garda sur lui pour s'assurer que je ne renierai pas ma promesse verbale de ne pas tenter de fuir. Avec cette carte je devins «Robert Durand, journaliste, né à Paris, citoyen français...» Il me prêta un manteau pour couvrir mon uniforme et un chapeau de feutre pour dissimuler ma coupe de cheveux très peu parisienne.

Nous traversâmes Berlin et les banlieues nord dans une petite Mercedes Benz, avec Hambourg comme première destination. Dans la capitale, nous passâmes devant la Funkhaus (la BBC de Berlin), que la RAF avait officiellement déclaré détruite, mais qui, à ma grande déception, était encore tout à fait intacte.

Il faisait un temps maussade. Une petite pluie tombait tristement, un demi-brouillard recouvrait le paysage, tel un suaire. Mais il y avait la perspective de quitter cette ville presque morte qu'était Berlin et je me préparai à pratiquer l'espionnage légal.

À quelques kilomètres de la ville nous contournâmes des villes-casernes miniatures qui accueillaient des familles dont les maisons avaient été bombardées. Ces camps en bois étaient situés à quelques centaines de mètres de la grand-route et consistaient en dizaines de baraquements assez bas à un étage, semblables à des cantonnements militaires. Chaque bâtisse avait été montée entièrement en bois, avec une cheminée en briques et des fenêtres vitrées. En contraste avec l'aspect rude de ces logements - sans aucun doute situés à l'abri des bombes - il y avait un environnement rustique plaisant.

De la fumée tourbillonnait dans les cheminées, des enfants jouaient à l'extérieur et des femmes mettaient le linge à sécher. Chaque baraquement semblait assez grand pour accueillir de vingt à trente familles, et chaque hameau avait probablement plusieurs milliers d'habitants.

La campagne autour de Berlin était plate et sans intérêt. L'exploitation y était aussi intensive qu'au Japon, chaque hectare fournissait de la nourriture ou bien servait de pâturage. Mais à quelques kilomètres au nord-ouest de la ville s'étendaient des prairies vallonnées, commençaient les merveilleuses forêts allemandes, et l'air devenait plus vif avec un vent froid pénétrant qui arrivait de la Mer du Nord.

Une armée de forestiers s'attaquait à la forêt, «pour se fournir en bois de construction pour les nouveaux baraquements et en bois de chauffage», m'expliqua Borner. Beaucoup de bûcherons étaient en fait des femmes russes, la tête bandée du fichu blanc traditionnel, et leur capacité de travail était visiblement égale à celle des hommes occidentaux.

Parfois on pouvait voir des groupes de cinquante ou cent prisonniers de guerre - généralement des Russes - qui travaillaient sur des oléoducs ou qui nettoyaient les terres qui longeaient la route, chaque contingent n'étant surveillé que très approximativement par un Allemand ou deux. Dans les villages voisins nous vîmes de nombreux prisonniers français, encore vêtus de leur uniforme de 1940, qui travaillaient avec les fermiers pour remplacer les conscrits.

Il y avait très peu de circulation sur la route de Berlin à Hambourg. Sur presque trois cents kilomètres nous ne croisâmes guère plus d'une douzaine de véhicules, dont la majorité était des camions avec des chargements directement liés à la guerre.

Nous traversâmes plusieurs villages de taille diverse, la plupart étaient des bourgs somnolents avec l'architecture pastorale de l'Ancien Monde, habités par des fermiers apparemment indifférents à la guerre, qui menaient leurs charrettes tirées par des bœufs ou par des chevaux, emplies de compost fumant, engrais pour les cultures d'hiver. Les enfants offraient un spectacle réjouissant. Les jeunes de Berlin et d'autres villes bombardées y avaient été rassemblés, et c'était un plaisir indescriptible, après la tristesse berlinoise, de les voir insouciants et joyeux, en train de rire et de se poursuivre dans les rues.

Nous atteignîmes Harbourg et la banlieue sud de Hambourg après cinq heures de route depuis Berlin. Il me parut d'abord qu'il s'agissait d'un Pittsburgh allemand, car il y avait des usines partout, avec des fumées qui montaient, telles des doigts, vers le ciel chargé de brouillard. Les logements ouvriers semblaient avoir été construits après coup, serrés et entassés entre les usines. Il y avait peu de dégâts, peu de traces de la guerre aérienne dans les banlieues industrielles au sud de Hambourg.

Mais dès que nous arrivâmes dans la ville elle-même commença la désolation. Hambourg avait été bombardée quatre fois par la RAF en juillet-août 1943 et trois fois par la Huitième USAAF à la même époque. Elle devait subir de nombreuses autres attaques aériennes par la suite, mais cette série avait signé son arrêt de mort.

Nous empruntâmes la rue principale en direction du centre-ville. Sur environ cinq kilomètres il ne restait plus une maison debout de part et d'autre de la rue. J'avais vu des quartiers sérieusement abîmés à Berlin et des zones éparses de destructions à Londres, mais ici il s'agissait d'une dévastation inimaginable par rapport à mes expériences précédentes - à 100 %. Un ravage dont aucun tremblement de terre ou tout autre phénomène naturel n'aurait pu être la cause. Il était profondément perturbant de voir quelle arme terrible l'humanité avait inventée en liant la bombe incendiaire à l'aviation.

Nous arrivâmes dans le centre-ville, curieusement peu endommagé. La gare principale avait perdu son toit, incendié, mais les trains circulaient régulièrement vers toutes les grandes villes d'Europe. Il semblait y avoir plus de vie dans le centre de Hambourg qu'à Berlin, considérablement plus de magasins ouverts, des trolleys bondés et beaucoup de voitures dans les rues. De nombreux marins se promenaient le long des trottoirs avec leurs petites amies. Le spectacle aurait presque pu être celui d'une ville portuaire anglaise ou américaine.

Borner nous conduisit jusqu'au commissariat de police et demanda un guide pour «montrer la ville à un journaliste français que j'accompagne dans son voyage en Allemagne». Un certain lieutenant Freier se joignit à nous. Il se montra un guide enthousiaste, ayant assisté à toutes les attaques contre Hambourg. En tant que policier, il en connaissait tous les détails.

À quelques minutes en voiture du centre nous arrivâmes à une rue barricadée par des briques et du bois de construction ; un grand panneau annonçait «Eintritt string verboten» – entrée interdite. Un soldat trapu armé d'une mitraillette se tenait à côté pour faire respecter l'interdiction. Freier passa en voiture en lui montrant son permis de police, et nous entreprîmes la visite de la «zone morte» de Hambourg.

Ces secteurs avaient été fermés au public depuis les raids, car il ne s'y trouvait plus aucune vie. Une de ces zones, comme je pus mesurer plus tard sur une carte au commissariat, recouvrait environ six kilomètres carrés. Les dégâts étaient épouvantables. Rue après rue, les logements avaient été écrasés et réduits en gravats, nivelés et pulvérisés en un amoncellement gris et granuleux. Parfois un radiateur cassé, un poêle, ou une partie de baignoire dépassait des ruines. On pouvait penser à Pompéi mais ceci était sûrement pire.

Il n'y avait plus aucun immeuble élevé. Il ne restait rien des bâtiments qui avaient dû avoir de cinq à huit étages, sinon des tas de briques cassées mêlées de mortier ; tout cela sur six à sept mètres de haut, fondu aux débris voisins des maisons à un étage. Tout avait été écrasé, à la fois par les explosifs et par l'intensité des incendies. Il ne restait que des monticules absurdes et des jungles inextricables de maçonnerie pilée, déchiquetée. Nulle part un seul morceau de bois ou de papier ou de toile. La chaleur avait été telle que tout ce qui avait été à sa portée avait brûlé. Plus aucun objet de couleur, non plus, car, comme disait Freier, «un océan de feu» avait englouti le secteur entier.

Notre guide nous expliqua le phénomène. «Le bombardement était si concentré que d'immenses incendies se sont déchaînés. La zone de chaleur s'élargissait au contact de l'air plus frais hors des secteurs en flammes, produisait un cyclone. Le vent terrible s'élançait alors à travers la ville, à cause de l'augmentation de la chaleur des bombes à phosphore et des incendies. Nous ne pouvions rien faire pour arrêter les flammes». Seuls des pare-feux naturels comme les lacs, les rivières et les parcs déboisés avaient évité un désastre dans toute la ville.

Dans ce grand néant, le seul signe de vie était celui des prisonniers qui travaillaient dans les débris, chargeant les camions - sans rien récupérer, car il ne restait plus rien à récupérer après une destruction aussi totale, mis à part les décombres qui seraient utilisés dans la zone portuaire.

Les prisonniers de guerre étaient français, italiens et russes - et les Italiens faisaient peine à voir avec leurs capes vertes légères, sales et leurs chapeaux à plumes. Tous défilaient misérablement en longues colonnes dans les rues. On voyait aussi des prisonniers politiques, avec des uniformes rayés bleus et gris. Ceux-là, nous expliqua Freier, devaient dégager les cadavres des ruines, un travail qui continuait encore plus de cinq mois après les raids.

Dans les rues tracées au milieu des monceaux de ruines il n'y avait aucune circulation hormis les colonnes de prisonniers avec leurs pioches et leurs pelles et quelques camions-bennes chargés de gravats. Parfois on pouvait voir des carrosseries tordues et rouillées quasi-méconnaissables de voitures garées près des trottoirs à l'endroit même où elles avaient été calcinées pendant les incendies.

Nous passâmes près d'une rangée de ce qui avait dû être des trolleybus, encore alignés. A ce propos, Freier nous raconta une histoire.

Après une attaque nocturne, des gens étaient sortis de leurs caves, car il y faisait trop chaud du fait des énormes incendies. Mais ils n'avaient pu quitter le quartier car ils étaient entourés de flammes et la chaleur augmentait de plus en plus. Près de deux cents personnes montèrent alors dans les trolleybus qui, se trouvant au milieu de la rue, étaient les plus éloignés des incendies et de la fournaise. Puis les trolleys eux-mêmes avaient pris feu. Le lendemain après-midi, une fois les incendies s'étaient calmés, quelque deux cents cadavres brûlés et carbonisés avaient été récupérés dans ces tramways, devenus des crématoires.

«Parfois», ajouta Freier, «nous avons entendu des gens qui hurlaient et qui appelaient à l'aide à l'intérieur de zones incendiées. Mais nous ne pouvions rien faire car le mur de flammes était trop grand, même plusieurs heures après la fin de l'attaque. Nos réserves d'eau sont tombées en panne à cause de ces énormes bombardements «.

Je scrutais son visage pour y déceler des signes d'émotion pendant que Borner traduisait. Je n'en vis aucun.

Hambourg avait été totalement privée de gaz et d'électricité pendant trois semaines après la fin des raids. L'eau avait manqué dans la plupart des quartiers de la ville pendant quinze jours. Le standard téléphonique n'avait été rétabli qu'au bout d'un mois.

Nous nous dirigeâmes en voiture vers ce qui avait été la principale rue commerçante, la Hamburgerstrasse – effacée de chaque côté. Nous nous arrêtâmes à un angle qui ne semblait guère différent du reste, avec son spectacle invariable de montagnes de gravats. Freier désigna un tas particulièrement élevé de décombres. Il expliqua qu'il s'agissait du grand magasin le plus important de Hambourg, du nom de Karstadt. Il nous raconta ce qu'il s'y était passé pendant une attaque de nuit.

Un grand abri collectif sous le magasin pouvait accueillir six cents personnes. Au plus fort de l'attaque, tout le quartier, sur plusieurs hectares, avait pris feu. L'abri était devenu chaud et l'air, rempli de fumée. Les surveillants avaient donné l'ordre aux gens de sortir en formant des colonnes, de crainte que l'incendie se propage au magasin, interdisant toute issue. Près de deux cents personnes étaient sorties, mais les flammes avaient atteint une chaleur tellement forte que les quatre cents autres, terrifiés, refusèrent de partir. Les deux cents qui étaient sortis purent parcourir la rue malgré la chaleur et trouver le salut.

Peu de temps après, une mine terrestre tomba à travers le toit vitré de la partie centrale du Karstadt, explosant en plein milieu du magasin, immédiatement détruit. Jusque-là, il n'y avait eu aucun blessé dans l'abri qui avait été bien construit. Quelques personnes décidèrent à leur tour de fuir, car la chaleur augmentait dans l'espace bondé. Ils furent les derniers à quitter l'abri, vivants. Le lendemain après-midi, quand l'incendie finit par se calmer, les corps de presque quatre cents personnes furent récupérés. Toutes avaient été asphyxiées par les gaz du coke et du charbon stockés dans les réserves avoisinantes.

Un peu plus loin dans la rue, nous passâmes devant un énorme bunker d'au moins trente-cinq mètres de haut, destiné à abriter jusqu'à cinq mille personnes. Il était construit uniquement en béton et en acier. Bien que tout eut été complètement aplati dans une superficie de cinq hectares à la ronde, il se dressait là comme une sorte de monument au milieu d'un champ de bataille.

Notre guide nous expliqua que lors d'un raid, trois mines de deux tonnes et plus de quarante incendiaires étaient tombés sur le toit, mais il n'y avait eu aucune victime à l'intérieur, car les murs et le toit avaient deux mètres d'épaisseur. Une bombe lourde avait heurté un coin et avait écorné un gros bloc de béton, dénudant les longerons en acier. Il n'y avait pas eu d'autres dégâts. Cependant, pendant l'attaque, les feux à l'extérieur étaient devenus tellement intenses que l'on avait dû fermer le système de ventilation. Près de cinq mille personnes étaient restées enfermées pendant quinze heures avant que les incendies diminuent suffisamment pour qu'elles puissent sortir.

Plusieurs milliers d'autres personnes se trouvaient encore sous les ruines dans diverses parties de la ville, affirma Freier, mais on ne recherchait plus les corps, car il restait d'autres tâches plus importantes. De toute façon, comme tous les points de repère avaient disparu, leur localisation était presque impossible. Dans certains secteurs quatre-vingt-quinze pour cent des cadavres n'avaient pu être identifiés, les corps carbonisés et noircis étant à peine reconnaissables comme ayant eu forme humaine. Vingt mille avaient péri dans la zone de six kilomètres carrés dans laquelle «l'océan de feu» s'était propagé.

Le nombre total de victimes en ville après la série d'attaques, selon les chiffres de la police municipale, était de quarante mille morts, quarante-cinq mille sérieusement blessés et plus de vingt mille légèrement blessés. Chiffres froids, brutalement désincarnés. Ils ne disent rien de la mort dans ses nombreuses et terribles formes et de la mutilation grotesque d'êtres humains sous le bombardement. Heureusement l'Amérique n'a jamais subi d'attaque aérienne pendant cette guerre. Mais pour cette raison, notre peuple peut difficilement concevoir l'horreur de ces raids.

Au commissariat de police je regardai des photos prises dans les jours qui suivirent les raids. Ce n'était pas des photos de propagande. Lorsque je demandai si elles avaient été imprimées ou diffusées, Freier répondit: «Elles sont trop affreuses. La propagande ne devrait pas aller aussi loin».

Je ne peux m'empêcher de penser qu'elles devraient toutes être diffusées partout, maintenant que la guerre est finie. J'ai vu les atroces images des camps de concentration, et je suis profondément convaincu que ces horreurs ne sont rien comparées aux images des morts des bombardements aériens[18]. Je me souviens très précisément de photos de femmes qui étaient tombées, ou encore qui s'étaient jetées sur leurs enfants, dans une tentative vaine pour leur servir de bouclier contre la chaleur. Tous étaient morts dans cette position. Il y avait aussi des rues jonchées de corps, calcinés, entaillés, incinérés, allongés dans des positions impossibles, les bras et les jambes figés avec des angles grotesques. Et ces paroles de Freier - «À 95% méconnaissables... Nous avons dû les enterrer dans des fosses communes en dehors de la ville».

Je ne pouvais pas me dire «ce sont des Allemands, et c'est acceptable puisqu'il s'agit d'ennemis». Impossible. Je ne pouvais que penser à Londres, Berlin, Varsovie et Moscou. Ces photos hambourgeoises ne montraient pas des Allemands. Elles montraient l'humanité. Elles révélaient clairement avec une horrible exactitude ce que nous nous infligions les uns aux autres pendant la guerre. Bien sûr, des réponses étaient prêtes : les

18- Note Du Traducteur : Ce témoignage a été publié aux Etats-Unis juste après la libération de mon père. Le souvenir de ses expériences sous les bombes et son séjour en camp de prisonniers étaient encore très frais. Tout comme son évaluation erronée du nombre de morts soviétiques (chapitre 19), il ne pouvait absolument pas connaître la véritable étendue de la Shoah, ce qui pourrait faire croire qu'il en minimise l'horreur.

Allemands avaient commencé par les bombardements de Varsovie et de Londres. En tuant leurs enfants, nous leur montrions qu'ils ne devraient plus se lancer dans une autre guerre. Mais cela ne répond pas au spectacle révoltant vu ce jour-là.

Je regardai une carte à grande échelle de la ville, sur laquelle étaient marquées avec des couleurs différentes les zones où la concentration de bombes avait été la plus forte à chaque attaque. Dans les quatre raids nocturnes de la RAF, environ soixante pour cent de la ville avait été touchés, pour une destruction d'entre 80% et 100% de la zone par ces incendies semblables à des ouragans. Je remarquai que moins d'une douzaine de bombes de la RAF étaient tombées de loin ou de près sur les docks ou les chantiers navals aux abords de la ville. Malgré de nombreux loupés, les avions de la USAAF avaient quant à eux tenté de bombarder des cibles militaires. Ils avaient concentré le plus lourd sur les entrepôts de stockage et les arsenaux le long de l'Alster et de Elbe.

Je demandai à visiter le port. Borner téléphona aux chantiers navals Blohm & Voss pour obtenir une autorisation pour que lui et un journaliste français puissent accéder aux chantiers. Nous reprîmes la route, passâmes sous l'Elbe par un étroit tunnel en bois et sortîmes près des vastes chantiers maritimes.

Accompagnés d'un cadre de l'entreprise nous fîmes le tour des grands ateliers d'usinage, des hangars de stockage, de soudage et d'assemblage. Blohm & Voss qui était autrefois le berceau de paquebots de luxe se consacrait maintenant presque exclusivement à la production de sous-marins.

Nous passâmes devant des cales où se construisaient des U-Boot. Je pus en compter seize à divers stades d'achèvement. Six sous-marins terminés étaient ancrés dans le fleuve ou étaient à l'attache aux quais. Au-dessus des cales, de grands filets de camouflage multicolores pendaient sur des cadres en bois. Les U-Boot qui avaient été achevés, m'expliqua le cadre, avaient chacun leur abri anti-aérien submergé, dans lesquels ils étaient conduits dès les premières alertes d'une attaque aérienne.

Vingt pour cent des ouvriers étaient de la «main-d'œuvre d'importation» me dit-il. Les Français, les Ukrainiens et les Hollandais prédominaient. Tous portaient un brassard de couleur particulière et la première lettre de sa nationalité. Je fus choqué de voir que les ouvriers «esclaves» travaillaient avec autant d'entrain que leurs collègues allemands. Le guide affirma que les Français étaient les meilleurs ouvriers (peut-être parce que j'avais été présenté comme étant français) et il insista sur le fait qu'il n'y avait pas eu de preuves de sabotage. Les travailleurs étrangers recevaient les mêmes rations que les Allemands, ajouta-t-il, et ils avaient le même niveau de salaire.

Il retint un jeune Français qui balayait le sol d'un hangar d'usinage et me demanda si je voulais lui parler.

«Cela va bien ici ? »[19] demandai-je au garçon.

«Oui» répondit-il brièvement, mais il parlait comme s'il avait mal aux dents. Notre guide lui tapota et lui pinça la joue pour que je puisse m'assurer qu'il était bien nourri. La façon qu'il avait de traiter le garçon ressemblait à celle d'un homme avec son chien.

Ce fut une révélation d'observer l'activité dans les ateliers et les hangars. Nous visitâmes plusieurs secteurs de chantiers, et partout j'eus l'impression d'une contribution importante à l'effort de guerre allemand. Je jugeai que moins de cinq pour cent de toute la zone avait souffert de bombardements aériens. Ceci est une estimation franche et honnête, basée sur une visite étendue. C'était incroyable que les Alliés n'eussent pas infligé davantage de destruction sur un élément aussi important de la production allemande de U-Boot. (J'appris plus tard que Blohm & Voss était le plus grand fabricant de sous-marins en Allemagne).

Avec la technique Path Finder, la RAF avait réussi à atteindre une concentration et une précision record sur la ville. Pourquoi n'avaient-ils pas attaqué les chantiers navals et les baraquements ouvriers ? La stratégie de la RAF était-elle guidée par la «revanche» ? Des hommes étaient-ils jetés vers la mort dans le ciel de l'Allemagne et les populations de villes entières anéanties, uniquement pour satisfaire l'envie de vengeance d'un quelconque

19- En français dans le texte

ministre ? Me revint à l'esprit l'arrogance des dirigeants de la RAF après les attaques sur Hambourg. «Nettoyée», disaient-ils. «Comme ça ils vont payer pour Coventry».

«Nettoyée» était le mot juste. La majeure partie de la ville avait disparu. La Grande-Bretagne y avait mis le prix. En bombes : 25 000 mille explosifs et trois millions cinq cent mille incendiaires. En carburant : plus de vingt-trois millions de litres d'essence de haute qualité. En vies d'aviateurs : plus de mille parmi les meilleurs d'entre eux. Sans compter le coût incalculable du temps passé à la formation et à la planification.

Mais les chantiers navals, les cales des U-Boot et les énormes hangars de stockage - mis à part les dégâts morcelés des bombardiers de la USAAF - travaillaient toujours en vue d'une victoire nazie. Et dix-huit mois et plusieurs autres bombardements plus tard, une fois la guerre terminée et gagnée, je pus lire dans un journal de New York: «Il faudra de cinquante à soixante-quinze ans pour reconstruire Hambourg...» Son port et ses chantiers navals fonctionnèrent à plein régime neuf jours après la prise de contrôle de la ville par les forces britanniques.

8

BOMBARDEMENT DE JOUR

Les villes allemandes de Brême et Münster montraient les limites des bombardements diurnes. Elles avaient pourtant retenu de manière exclusive et persistante pendant quelques mois l'attention de notre Huitième Aviation. Je le vis dès mon arrivée sur place. On y voyait combien un bombardement pouvait manquer de précision. On constatait aussi l'ampleur des misères désastreuses qui résultent d'une attaque ratée.

Après une nuit à l'hôtel, nous prîmes l'autoroute de Hambourg à Brême de bonne heure, empruntant une longue Reichsautobahn rectiligne qui était l'équivalent de n'importe quelle highway américaine. À une quinzaine de kilomètres avant Brême des cratères de bombes criblaient et disloquaient les champs cultivés sur de grandes aires de part et d'autre de la chaussée telle une lèpre monstrueuse. La technique américaine consistait à larguer de véritables tapis de bombes pour couvrir les cibles militaires. Mais tout cela était tombé sur des pâturages et des champs.

Nous apprîmes par la suite que quelque deux mille cratères avaient été dénombrés dans la campagne autour de Brême. Mais, dans les faubourgs de la ville, leur nombre allait croissant. Plusieurs bombes étaient tombées sur la route, réparée par de la pierre concassée - ou en cours de réfection par des prisonniers français et russes ou des unités de l'organisation Todt.

Nous passâmes sous un pont de chemin de fer qui avait été frappé directement et dont deux voies étaient encore en chantier. Des canalisations d'eau et de gaz sous les rues avaient été endommagées en de nombreux points et étaient en cours de réparation par des prisonniers ou des entreprises civiles. Disposés à intervalles réguliers étaient montés des petits abris en ferraille, pour un occupant unique, que je voyais pour la première fois en si grand nombre.

À la périphérie de la ville nous passâmes près de grandes tours d'observation, assez semblables à celles construites par les gardes forestiers américains pour surveiller les incendies. Mais celles-ci étaient équipées de canons de vingt millimètres ou de lourdes mitrailleuses multiples, pour repousser les bombardements ou les mitraillages aériens à basse altitude.

Vers le centre de Brême apparurent des logements et des bâtiments hanséatiques du onzième siècle, avec leurs toits richement cuivrés, rouillés et moisis par l'âge. Dans le centre-ville, les chambres de commerce ornées, à l'architecture complexe, la mairie, des églises et des maisons de marchands étaient groupées autour de la place du marché principal.

Borner avait déjà téléphoné depuis Hambourg. Nous fûmes accueillis par un correspondant du journal local, qui nous conduisit sur-le-champ à un restaurant tranquille pour un repas d'anguille fumée, de hareng et de glace - un peu incongru, étant donné le climat en décembre - mais c'était une journée «sans viande». Je mis de côté ma réserve et décidai de rester un journaliste quoiqu'il arrive.

Brême avait subi jusqu'à ce jour cent vingt-deux attaques aériennes et plus de huit cents alertes. Dans la plupart des villes allemandes, des suppléments de nourriture, de vin et de tabac étaient alloués à la population après les raids aériens. Mais puisque l'état «d'alerte» était presque permanent à Brême, l'allocation supplémentaire de tabac était permanente elle aussi. Chaque homme recevait trente cigarettes en plus des cent vingt auxquelles il avait droit par mois, et chaque femme quinze. L'idée que les femmes puissent paraître moins affectées par les attaques aériennes que leurs compagnons me parut bizarre. Des rations alimentaires supplémentaires étaient allouées selon l'intensité de l'attaque nous expliqua notre hôte. Les bonus variaient d'un à trois jours de rations. Malgré le grand nombre de raids

- le plus élevé de toutes les villes allemandes, selon les habitants de Brême - les chiffres officiels faisaient état d'un nombre de morts proportionnellement très peu élevé. Il y avait eu 2400 morts et 4900 blessés.

Après le déjeuner, nous allâmes marcher en ville pour voir une partie des dégâts. Ensuite nous prîmes la voiture pour gagner les quais et les chantiers navals. Je vis ce qu'il en était de la zone où se trouvaient des objectifs militaires.

Après une visite étendue des deux secteurs, je pus constater ce qui suit : dégâts urbains, 25 % ; dégâts sur le front de mer, 7,5 %. Par curiosité et pour lever ma défiance, je demandai au guide quelle était l'estimation officielle. Il répondit : «30 % de la ville détruite et 10 % du secteur des quais». On n'avait donc, jusqu'alors, pas

dissimulé les faits à «Robert Durand, le journaliste français».

«Pour quel journal travaillez-vous ? « me demanda le reporter allemand.

«Paris-Soir» répondis-je au hasard, tout en me disant que j'aurais dû en choisir un autre plus petit et moins connu, car il enchaîna en nommant plusieurs rédacteurs.

«Vous les connaissez, bien sûr. Comment vont mes confrères parisiens ?» ajouta-t-il. La situation devenait embarrassante. Borner se mit visiblement à chercher une façon polie de changer de conversation. «Ils vont bien. Tout le monde va bien à Paris», répondis-je. Je n'avais pas été à Paris depuis trois ans et demi, mais cela n'avait désormais plus d'importance.

Il était intéressant de constater la différence entre l'aspect des maisons détruites lors d'une attaque de jour à bombes explosives, et celle d'une ville cible d'une attaque aux incendiaires par la RAF. Ici à Brême la destruction avait été bien moins générale qu'à Berlin ou Hambourg, mais elle était bien plus durable.

Les maisons avaient été écrasées par des bombes explosives individuelles, les rues défoncées, les canalisations de gaz et d'eau éclatées et d'autres installations publiques mises à bas. Les incendies avaient ravagé la plupart des immeubles détruits à Berlin, mais à Brême le travail avait été effectué par des explosifs. Ici tout paraissait cassé et brisé, mais était encore reconnaissable, alors qu'après les grands incendies à Hambourg, plus rien n'était identifiable. Ici il restait les couleurs et les peintures, mais il était hors de question de restaurer une maison bombardée, car l'effet des explosifs est irréparable. L'incendie, en revanche, laissait fréquemment la possibilité de réparer la structure principale.

Nous parcourûmes les rues étroites et tortueuses, murées par les grands immeubles hanséatiques - qui semblaient presque pencher par-dessus les rues avec leurs ornements. La vie se manifestait plus à Brême qu'à Berlin ou Hambourg, car l'accoutumance de la population aux attaques aériennes s'était faite de manière plus progressive que dans les deux autres villes.

On me conduisit jusqu'au secteur des quais, pour voir les cales sèches et les installations portuaires le long de la Weser. Les dommages semblaient avoir touché entre un cinquième et un quart des zones bâties. Nous longeâmes de grands entrepôts de stockage de graines et de bois, dont la plupart étaient intacts, et ensuite une véritable cité de cuves de stockage de pétrole, entièrement recouverte de vastes filets de camouflage, tendus sur des châssis en bois, hauts d'une trentaine de mètres.

Il y avait parfois des petites cités où vivaient les ouvriers allemands et étrangers qui travaillaient sur les docks. La plupart étaient encore intactes. De loin, nous aperçûmes des parcs de construction de U-Boot bien gardés, situés dans des casemates en béton épais et de toute évidence invulnérables sauf aux plus grosses bombes.

Nous traversâmes des champs de grues de chargement, de chantiers navals, de zones d'aiguillage ferroviaire - où il n'y avait presque aucun dégât. Il me revint en pensée, comme sur les quais de Hambourg, que si l'Aviation pouvait trouver une ville et la bombarder avec une précision raisonnable, elle devait sûrement pouvoir localiser et détruire une grande partie de ces installations vitales. Les chantiers maritimes de Brême couvraient une surface au moins aussi importante que celle de la ville.

Pour revenir vers le centre nous passâmes près du cimetière qui avait été très labouré par une attaque de jour, un largage entier étant parti de travers. Selon notre guide, le cimetière avait dû rester fermé trois semaines, le temps de trier et d'enterrer de nouveau les corps qui étaient morts deux fois.

Le soir venu, en attendant de dîner dans le hall de l'hôtel, nous eûmes droit à un commentaire en direct d'un raid nocturne de la RAF. Les sirènes de la ville entonnèrent leur chant lugubre juste après 18 heures et le hall se vida rapidement pendant que les clients se précipitaient vers leur chambre à la recherche de leurs affaires avant un nouveau séjour dans l'abri anti-aérien. À 18 h 20, du haut-parleur de l'hôtel parvint la voix aiguë et autoritaire d'une jeune femme, émise depuis le centre municipal de Contrôle des Raids Aériens.

«Achtung, achtung!» énonça-t-elle clairement et lentement. «Plusieurs formations de bombardiers ont franchi la côte hollandaise. Elles survolent en ce moment les Pays-Bas directement vers Brême, distante de cent cinquante kilomètres».

Entre temps, la majorité des résidents de l'hôtel étaient descendus avec valises pliées, paniers et sacs à dos. Ils firent une pause pendant l'annonce, puis s'installèrent dans des chaises en attendant que le danger soit plus imminent avant de devoir descendre dans la cave étouffante. J'observai trois marins japonais réellement indéchiffrables ; ils étaient accroupis solennellement autour d'une table de salon, ils ne disaient rien, regardaient et attendaient.

À 18 h 30 la radio grésilla de nouveau. La même voix lança, «Achtung, achtung. Les formations ennemies volent actuellement à cent kilomètres de Brême, cap plein est». L'ambiance se tendit dans le hall empli de cent hommes et femmes, vêtus de pied en cap de manteaux et de chapeaux, chacun avec une petite pile de bagages à côté de son siège.

«Achtung, achtung», reprit la voix à 18 h 35. «Formations ennemies maintenant à cinquante kilomètres au sud-ouest de Brême, cap vers l'est».

Il n'y avait aucun faux-semblant. En Angleterre pendant le Blitz, il n'était pas considéré «bon genre» de montrer ses émotions, la peur, l'inquiétude. Mais ici, avec une franchise proche de l'intimité, personne ne cherchait à dissimuler le fait qu'il attendait, qu'il regardait, qu'il écoutait - cette épouvantable horreur allait-elle éclater dans quelques instants au-dessus de Brême?

Cinq minutes plus tard, un gardien casqué entra précipitamment depuis la rue pour annoncer que l'anti-aérien avait commencé à tirer, tout le monde devait descendre dans l'abri. Tandis que nous descendions les marches les uns derrière les autres, la radio reprit brusquement. «Achtung, achtung», avertit la voix de la femme. «Quelques avions ennemis ont atteint notre ville et les défenses extérieures ont engagé le combat». Pour souligner ses paroles les canons anti-aériens se mirent à tonner sourdement en rythme irrégulier, avec un martèlement lointain et creux dans le ciel nocturne.

Nous restâmes assis pendant un moment sur des bancs dans l'abri au plafond bas sans rien entendre car nous étions profondément sous terre. Des grosses poutres soutenaient le plafond et le sous-sol avait été compartimenté en un labyrinthe de salles connectées entre elles et séparées par des lourdes portes en acier avec des verrous sur chaque côté.

Juste avant 19 heures, le haut-parleur de l'abri fit de nouveau entendre la voix du centre de contrôle : «Achtung, achtung. La principale force ennemie continue à voler vers l'est. Les éléments en tête sont actuellement à deux cent cinquante kilomètres au sud-est de Brême». Peu après les sirènes hurlèrent la fin bienvenue de l'alerte, la tension pouvait retomber, et nous émergeâmes du sous-sol juste à temps pour un dîner tardif.

Tôt le lendemain matin nous empruntâmes une bonne route de deuxième classe en direction d'Osnabrück et de Münster, au sud-ouest. La première ville n'avait souffert d'aucun dommage (ce qui m'intéressait). Il s'y trouvait moins de patrimoine culturel (qui intéressait Borner) qu'à Münster, aussi nous continuâmes sans nous y arrêter.

Au sud d'Osnabrück, nous arrivâmes dans la partie agricole et religieuse de la Westphalie. Nous nous arrêtâmes prendre de l'essence chez un forgeron. Pendant qu'une dame âgée versait du liquide dans notre réservoir en échange de quelques tickets de rationnement, nous regardions un apprenti âgé de quinze ans ferrer un robuste cheval de ferme. Un vieil homme se tenait près de lui et lui donnait des conseils tout en râlant. Il nous dit que lui et le garçon s'occupaient maintenant de près de deux cents chevaux pour tout le district, puisque tous les autres forgerons étaient partis à la guerre «für das Vaterland», pour la patrie.

Nous vîmes de nombreuses croix et statues le long de la route, rendues floues par un brouillard stagnant qui recouvrait le plat pays. Chaque village avait son quota de prisonniers de guerre qui travaillaient les jardins ou qui conduisaient des charrettes sur la route. Dans chaque village se trouvaient aussi des dizaines de prisonniers russes, des deux sexes et de tout âge, équipés d'un brassard avec le mot «Ost» (Est). C'étaient des malheureux qui avaient été déportés par les Allemands depuis les régions occupées de la Russie occidentale. Ils aidaient à remplacer la main-d'œuvre en Allemagne, et privaient l'Armée russe de soutien lorsque celle-ci reprenait des territoires conquis par le Reich.

Les banlieues au nord-est de Münster avaient peu souffert. Mais dès notre arrivée dans le centre-ville, d'immenses décombres se voyaient de tous les côtés. Le centre était dévasté à 75% pour cent, au minimum. La magnifique cathédrale qui en surgissait était, elle aussi, détruite aux trois quarts.

De nouveau Borner contacta un fonctionnaire municipal et après des pseudo-présentations formelles, nous parcourûmes la ville avec un guide et un historien. Nous en effectuâmes le tour pendant deux heures, parcourant ses étroites ruelles pavées encadrées par le même style de maisons qu'à Brême. Les bombardements avait donné à Münster le même aspect «mâché» qu'à Brême.

Selon les estimations officielles, reprises par le guide, la moitié de Münster avait été détruit et 15% sérieusement endommagés. La ville avait subi, à ce jour, 56 terribles attaques. Ces dégâts étaient surtout l'œuvre des Fortress et des Liberators américains. La dernière attaque nocturne de la RAF avait eu lieu presque trois ans auparavant.

Foyer catholique parmi les plus importants d'Allemagne, Münster avait été en temps de paix le centre religieux de toute la Westphalie. Notre guide évoquait une ville gaie et débordante d'activité. Presque tous les dimanches les villageois et les fermiers venaient de plusieurs kilomètres à la ronde en ville pour les foires. Tout cela se trouvait pratiquement anéanti. Presque tous les immeubles qui entouraient la principale place du marché étaient en ruines.

La résidence de l'évêque de Münster, von Galen, se trouvait sur la grand-place. Adversaire parmi les plus vigoureux du national-socialisme, luttant du haut de sa chaire, publiant des pamphlets, il avait réussi, avec une poignée de membres du clergé allemand, à tenir tête aux nazis qui ne pouvaient pas les faire taire, puisqu'ils étaient soutenus par l'Église. Mais les bombes américaines avaient réussi là où les Nazis avait échoué. Le 10 octobre 1943 plus de sept cents explosifs et presque dix mille incendiaires étaient tombés en nappes pour ravager le centre de Münster. Parmi les bâtiments qui avaient été détruits figuraient la cathédrale de von Galen et son logement. Plus tard, j'appris par des aviateurs qui avaient participé à l'attaque, que la cible délibérée, le point d'impact principal pour la cargaison de cette flotte de bombardiers ce jour-là avait été la cathédrale et la place principale.

L'évêque von Galen s'était joint à une brigade brandissant des seaux d'eau pour tenter d'éteindre l'incendie de son palais. Mais en vain. Aujourd'hui il vivait dans sa propriété privée à quelques kilomètres en dehors de la ville. Notre guide exultait: «À partir de ce jour, il n'a pas dit un mot contre les Nazis».

En réalité, Münster avait été l'un des foyers du sentiment antinazi en Allemagne. Il n'y avait pas eu de grand mouvement organisé, à peine une résistance passive clairement exprimée - en dehors de von Galen et de quelques courageux ecclésiastiques - mais la ville avait été le maillon faible de la nouvelle Allemagne, car la population était trop chrétienne pour être embrigadée par la nouvelle religion d'Hitler.

Néanmoins, tout cela était fini. Nous pouvons, certes, déployer notre propagande et nous convaincre que nous sommes des croisés du XXe siècle, défenseurs des libertés religieuses et politiques, mais nos bombes avaient brisé la Westphalie catholique. Elles avaient établi un pont entre l'Église et l'Allemagne nazie. Plus tard, je devais apprendre que non seulement notre guerre aérienne contre l'Europe nous avait aliéné une partie de la population allemande, qui aurait pu soutenir notre cause, mais qu'elle nous avait également fait perdre de nombreux amis dans les pays occupés.

Les avalanches de bombes sur Münster avaient mis dans le même bateau des ouvriers, des hommes d'Église et des nazis locaux. Menacés d'une même mort affreuse, le peuple allemand et les nazis ne firent plus qu'un.

Lors d'une attaque sur Münster, l'ancienne mairie disparut. C'était le plus ancien édifice gothique en Allemagne - là fut signée en 1648 la Paix de Westphalie. La plupart des églises mondialement connues furent démolies. Des milliers de logements furent rasés. Il ne s'agissait pas de quelques bombes mal orientées, ni d'une lubie d'un quelconque commandant de l'air – il s'agissait d'une politique planifiée : l'aviation avait reçu l'ordre de briser le moral des populations par les attaques aériennes.

Quels gains matériels pouvait-on espérer en détruisant Münster ? Il y avait un centre de triage ferroviaire dans un coin de la ville, que les bombes avaient pratiquement épargné. Il y avait une usine de pièces détachées pour avions dans un autre coin. Elle n'avait jamais été touchée.

La destruction paralysait une grande partie des services publics. À la suite d'un raid, il n'y avait plus eu de gaz ni d'électricité pendant cinq jours. Les autorités avaient dû soustraire de leur effort de guerre du temps, de la main-d'œuvre et du matériel pour réparer une partie des dégâts. Mais le coût de tels raids était lui-même considérable pour l'effort de guerre américain. Après mûre réflexion et une étude approfondie des statistiques des deux côtés de la question, je reste profondément convaincu que de nombreux raids - les raids contre «le moral» – mettaient à mal notre efficacité tant vantée.

Une grande partie de la population de Münster, près de 30%, avait été évacuée vers des fermes et des villages voisins, ou bien avait rejoint des familles en des lieux plus sûrs en Allemagne. Quelques cités-casernes furent construites en dehors de la ville pour les familles qui n'avaient nulle part où aller après l'anéantissement de leurs logements. L'évacuation de la ville ne constituait d'ailleurs pas un problème majeur, car elle se trouvait au cœur d'une vaste zone agricole qui pouvait absorber, telle une éponge, des milliers de familles.

Nous quittâmes Münster tard dans l'après-midi en direction du sud-ouest vers la Ruhr industrielle. Borner était fatigué de son rôle d'interprète, car mon allemand restait encore très médiocre, et peu de nos guides parlaient français. Il fut peu bavard.

J'étais trop perplexe pour pouvoir m'endormir, ou même profiter de la beauté du paysage vallonné que nous traversions. Ses tentatives pour me familiariser avec la Kultur de l'Allemagne tombaient à plat. Je voyais autre chose. Je découvrais un aspect de la guerre qui me perturbait profondément.

9

LA RUHR RAVAGÉE

La Ruhr, débordante d'industries, arsenal pour l'impérialisme du Kaiser en 1914 et de nouveau, pour la croisade du national-socialisme d'Hitler en 1940 - une vallée de terres noires, riche en charbon et en acier, cible des bombes de la RAF et des Américains pendant trois ans... Telle était la vue qui s'étendait au sud-ouest de Münster sur une large bande en direction du Rhin majestueux, loin au sud.

Voici le pays de Krupp, roi des munitions, pays aux mille puits de charbon et aux vingt mille aciéries. Voici où vivaient vingt millions d'Allemands, dont la sueur et le sang avaient presque permis aux nazis de gagner leur pari.

Voici aussi le terrain où devait se vérifier le principe de la «victoire par la puissance aérienne». C'est ici qu'une avalanche de cent mille tonnes de bombes était tombée de l'armada de bombardiers alliés pour pilonner la machine industrielle, raser les maisons des ouvriers, démolir le labyrinthe de voies ferroviaires qui transportaient les armes de guerre depuis les usines jusqu'au front. C'était ici que la puissance aérienne devait faire ses preuves. Chacune des trente villes et leurs cinquante satellites furent submergés par les incendiaires et les explosifs.

Les aviateurs avaient surnommé par antiphrase « vallée heureuse » ce territoire souvent visité. Bien que la Bataille d'Angleterre eût été plus spectaculaire, la Bataille de la Ruhr était de loin la plus grande. Des milliers de bombardiers lourds britanniques et américains furent perdus dans les cieux dangereux qui servaient de toit à la Ruhr. Cinquante mille aviateurs périrent dans ce grand néant empli d'anti-aérien et de bombes. Cinquante mille autres dégringolèrent en parachute vers la solitude des camps de prisonniers. Cent trente millions de litres de carburant de haute qualité furent brûlés pour assurer l'aller-retour des bombardiers vers leurs objectifs. Un milliard d'heures de main-d'œuvre furent consacrées à construire les avions et les bombes, planifier les attaques et les exécuter.

Plus de cent mille Allemands furent tués, un nombre supérieur blessés dans cette vallée de la mort à la chaîne. Deux millions de logements furent détruits ou vidés. Ici, c'était la région entière qui était visée. Ici, les villes étaient contiguës ; les usines, les mines, les moulins et les logements étaient tissés en une agglomération sans égal dans le monde.

En vérité, la Ruhr servit de terrain d'expérimentation à la stratégie de la Puissance aérienne. Dès février 1944, Winston Churchill put déclarer que les raids géants de la RAF constituaient un «principe fondamental de la stratégie militaire britannique». Là serait démontré le succès ou l'échec de l'effort allié pour gagner la guerre européenne par une solution qu'on pensait de facilité - les bombes.

Borner et moi arrivâmes dans le coin nord-est de la Vallée de la Ruhr tard dans l'après-midi, en passant par Bochum et Gelsenkirchen, puis nous nous arrêtâmes à Essen pour y passer la nuit. Je remarquai immédiatement qu'il ne s'agissait pas de deux villes séparées car toute la vallée n'était qu'une métropole industrielle tentaculaire. Chaque ville avait grandi et s'était étalée, pour se fondre avec ses voisines en une communauté immense, un grand arsenal de fer et d'acier - des armes pour les soldats allemands.

Gelsenkirchen et Bochum avaient toutes deux été sévèrement bombardées. Au moins la moitié de chaque ville était en ruines. Mais une découverte stupéfiante s'imposa à moi d'emblée : les usines de fer et d'acier tournaient encore dans les deux villes. Des colonnes de fumée noire surgissaient de dizaines de cheminées dressées aux abords des villes. La raison sautait aux yeux presque tout de suite : les centres villes avaient été les cibles principales, tandis que seules quelques bombes s'étaient égarées dans les zones où tournait l'industrie de guerre.

La route vers Essen était murée des deux côtés par les squelettes explosés de bâtiments brûlés. La destruction était totale, ininterrompue, kilomètre après kilomètre. L'impression prédominante était la totale absence de vie ; les rues étaient désertiques et le ciel qui s'assombrissait n'était qu'à moitié caché par les charpentes dépouillées et déchiquetées de ce qu'autrefois avaient été des bâtiments.

Nous passâmes la nuit à l'Hôtel Essenerhof, un des trois qui n'avaient pas été bombardés dans la ville. Il avait été construit par la famille Krupp à quelques centaines de mètres de la gare principale qui elle n'avait pas été endommagée, ce qui était troublant (à moins qu'elle n'ait été entièrement reconstruite). Son aspect solide et pompeux était du Krupp typique – orné, lourd avec des agencements inutiles en acier.

De bonne heure nous prîmes un chauffeur Gauleiter[20] comme guide pour une grande visite pédestre du centre-ville. «Vingt-deux de nos vingt-cinq églises principales sont parties», nous dit-il pendant que nous nous frayions un chemin parmi les ruines calcinées, (Borner peinait à trouver des vestiges de cette Kultur

20- Chef de district

qu'il voulait me montrer). Sur une barrière de l'église de Münster, «l'édifice chrétien le plus ancien d'Allemagne» était placardé : «Bâtiment historique. Ne pas toucher». Interdit qui visait les collectionneurs de souvenirs et non la RAF, car il ne restait presque plus rien de l'édifice. L'intérieur était un fatras emmêlé de fer, de vitrail plombé et de mortier, là où la majeure partie du dôme et des murs avaient implosé, jonchant l'intérieur.

Le centre-ville avait été annihilé par des explosifs détonants. Entre 90 et 100 % d'une superficie de six kilomètres carrés au cœur d'Essen avaient été détruits. La mairie, le musée, la poste et presque tous les autres immeubles et magasins de la zone marchande étaient réduits à néant. La destruction était si générale qu'aucun effort - à part nettoyer les artères principales - n'avait été entrepris pour réparer ou restaurer les ruines.

Nous rencontrâmes un monsieur âgé qui scrutait les rangées d'immeubles détruits, comme s'il était fasciné par le spectacle. Il nous affirma qu'il avait 87 ans, avait participé à trois guerres, en tant que chargé du campement en 1870 et fantassin en 1914. Il déclara, «Les deux premières étaient des guerres, en effet. Ceci n'est pas une guerre. Je ne comprends pas».

Entre les guerres il avait travaillé dans les usines Krupp, puisqu'il était natif d'Essen. Six mois auparavant il avait été évacué de la ville avec les femmes et les enfants. Il nous raconta : «Depuis six mois, après les angriffen, les attaques, je fais le tour de la ville pour me souvenir de comment c'était autrefois ».

Nous parcourûmes deux heures durant les rues d'Essen, d'un bout de la ville à l'autre, sillonnant toute la zone. Ce que nous y vîmes était vraiment étonnant. Autant le centre-ville était endommagé, autant les usines étaient en effet pratiquement toutes intactes et continuaient à fonctionner.

Nous longeâmes une douzaine de grosses usines, toutes annexes de l'organisation Krupp, et une seule d'entre elles paraissait endommagée. Lorsque je lui demandai d'estimer les dégâts causés aux industries d'Essen notre guide répondit: «Peut-être 10% ont été touchés immédiatement à un moment ou à un autre. Mais les décombres ont toujours été nettoyés en une quinzaine de jours, même après les attaques les plus lourdes». Je n'avais aucune raison de penser que cet homme mentait.

L'emplacement des usines, leur état actuel et l'impression générale que je ressentais après ma visite de la ville confirmaient cette déclaration. Les voies ferroviaires étaient toutes intactes et tournaient, semblait-il, à plein régime.

Ensuite nous visitâmes les installations de surface de la mine de charbon Zollverein, la plus grande au monde, selon la direction. Les banlieues d'Essen avaient la même apparence terne et couverte de poussière de charbon que les villes minières du nord-est de la Pennsylvanie et des

Midlands anglais, la même ambiance d'éternité, mais les enfants étaient propres comme un sou neuf et les mères de famille nettoyaient les marches de leur maison.

Nous passâmes devant plus d'une douzaine de mines, dont peut-être 1% au maximum avait souffert de dégâts visibles. Les maisons de mineurs alignées le long de rues pavées avaient été beaucoup plus atteintes. Jusqu'à trente pour cent d'entre elles avaient été détruites ou sévèrement endommagées. Réunies autour de chaque puits de mine se trouvaient plusieurs dizaines de cabanes en bois dans lesquelles, selon notre guide, vivaient des mineurs allemands et des prisonniers. Ces cabanes, tout comme les mines qu'elles entouraient, n'avaient presque pas souffert de dégâts.

La main-d'œuvre était constituée de sept mille cinq cents ouvriers dans ce seul secteur minier, et près de la moitié était des prisonniers italiens, russes et français. Les mineurs, aux dires d'un cadre de la Zollverein qui nous faisait visiter les lieux, étaient les «civils les mieux nourris d'Europe». Ils recevaient trois fois plus de viande, de gras et de pain, et deux fois plus d'autres aliments que des civils occupés à d'autres tâches.

La plupart des prisonniers français étaient des «transformés» qui avaient choisi de quitter les camps de prisonniers pour poursuivre une existence relativement libre, à égalité avec leurs collègues allemands. Presque tous les prisonniers français en Allemagne avaient reçu le choix de quitter les camps de prisonniers, mais parmi le million et demi d'entre eux, seuls quelques milliers avaient accepté ; les autres se considéraient toujours en en guerre avec l'Allemagne.

Le dirigeant de l'entreprise minière ne semblait pas pressé de parler du travail des prisonniers, qui permettait «la plus grosse production de charbon au monde». Lorsque je lui demandai comment ils travaillaient, il me répondit laconiquement, «Les Français, ça va. Mais les autres ne sont pas très enthousiastes».

Des précautions extraordinaires contre les bombardements avaient été prises dans tous les ateliers en surface, grâce à des poutres lourdes en acier et d'une couche de béton d'un mètre d'épaisseur sur tous les toits. Les machines étaient toutes encastrées dans des murs en briques et en mortier. Rien n'était combustible, même le matériel de bureau et les cadres de fenêtres étaient en acier.

Nous quittâmes la mine pour emprunter la route au sud d'Essen qui longeait d'autres mines et plusieurs grandes usines, dont aucune n'était endommagée. Nous traversâmes Oberhausen et Mülheim, deux grandes villes qui semblaient ne former qu'une énorme métropole. De nouveau je devinais que plus de la moitié des maisons et des immeubles étaient irréparablement démolis, mais que la grande majorité des usines bourdonnait de vie et de travail.

Parfois des groupes de prisonniers français se promenaient sans aucun gardien sur la route, leurs vieux uniformes apparemment nettoyés et lustrés pour pouvoir donner une impression de dignité endimanchée, même après quatre ans de travaux forcés chez l'ennemi. Il y avait également des femmes russes qui faisaient leur promenade dominicale. Elles étaient courtaudes et trapues, chaussées de grosses bottes et coiffées d'un châle en chiffon blanc et sale.

Notre arrêt suivant fut Solingen, la contrepartie allemande de Coventry en Angleterre. On l'appelait la ville aux mille usines. Presque toutes les maisons, les garages ou les remises derrière les maisons servaient de petites unités industrielles.

En temps de paix, Solingen assurait une grande partie de la coutellerie, des ciseaux, et des lames de rasoir, ainsi que d'autres petits produits en métal. A bien des égards Solingen ressemblait à Coventry - avec une différence importante: aucune trace de bombardement. C'était déconcertant car je savais que de grosses formations américaines avaient plusieurs fois tenté de bombarder les objectifs industriels de la ville.

Borner demanda que l'on voie les plus grosses usines de guerre de la ville. Nous fûmes dirigés vers une usine qui portait le nom d'Entreprises Métallurgiques Rudolf Rautenbach, la plus importante usine de métaux légers en Allemagne. Elle se consacrait alors aux pièces de moteurs d'avions de chasse.

Le « journaliste français » et l'officier purent visiter les nombreux ateliers et hangars que comportait l'usine.

Des centaines de Russes, dont près de la moitié étaient ces femmes au visage potelé, aux grosses bottes et châles blancs, travaillaient dans les usines d'assemblage, à transférer des pièces en métal léger depuis des moules chauffés à blanc vers les longues chaînes de montage. Dans un autre atelier, des ouvriers français et belges étaient occupés à la finition et au polissage de têtes de cylindre brillantes et de carburateurs. Les seuls Allemands en vue étaient des contremaîtres occasionnels qui passaient entre les tours et les établis pour inspecter le travail. Un grand hangar était à moitié rempli de briques de métal luisant destinées à être fondues et moulées pour créer les nouveaux intercepteurs de la Luftwaffe.

Le Dr. Nothling, directeur général de l'usine, me montra le métal et me dit sur un ton blagueur, «Les bombardiers Yankee sont une source importante de métal pour nous en ce moment. Ils emploient le meilleur métal léger au monde pour leurs B-17 et leurs B-24, et nous en récupérons pas mal à partir des épaves un peu partout dans le Reich». En tant que Français je m'abstins de grimacer à la pensée de ces avions américains permettant de construire les avions allemands chargés d'abattre d'autres avions américains.

À l'occasion d'un déjeuner végétarien, Nothling m'expliqua un système de classement qu'il avait mis au point, employé dans beaucoup d'industries allemandes. Il permettait d'assurer une production maximale tout en éliminant le sabotage par des ouvriers étrangers.

«Nous prenons une photo de chaque nouvel employé qui nous est envoyé depuis l'Arbeitsfront[21] m'expliqua-t-il. «La physionomie d'un homme nous renseigne beaucoup sur lui, quel que soit son pays d'origine. J'ai développé un système de classement afin que chaque ouvrier puisse être employé dans la catégorie qui convient le mieux à ses aptitudes naturelles. Nous connaissons bien sûr le risque potentiel d'employer des millions d'ennemis dans les usines du pays. Toutefois, seul un petit pourcentage de ces étrangers est susceptible de faire du sabotage ou de mener d'autres ouvriers contre nous. Mais il y a aussi le risque considérable de mettre des outils précieux entre des mains maladroites. Nous étudions par conséquent chacun d'entre eux dès son arrivée ; nous le formons pour la tâche à laquelle il est le plus apte. Et si nous trouvons qu'il présente une nature de saboteur ou d'agitateur - ou même de provocateur potentiel - il ne trouvera pas l'occasion de nous nuire.

«Grâce à des études suivies, nous aboutissons une véritable science.Il n'y a pas eu un seul acte de sabotage ici depuis deux ans. Je peux vous assurer qu'aucun de nos ouvriers étrangers n'est moins digne de confiance que nos propres travailleurs. Désormais ce système est en usage dans toute l'Allemagne.»

21- Le Deutsche Arbeitsfront ou DAF (« Front allemand du travail ») était l'organisation des travailleurs et des employeurs allemands sous contrôle du NSDAP.

Pour conclure, je lui posai, non sans hésiter, la question suivante: «Avez-vous trouvé, docteur, grâce à vos recherches sur la physionomie, que le type germanique est généralement supérieur, mettons, au type latin ou slave?» Après un moment de réflexion il me répondit: «En général, non. La physionomie germanique ne montre aucune preuve d'une quelconque supériorité globale sur les autres».

Enfin j'avais trouvé un Allemand qui n'était pas d'accord avec Adolf Hitler!

Nous nous rendîmes à Düsseldorf qui était en ruines. Le centre-ville n'était que décombres, là aussi. Mais la vaste usine d'artillerie Borzig - où étaient fabriqués les canons de 88 mm nécessaires pour tuer des Américains - était encore intacte, là aussi. Les bombes avaient été concentrées sur le centre des affaires. Borzig et les immeubles résidentiels où vivaient plus de vingt mille ouvriers n'avaient pas été touchés.

Le lendemain, ce fut Cologne, où nous visitâmes la célèbre cathédrale. 90 % de la ville intérieure avait été détruite. Par miracle, la cathédrale n'avait souffert que de dégâts mineurs.

Près du portail principal, je fus témoin d'un débat entre Borner, qui représentait l'Armée, et un prêtre, qui représentait l'Église. Celui-ci montra un panneau qui interdisait l'entrée. Invoquant son uniforme et le but de la visite, Borner affirma son droit de montrer la plus célèbre cathédrale en Allemagne à un journaliste français.

«Vous auriez dû amener votre ami avant la guerre, avant que vous et le reste du monde aient commencé ce combat stupide», dit le prêtre. «L'autel principal et l'orgue ont été ruinés par les bombes, une partie du toit est perdue. Mais entrez s'il le faut. Soyez prudents, il y a des endroits dangereux».

Je n'oublierai jamais la sérénité noble, l'aspect distant jusqu'au sublime de cet édifice. Un silence envoûtant planait à l'intérieur du vaste dôme. Il se dressait au-dessus de la ville déchirée, comme l'esprit qu'il représentait, monument imposant de la foi, au milieu de toute cette désolation.

Cet après-midi-là, Borner téléphona à Berlin. Il apprit que sa permission avait été écourtée. Nous devions rentrer immédiatement. Nous traversâmes Weimar, où étaient enterrés deux poètes d'une autre Allemagne, côte à côte dans un mausolée sacré, puis Iéna, où les ateliers de la grande marque Zeiss n'avaient subi qu'un seul bombardement léger durant toute la guerre, et enfin Berlin, au nord.

Je n'étais pas mécontent de la fin de ce voyage. Ma mémoire était saturée des détails de tout ce que j'y avais vu. Je voulais y réfléchir et prévoir une évasion hors de ce pays désespéré.

Je restais très perplexe à propos des bombardements. J'étais venu à Berlin pour assister à une attaque contre une ville, et je venais de voir les résultats de centaines d'attaques de douzaines de villes. Ce ne fut que deux ans après que je pus mettre de l'ordre dans mes idées et me pencher sur la version alliée de la guerre aérienne en Europe.

Aujourd'hui mes sentiments sont encore plus forts qu'en plein mois de décembre 1943. J'ai parlé avec des milliers d'aviateurs britanniques et américains, dont l'énergie et le sang avaient été dépensés pour un test à grande échelle à partir d'une théorie très controversée. J'ai vérifié les déclarations de dirigeants politiques et de l'aviation alliée, pour analyser leurs rapports caméléonesques aux gens dont l'argent et le travail alimentaient les machines. J'ai parlé avec des Allemands, des Français, des Tchèques, des Russes - des gens qui avaient vécu une expérience aux premières loges lors de notre offensive aérienne contre l'Europe. J'ai parcouru une grande partie de l'Allemagne en voiture et en avion.

Je suis sincèrement convaincu d'une sérieuse erreur stratégique. On ne vaincrait pas l'Allemagne en détruisant ses villes. La principale coupable fut la RAF qui s'obstinait à raser les villes allemandes. Seul un très petit nombre d'attaques nocturnes britanniques avaient pour objectif des usines ou des installations militaires.

De nombreuses attaques américaines, en revanche, ciblaient des objectifs plus légitimes. Ce n'est que pendant quelques mois en 1944 que notre Huitième

USAAF fut amenée à suivre la stratégie de « déracinement » de la RAF.

En été 1943, le général de brigade aérienne George Jones, de l'État-Major de la RAF, déclara: «Je n'ai aucun doute que le bombardement de l'Europe, s'il est maintenu à la cadence actuelle, puisse conduire à l'effondrement des puissances de l'Axe, sans opérations terrestres à grande échelle... D'autres opérations pourraient ne pas être nécessaires en dehors de l'occupation». En même temps des rapports télégraphiés de Londres affirmaient que «le maréchal de l'Air Harris, chef du Bomber Command de la RAF, et le Major Général Ira Eaker de la 8e USAAF... estiment que les bombes pourraient faire sortir l'Allemagne de la guerre». Ce point de vue était à cette époque bien connu des correspondants de presse en Grande-Bretagne, auxquels on l'exposait régulièrement.

Je ne cherche pas à remettre en cause cette stratégie. Il est trop facile aujourd'hui de se poser tranquillement dans un fauteuil et dénoncer les politiques, à la lumière des événements et de ce qui a été fait. Mais c'est un avertissement sérieux : des slogans creux ne doivent pas remplacer les faits ; une propagande habile ne doit pas servir à occulter un gâchis meurtrier.

Harris et Eaker sont des hommes sincères. Il ne peut y avoir aucun doute à ce propos. Mais Hitler était sincère aussi - ce qui ne diminue pas sa culpabilité et n'allège pas le châtiment de sa nation. Je reproche aux chefs des bombardiers d'avoir fait du lobbying afin de renforcer leur politique, en usant de rapports inexacts sur son efficacité.

Des officiers doués pour les relations publiques présentaient des grosses pertes comme «une grande victoire aérienne à moindre coût». Ils jonglaient avec les rapports sur les bombardements pour que le public ne soit informé que de la moitié du sang versé - ceci pour justifier la théorie. Les caméras de Hollywood, les magazines et les journaux, tous furent mobilisés pour glorifier l'Aviation. Des caricaturistes élaboraient des fantaisies sur «La Victoire grâce à la Puissance aérienne».

Cinquante-six grandes villes allemandes furent détruites. Leur main-d'œuvre fut redistribuée en Allemagne pour nettoyer les dégâts, reconstruire des casernes, etc. Mais les Allemands disposaient de douze millions d'ouvriers esclaves pour cette tâche. La plupart des citadins allemands perdirent leur logement – ce qui en fit de meilleurs soldats pour le nazisme. Ruinés et humiliés, ils étaient plus faciles à mener.

Nous sommes nombreux à être convaincus que la destruction de toutes ces villes allemandes n'a nullement entamé la capacité de production des nazis. Voyez ce qu'en a dit le sénateur Brewster, de retour d'une vaste tournée en Europe après la fin de la guerre : «Si la guerre européenne avait duré quatre mois de plus, l'Allemagne aurait dominé le ciel». Les Renseignements alliés savaient parfaitement que la production allemande d'avions avait atteint son pic à la fin de l'automne 1944, six mois avant la fin de la guerre, et deux ans après le prétendu début de sa destruction.

Quatre semaines après la fin de la guerre, Leo T. Crowley, administrateur des Affaires économiques à l'Étranger, déclara : «Aujourd'hui l'Allemagne est le premier fabricant d'armes au monde - derrière les États-Unis... Presque tous les hauts fourneaux de fer et d'acier en Allemagne sont prêts à fonctionner, ou bien peuvent bientôt être remis en service après quelques menues réparations... Il semblerait que peu de dommages permanents aient été infligés à la majeure partie des usines textiles...»

Cette déclaration officielle ne démontre-t-elle pas qu'il est inutile de chercher à éradiquer une nation en détruisant ses villes ? Les industries-clés nazies étaient encore pleinement opérationnelles à la fin de la guerre. Celles qui avaient été détruites - par accident ou par des attaques précises de jour - ne remboursaient sûrement pas le sacrifice de tant d'armadas de bombardiers.

Cette publicité pour l'aviation a desservi la cause alliée. Des comptes rendus enjolivés des missions sur l'Allemagne, des combats au-dessus de l'Europe narrés comme des contes de fées, des victoires à bon marché et faciles contre une Luftwaffe «impuissante» - récits qui ont largement circulé - ne pouvaient permettre de concevoir l'ampleur des titanesques batailles terrestres à venir. Ils ne contribuaient pas à une vue sobre et réaliste du combat. «Pourquoi construire des tanks ? Nous allons les bombarder jusqu'à la Reddition Inconditionnelle. L'Aviation dit qu'elle peut le faire toute seule».

C'est l'utilisation tactique des bombardiers et des avions de chasse qui contribua à notre victoire en Europe – par la destruction des lignes d'approvisionnement ennemies. Mais ce n'est certainement pas le déversement de bombes incendiaires sur les quartiers résidentiels à travers le Reich. Pourtant la priorité en métal, en main-d'œuvre, en transport maritime, en carburant fut consacrée à des forces aériennes stratégiques. Le fleuron de la jeunesse de l'Amérique et de l'Empire britannique fut jeté dans l'abîme des écoles de formation aéronautique. Les forces terrestres britanniques ont pâti d'un sérieux manque d'armes et d'équipements modernes, uniquement pour qu'un Bomber Command de taille disproportionnée puisse continuer à raser les villes allemandes à un prix suicidaire. Les meilleurs hommes de la nation furent engloutis dans un vivier de cadets de l'air qui se vidait au fur et à mesure.

Ces garçons ont mené un combat effrayant dans la toute nouvelle arène du toit du monde. Ils ont volé et se sont battus jusqu'à ce que la mort les cueille en plein ciel ou jusqu'à la solitude des camps de prisonniers en Allemagne.

La question morale est trop complexe pour être débattue ici. C'est évidemment un crime historique que, des deux côtés, les forces en présence aient déclaré la guerre contre des femmes et des enfants. Le bombardement est un outrage moral, même si la finalité est juste. Mes arguments concernent ici non pas l'aspect moral mais uniquement le point de vue pratique.

Le maréchal de l'Air Harris justifiait son bombardement aérien en affirmant qu'il immobilisait un million et demi d'Allemands et rendait la vie dure pour des millions d'autres. Il ne parla pas des millions de travailleurs de l'Empire britannique qui avaient consacré leur temps et leur énergie à rendre possible ce bombardement. Nous n'avons appris qu'à la fin de la guerre combien d'hommes, parmi l'élite de la jeunesse britannique, avaient été sacrifiés lors des bombardements : plus de soixante mille tués ou disparus (plus de neuf mille bombardiers perdus). Ces chiffres n'incluent pas les milliers d'autres des Dominions et des colonies britanniques.

«Des milliers de vies seront sauvées sur les têtes de pont des invasions», tel était le slogan des publicistes de l'Aviation. Non, ces vies ne furent pas sauvées par le déluge de mort aérienne sur les villes allemandes, ni par l'appauvrissement et l'amertume d'une nation entière. Elles le furent par des attaques de jour précises et par des bombardements tactiques. Avec son cauchemar de feu, la RAF donna raison au sermon de Goebbels : «Vous vous battez pour votre vie» disait-il aux Allemands - et le peuple allemand se battit réellement pour sa vie, comme aucune autre nation dans l'histoire de l'Europe ne l'avait jamais fait.

Notre propre Huitième Aviation brûla environ quatre milliards de litres de carburant de haute qualité pour justifier cette théorie. La plupart des raids étaient de bons exemples d'attaques précises - contre des raffineries, des usines d'avions, des centres ferroviaires. Mais au moins autant étaient du pur gaspillage et du largage de bombes - et d'aviateurs morts - sur le sol allemand au nom d'une vaine politique destinée à affaiblir le moral.

Des enquêteurs ambitieux de l'Air Force ont interrogé le maréchal Goering et d'autres dirigeants nazis après la guerre pour prouver que le bombardement aérien avait joué un rôle prépondérant dans la défaite de l'Allemagne. Goering et les autres, qui étaient bien placés pour le savoir, affirmèrent que la victoire des Alliés avait été obtenue uniquement grâce aux forces terrestres et l'emploi tactique et coordonné des forces aériennes, et non pas par les opérations indépendantes d'un Bomber Command avec comme seul but une pure destruction.

«Donnez-nous des avions, et nous forcerons les Allemands à se rendre», avaient clamé les généraux-bureaucrates et des enthousiastes de l'aviation en 1942-1943. Ils reçurent deux fois plus d'avions qu'ils n'avaient demandé. Ils obtinrent non pas une reddition mais une résistance et un fanatisme sans comparaison dans l'histoire.

Nous n'avions pas compris que l'Allemagne et la Russie - deux pays dirigés par d'impitoyables et durs réalistes en matière de guerre - jugeaient nos bombardements aériens inefficaces. Ces deux pays utilisèrent leurs propres forces aériennes en même temps que leurs forces terrestres, et non pas indépendamment.

Nos généraux et les maréchaux britanniques de l'aviation étaient des héros nationaux. Pourtant, ils ont envoyé des centaines de jeunes à la mort dans des bombardiers enflammés, ils ont déformé la vérité pour obtenir toujours plus d'hommes et d'avions. Ils ont promis de «ramollir» l'Allemagne, au lieu de quoi ils ont créé une population enragée et brutalisée, qui a assassiné nos aviateurs, qui a envoyé au front jusqu'à des femmes et des enfants, qui s'est battue jusqu'à ce que le pays entier soit occupé et son gouvernement éliminé.

J'accuse le ministère de l'Air en Grande-Bretagne d'être resté indifférent aux véritables résultats des bombardements et d'avoir autorisé la poursuite d'un massacre inutile. J'accuse les commandants de la Huitième Air Force d'avoir cautionné pendant des mois auprès de notre flotte de bombardiers la politique britannique : «Larguez vos bombes en pleine ville... ça les découragera de se battre et de travailler».

J'accuse la Quinzième Air Force américaine d'avoir envoyé ses bombardiers effectuer des «raids de rappel», d'avoir balancé une avalanche de bombes sur le centre de Sofia et d'autres villes des Balkans, «pour rappeler à ces gens qu'ils sont du mauvais côté dans la guerre».

J'accuse les propagandistes de l'aviation d'avoir dissimulé le fait que les champs de pétrole roumains de

Ploesti étaient pratiquement indemnes - malgré deux années de bombardements intenses - jusqu'à ce que des avions de chasse les aient détruits quelques jours avant l'arrivée des forces terrestres russes. Pourquoi l'aviation a-t-elle refusé de reconnaître que les usines de roulements à billes de Schweinfurt (Basse Franconie) ne furent pratiquement pas endommagées, après une première attaque très médiatisée qui coûta la vie à presque mille aviateurs américains ?

Pourquoi la RAF bombarda-t-elle le centre d'Essen au lieu des vastes usines Krupp ? Pourquoi Leipzig, capitale européenne de l'édition, fut-elle rayée de la carte plutôt que les usines Skoda à Plzen ? Pourquoi des soldats américains purent-ils contempler, sans en croire leurs yeux, les usines de la Ruhr qui tournaient encore à la fin de la guerre - même après les bombardements tactiques et les barrages d'artillerie ?

Mon propos n'aborde pas l'utilisation de l'arme aérienne stratégique contre le Japon, ni l'emploi dramatique d'une bombe atomique, qui, entre autres facteurs, imposa la reddition. Le Japon, avec sa concentration d'industries et de population, constitue un autre problème. De surcroît, la bombe atomique a introduit un élément nouveau dans le bombardement, qui inverse toutes les considérations stratégiques précédentes. Aucun de ces facteurs n'était opérationnel lors de la guerre aérienne au-dessus de l'Allemagne - pas plus que la «coordination» évoquée par nos généraux - et une analyse de notre politique aérienne en Europe doit être examinée séparément.

Pourquoi l'aviation ne s'est-elle pas rendu compte que les ouvriers des usines allemandes ne vivaient pas en ville, mais dans des baraquements autour de leurs usines ? Pourquoi les principales gares ferroviaires à Berlin, Dresde et Francfort traitaient-elles encore un trafic aussi important de marchandises, y compris à la fin de la guerre ? Pourquoi la Luftwaffe ne fut-elle affaiblie qu'au prix de l'échange de bombardiers américains contre des avions de chasse allemands dans de terribles bagarres aériennes, et finalement grâce à des raids précis contre des raffineries ? Et pourquoi les commandants des avions de chasse américains donnèrent-ils l'ordre aux équipages de mitrailler des vaches, des fils à linge, des maisons et des piétons partout en Allemagne, jusqu'à ce que les nazis finissent par décréter l'ouverture de la chasse contre les aviateurs américains qui sautaient en parachute ?

Il n'y aurait rien à dire si cette boucherie des Européens et ce gaspillage d'hommes, de machines et de carburant alliés avaient pu obtenir le résultat proclamé. Si l'invasion avait été facilitée par le meurtre de femmes et d'enfants l'argumentation de l'Air Force serait irrécusable. Peut-être qu'en temps de guerre, avec des enjeux aussi vitaux, la fin peut justifier les moyens.

Mais pour quel résultat ? Le fanatisme en Allemagne, une amertume répandue à travers tout le Reich. Ainsi fut suscitée la Volksturm – le soulèvement populaire contre l'ennemi – avec sa mobilisation de femmes et d'enfants embusqués devenus francs-tireurs. Ainsi furent considérablement alourdies les tâches de nos forces terrestres qui allaient devoir combattre une nation entière et non pas seulement une armée. Et la destruction de l'Allemagne par notre aviation nous vaut ce paradoxe: une victoire à long terme pour la Russie. Si l'Allemagne devient soviétique, ce sera largement grâce aux bombardements qui prolétarisèrent et déshumanisèrent une nation entière[22].

22- *Parachute to Berlin* a paru en 1945 alors que les quatre Puissances d'occupation (Etats-Unis, Grande-Bretagne, France, d'une part. URSS d'autre part) débattaient encore du destin de l'Allemagne. La République fédérale allemande (RFA) et la République démocratique allemande (RDA) n'apparaissent qu'en 1949.

10

ÉVASION

Nous revînmes à Berlin le soir du 16 décembre. Je savais que la visite était terminée et que si je voulais m'évader, il faudrait que ce soit bientôt, car ma prochaine destination serait certainement un camp de prisonniers.

Borner me fit ses adieux à l'hôtel, il avait apprécié les quelques journées passées ensemble et il regrettait qu'elles aient été écourtées. «J'espère que nous nous reverrons après la guerre», ajouta-t-il. «Bonne chance».

Il fut remplacé par un jeune lieutenant, originaire de Prusse orientale, qui ne parlait pas anglais. Il y avait aussi un caporal au jargon incompréhensible qui passa la nuit assis sur une chaise devant la porte. Une évasion était provisoirement hors de question. Cependant je ne dormis pas. Je fermai les yeux et restai immobile en essayant de trouver une ruse qui me permettrait d'être seul pendant quelques minutes.

Le lendemain matin au petit déjeuner dans la salle à manger de l'hôtel, un plan me vint à l'esprit. Il paraissait insensé, mais je devenais désespéré.

Au moment de nous lever pour revenir à ma chambre où, pensai-je, le lieutenant allait devoir attendre des ordres, je lui demandai si le caporal pouvait m'acheter des allumettes. J'avais remarqué plusieurs personnes qui faisaient la queue au comptoir de tabac dans le hall de l'hôtel. Le lieutenant, un type au maintien roide et militaire, hocha avec formalisme la tête et parla à son subalterne.

Nous l'attendîmes au pied des escaliers, mais comme le caporal était le quatrième ou le cinquième dans la file, et que l'achat prendrait sans doute un certain temps, le lieutenant le héla pour lui dire que nous allions remonter à la chambre. La moitié du plan avait marché, mais maintenant le temps était devenu l'élément important.

De retour dans ma chambre je m'allongeai sur le lit en simulant le plus possible la décontraction et la nonchalance. Je demandai au lieutenant si je pouvais envoyer un message au Dr. Steiner (celui qui m'avait interrogé le premier après ma capture) dont la chambre se trouvait dans le même couloir, à quelques portes de la mienne. Pendant le petit déjeuner j'avais griffonné sur une feuille de papier à en-tête de l'hôtel : «Venez me voir dans la parade de la victoire après la guerre - à Berlin».

L'officier acquiesça, accepta le billet plié et l'enfouit dans sa poche.

«C'est assez important. Pouvez-vous le lui donner maintenant ?» lui demandai-je en ôtant ma veste et en commençant à défaire un lacet. (Je ne devrais pas exagérer ma nonchalance, pensai-je).

«D'accord», dit-il en boutonnant le col de sa tunique et en quittant la chambre. (Espèce d'imbécile heureux, pensai-je. Ça marche vraiment !)

Je sautai hors du lit, enfilai ma veste, fouillai dans l'armoire dans laquelle pendait son étui de revolver, me saisis de son arme et me précipitai vers la fenêtre. Mon cœur tambourinait et j'avais du mal à respirer, tant j'étais fébrile. Un flux de pensées me traversa en tornade l'esprit, j'imaginai le retour subit du caporal, le lieutenant, pris de soupçons, qui reviendrait immédiatement, une tierce personne qui surveillerait la chambre.

J'ouvris brusquement la fenêtre, m'y enfilai en direction de l'escalier de secours, fourrai le revolver dans ma poche de veste. Je changeai d'avis, revins dans la chambre, arrachai le fil téléphonique du mur, claquai le verrou de la porte. Pendant ce temps, je savais que je perdais des minutes précieuses.

En revenant à la fenêtre et à l'escalier de secours, je me cognai le genou sur le rebord et me mis à descendre les marches en fer. Plus que deux étages, pensai-je, vas-y tranquillement, calme-toi ; comporte-toi normalement - quelle idée de descendre, l'air de rien, un escalier de secours en plein hiver si la maison n'est pas en train de brûler ? - ne cavale pas, arrête de souffler, le pire est passé. Malgré ces discours intérieurs, je n'arrivai pas à me rassurer moi-même. Les paumes de mes mains étaient moites et collantes ; je me sentais affaibli par la peur et la nervosité.

Une échelle coulissante reliait l'escalier de secours au sol. Je m'y agrippai rapidement et elle me descendit jusqu'au sol en un grand fracas. Je jetai un coup d'œil vers le haut. Personne ne me poursuivait. Il ne s'était écoulé que trente secondes depuis le départ de l'officier, mais elles me parurent des heures. Dépêche-toi, dépêche-toi, dépêche-toi, hurlait mon cœur à mon cerveau. Lentement, normalement ; prends le temps de réfléchir, m'efforçai-je de me raisonner.

Arrivé au sol, je me retrouvai dans une grande cour avec deux issues. Près d'une d'entre elles, je vis une fenêtre ouverte. Je jetai un œil et aperçus un manteau sur un cintre, juste hors de ma portée. Ma première idée fut d'escalader la fenêtre pour me cacher jusqu'à ce que le brouhaha que j'avais sans doute dû causer se calmât. Cependant le manteau m'ouvrait d'autres perspectives. Je me penchai sur le rebord de la fenêtre et l'attrapai. Il appartenait certainement à un homme plus massif que moi, et de taille inférieure - mais ces détails n'avaient aucune importance.

Dans la poche il y avait une casquette qui était presque de la bonne taille. Vêtu du manteau et du couvre-chef, je me sentis tout de suite mieux. Mais je continuai à m'imaginer toutes sortes d'événements : le lieutenant cognait sur la porte, il appelait le personnel de l'hôtel, il téléphonait à la Gestapo à partir du hall. Je sortis dans un état d'épuisement nerveux par l'arcade la plus proche et m'éloignai rapidement de l'hôtel.

Je me rendais à peine compte que j'étais libre, au moins temporairement. J'étais persuadé que tous les passants me regardaient. Où a-t-on vu quelqu'un transpirer à l'époque de Noël? Je me consolais en pensant aux paroles de Borner avant notre voyage : «Je n'aurai pas besoin de vous prêter un pantalon. Le vôtre est vert foncé, ce qui est une couleur neutre en Europe». Le manteau ne me descendait qu'aux genoux, bien qu'il fût assez large pour deux.

Que mon plan ait réussi me paraissait incroyable; on aurait cru Hollywood dans la vraie vie. Ce stupide lieutenant va avoir des problèmes, chantonnai-je en sourdine tout en marchant. Tant pis, tant pis, tant pis. Je suis libre. Je rentre chez moi. Mais j'éprouvai encore une certaine appréhension, que quelqu'un arrive derrière moi et me pose une main lourde sur l'épaule.

Je dus marcher pendant une heure, sans savoir où j'allais, sauf que je m'éloignais de l'hôtel. Je m'attendais à tout instant à entendre le hurlement des sirènes de police et à ce que la Gestapo fonde sur moi. Je n'étais pas un bon journaliste ce matin-là. Je ne remarquai rien, à part une foule de visages, de voitures, de soldats et de bâtiments endommagés.

Je décidai d'acheter un journal. J'avais un billet d'un mark dans la poche de mon manteau, je m'approchai d'un kiosque à journaux et je demandai Der Angriff, tout en pensant que je commettais une erreur : mon accent allait me trahir - j'oubliais que dans ce Berlin cosmopolite il y avait des accents pires que le mien. Je reçus quatre-vingt-dix pfennigs de monnaie et au moment de tendre la main, un officier allemand s'approcha pour acheter un magazine; je faillis danser la danse de Saint-Guy.

Un peu plus tard, je débouchai dans un parc à Berlin. Je le traversai jusqu'à une rangée de bancs, en choisit un et m'assis dessus. J'essayai de lire le journal, mais le texte était flou et de toute façon je n'y arrivai pas. Journal ridicule, pays ridicule. Ce lieutenant va avoir des problèmes et moi je vais me faire fusiller si je ne trouve pas rapidement quelque chose, pensai-je tristement.

Je me remis à marcher, cette fois-ci à une allure plus vive et plus résolue. Enfin j'arrivai à Unter den Linden et m'arrêtai devant un opéra qui n'avait pas encore été détruit. «Aujourd'hui : La Bohème», pouvait-on lire sur l'affiche. Mais quatre-vingt dix pfennigs ne suffisaient pas pour un billet, et je passai mon chemin. J'avais du mal à empêcher mes pensées de divaguer. Pourquoi diable veux-tu te payer une place d'opéra, me demandai-je. Ou un journal ? Le journal confère une certaine dignité ; les gens penseront que je suis de la ville. De me parler à moi-même m'empêchait d'être submergé par la tension nerveuse.

Je m'avançai vers la Brandenburg Tor et à cet endroit il me vint une idée : l'ambassade américaine ! C'est là que se trouvait la Légation suisse. J'aurais peut-être la chance d'y rencontrer une personne amicale qui pourrait me cacher.

Je m'engageai dans le bâtiment, montai quelques marches et entrai par la grande porte. Un bureau d'accueil se trouvait dans le hall principal où deux ou trois personnes faisaient la queue pour exposer leur affaire. Je passai devant le bureau, tournai à droite et montai un grand escalier qui, pensai-je, devait mener aux bureaux consulaires. Je souhaitais rencontrer un fonctionnaire suisse pour lui raconter mon histoire et lui demander de l'aide. Je tenais encore le pistolet dans ma poche, si jamais il appelait la police...

À mi-escalier j'entendis une voix qui m'appelait depuis le bas. C'était le réceptionniste qui me faisait signe de descendre et me parlait de façon inintelligible en allemand.

«Vous parlez français ? » lui demandai-je.

«Mais naturellement, je parle français. Je suis suisse», me répondit-il. «Mais vous ne pouvez pas monter. Vous devez d'abord prendre rendez-vous. Qui souhaitez-vous rencontrer ?»

«Le bureau des affaires américaines».

«C'est ici, en bas, Suivez-moi».

J'avais du mal à maîtriser ma voix, de devoir parler un français sans accent et néanmoins formel. Je redescendis, en espérant que le revolver ne ferait pas une bosse trop voyante, et que le réceptionniste ne remarquerait pas le manteau curieusement ajusté dont j'étais vêtu.

Nous arrivâmes dans un grand bureau et l'homme s'adressa en allemand à une femme qui venait de renvoyer un autre visiteur. Elle se dirigea vers nous, je vis que c'était une grande femme hautaine, et le réceptionniste repartit vers son bureau.

«Vous parlez français ? » répétai-je.

«Oui, mais pas très bien», répondit-elle dans un français guttural. «En quoi puis-je vous aider ?»

«Êtes-vous suisse, madame ?»

«Non, je suis allemande. Mais je devrais pouvoir vous aider si vous m'expliquez ce dont il s'agit». (Vieille carne, tu ne pourrais pas m'aider, même si tu étais la femme d'Hitler. Me voilà coincé. Que puis-je inventer pour m'extraire de cette situation ?)

«Bien, voici», commençai-je, tout en cherchant ce que je pouvais bien dire. «Vous comprenez, ma femme est américaine. Moi je suis français. Je travaille ici à Berlin. Mais ma femme est américaine». (Très bien, grâce à moi, la voilà américaine. Et maintenant ?)

«Oui, je comprends», me dit la femme en me scrutant d'un air étrange.

«Bien, puisque ma femme est américaine, je suis français. Mais elle est américaine et en ce moment elle est là-bas, vous comprenez». (Je me demande si mon accent passe bien ?) «Elle y est depuis le début de la guerre. Et je souhaite lui écrire une lettre. Voilà pourquoi je souhaite rencontrer un des fonctionnaires consulaires ici. Pour écrire à ma femme, parce qu'elle est en Amérique, vous comprenez».

«Oui, parfaitement. Mais ce n'est pas ici que vous devez demander. Il vous faudra vous adresser à la Croix-Rouge allemande. Ils vous expliqueront la marche à suivre pour lui écrire».

«N'y a-t-il personne ici à qui je pourrais demander ?» insistai-je. (Merde, je déteste les Allemands, j'aimerais mieux parler à un gentil Suisse neutre et comme il faut).

«Non, ici c'est la Légation suisse. Nous ne nous occupons pas de ces affaires. Je vais vous chercher l'adresse. Un moment, je vous prie». Elle entra dans un des petits bureaux. (Si tu téléphones à la police, tu vas te faire abîmer, ma poule, pensai-je). Je parcourus la pièce du regard, et j'aperçus une fenêtre entrouverte à travers de laquelle je pourrais me propulser en cas de grabuge.

Elle revint peu après avec un garçon de bureau qui tenait un annuaire téléphonique. Il vérifia l'adresse de la Croix-Rouge allemande, la recopia sur une feuille de papier qu'il me remit. Je la pris, en essayant d'empêcher ma main de trembler, les remerciai, et sortis par la grande porte pour me retrouver dans la rue. Ce fut ma première frustration.

Dans un magasin qui tenait encore debout je vis une horloge qui indiquait 11h30. J'étais donc libre depuis deux heures. J'avais un manteau, une casquette, un revolver et quatre-vingt-dix pfennigs - et j'étais toujours en liberté.

Je me mis en route vers l'ouest, ou vers ce que je pensais être l'ouest, en évitant les rues principales par crainte de patrouilles motorisées (ont-ils encore des voitures de patrouilles en Allemagne ?) Je parvins à un autre petit parc, je pris un siège et fis semblant de lire le journal froissé.

Une vieille dame me croisa avec un petit chariot de tracts de propagande qu'elle chercha à me vendre. Je jouai le sourd. «Verwundet im Osten», blessé sur le front de l'Est, lui dis-je en lui montrant bêtement mes oreilles. Un des tracts avait un dessin représentant «les deux criminels, Churchill et Roosevelt», mais je ne trouvais pas ça drôle, et elle s'en alla. Je me levai et me remis à marcher.

J'avais terriblement envie d'une cigarette, et je commençais à avoir sérieusement faim, maintenant que ma nervosité était retombée. J'essayai de recadrer mon histoire pour anticiper la suite, mais vu le déroulement des évènements, je n'arrivai pas à ressembler mes pensées de façon cohérente.

Un peu plus tard, je vis une autre horloge qui indiquait 15h45. Je pris la direction du sud et dépassai plusieurs pâtés de maisons. Partout il y avait le même décor de décombres. Parfois dans le sous-sol d'une maison en ruines j'apercevais un feu qui brûlait sur une pile de charbon, probablement déclenché par les bombes incendiaires d'une attaque aérienne.

Je m'approchai d'un prisonnier français qui marchait seul avec une petite valise. Comme il n'y avait personne d'autre dans les environs, je tentai ma chance.

«Êtes-vous français ?» lui demandai-je.

«Oui, Monsieur», me répondit-il en s'arrêtant et claquant des talons. Son obséquiosité était une fausse note; était-ce donc ainsi que les Allemands dressaient leurs prisonniers!

«Eh bien j'ai besoin de conseils. Je suis français moi aussi». (À ces paroles, je le vis se détendre). «Je rentre chez moi». (Il écarquilla les yeux). «Et je veux que tu me dises la meilleure façon de rentrer en France».

Il me scruta attentivement et j'agrippai mon revolver (que j'avais transféré à la poche de mon manteau pendant que je marchais). «Ne t'énerve pas», l'avertis-je. «Je ne fais que me renseigner».

«Je ne te comprends pas. Si tu vas en France, il y a toujours le train. Tu as l'autorisation des Allemands ?»

«Non, je viens juste d'arriver et je n'ai pas eu le temps de m'occuper des formalités».

«Je crois comprendre ce que tu veux dire», me répondit-il en plissant les yeux, les narines tremblotantes. «Tu veux aller seul en France, sans rien dire à personne ? Tu peux toujours prendre le train, mais pas un train de voyageurs. Je ne connais rien à ces choses-là. Il faudra que tu trouves par toi-même».

Bien entendu il me soupçonnait d'être allemand. Je me rendis compte que je n'en tirerai rien de plus, qu'il était risqué de parler à un prisonnier dans la rue, alors je lui dis, «Merci mon ami. Au revoir».

Je parcourus d'autres rues, dont certaines étaient des culs-de-sac encombrés de gravats. C'était fatigant de faire semblant d'être toujours affairé, de toujours savoir dans quelle rue il fallait tourner, alors que je n'avais aucune idée d'où je me trouvais, ni vers où je me dirigeais. Mais je finis par comprendre que personne ne s'intéressait aux passants ; à Berlin en ce moment chacun avait assez de soucis pour occuper son esprit. Cependant, j'avais constamment l'impression d'attirer l'attention, d'être trop voyant.

Finalement, très tard dans l'après-midi, je parvins à une grande gare, la Goerlitzer Bahnhoff. Je n'osai y entrer car j'étais persuadé qu'une police spécialisée y montait la garde. J'essayai de calculer dans quelle partie de Berlin je me trouvais, et quelles pourraient être les destinations des trains au départ de cette gare. La nuit tombait rapidement, ce qui était une bénédiction. Une neige légère se mit à tomber et bientôt les rues furent couvertes d'un doux manteau blanc.

La marche à pied devenait un véritable effort ; je fatiguais vite. Le secteur où je me retrouvais paraissait avoir moins souffert. Des rues entières étaient encore intactes et de nombreux magasins ouverts derrière les rideaux occultants. Je m'arrêtai sous une embrasure de porte, je m'adossai au montant pour me reposer. Peu après, une jeune femme s'arrêta, me regarda aimablement et me dit «Guten Abend, mein Liebling», bonsoir mon chéri.

Dans ses yeux, malgré l'obscurité, je pus lire la question qui n'exige aucune langue, qui est basique et internationale. Je ne prenais pas la mesure de la situation à ce moment-là, comme aujourd'hui avec le recul.

«Ich habe nur neunzig Pfennig», Je n'ai que 90 pfennigs, lui dis-je. «Ich bin traurig», désolé. Et je l'étais réellement. Elle m'adressa un petit sourire mou et partit. Au moins j'aurais eu un abri pour la nuit.

Plus tard, je retournai à la gare et en fis le tour. Je découvris une rue qui rejoignait le centre de triage, loin de la gare de voyageurs. Le black-out, encore plus complet qu'à Londres, faillit presque causer ma perte et en même temps me sauva. Deux fois je manquai de tomber sur des ouvriers. Les deux fois l'obscurité totale me permit de les éviter.

La voie ferrée qui se trouvait à l'intérieur de la gare était bien éclairée, mais il y avait peu de lumière dans le centre de triage. Je me dirigeai vers une pile de bois de charpente dans un coin sombre et m'assis pour me reposer et méditer. De là, je pouvais voir l'assemblage des trains plus loin sur les voies. Je calculai qu'elles se dirigeaient vers le sud, et j'en parcourus quelques-unes sur une centaine de mètres pour voir où elles menaient après la gare.

Finalement je trouvai une paire de voies qui tournaient vers la droite - sans doute vers l'ouest - à quelques centaines de mètres du centre de triage. Je revins à la pile de bois et attendis de voir l'assemblage d'un train sur cette voie. Il avait dû s'écouler deux heures, et je devais sans arrêt taper des pieds par terre pour les empêcher de s'engourdir de froid.

Enfin je vis ce qui ressemblait à un train de marchandises sortir du centre de triage sur la bonne voie. Je vérifiai attentivement s'il n'y avait pas quelqu'un dans les environs, puis me dressai et courus jusqu'à la voie. Le train prenait de la vitesse et je dus faire un sprint pour rester à son niveau. J'agrippai une marche métallique sur l'avant-dernier wagon et me hissai à bord.

Un petit compartiment se trouvait à une extrémité du wagon. Je descendis vers le couplage, posai le pied sur une marche en bois qui menait au caisson, arrachai la porte pour l'ouvrir et rampai vers l'intérieur. Je m'affalai et attendis, dans l'espoir que personne ne m'ait vu, indifférent au fond, mais dans l'expectative de ce qui allait suivre.

Entre-temps l'euphorie d'être enfin libre, d'avoir évité le gardien et d'avoir pu m'échapper était retombée, et j'étais plutôt disposé à laisser les choses suivre leur cours. Je reconnais aussi que j'étais incapable de saisir la soudaine transition - d'une chambre d'hôtel relativement confortable remplacée par une caisse dans un train - et de comprendre ce qui se passait dans mon univers délirant.

Je remontai le col de mon manteau, me recouvris bien les oreilles avec la casquette et m'assis en me recroquevillant dans le petit compartiment. Je dus m'endormir au bout d'un moment, car le voyage me parut plus court que les cinq ou six heures qu'il avait duré.

Vers minuit, je crois, le train s'arrêta dans une grande gare de triage. Après plusieurs heures de repos, j'étais parfaitement réveillé. Je jetai un œil dehors et aperçus deux hommes qui marchaient le long du train en vérifiant le châssis et les couplages avec leurs lanternes.

Je me faufilai du côté opposé de la caisse, me laissai tomber les jambes raides sur le sol et m'éloignai du train. Un des hommes passa entre les wagons, leva sa lanterne et m'appela. Je ne perdis pas de temps à lui répondre ; je courus le long d'une autre voie et rattrapai le dernier wagon d'un train qui, par chance, semblait se déplacer vers le sud-ouest, apparemment dans la même direction que mon voyage précédent.

Le train prit de la vitesse et tandis que nous sortions de la gare, j'entrevis un panneau éclairé par un projecteur : «Dresde». Je ne savais pas si je devais être ravi ou découragé. Je savais que Dresde était assez loin au sud de Berlin, mais ce n'était pas franchement la direction de la France. Cela dit... la chance m'avait souri jusque-là.

Le train semblait composé de wagons réfrigérés, à en juger les trappes de style glacière sur les toits, et il paraissait vide. À la différence de l'autre train, il n'y avait pas de compartiments, mais je trouvai une échelle en fer à l'extrémité d'un wagon et m'y cramponnai résolument. Il faisait un froid de loup, le vent s'engouffrait dans mon manteau et me glaçait la poitrine. Le train paraissait rouler à très vive allure, et je risquais sérieusement une chute. J'accrochai ma ceinture autour d'un barreau de l'échelle et m'agrippai à un autre de mes deux bras.

Je voyageai ainsi pendant plusieurs heures. Je ne pensai à rien pendant le voyage sauf à me tenir accroché pour rester en vie. Je ne risquais pas de m'endormir ; le vent tranchant m'en aurait empêché. La neige tombait avec force, se glissait sous mon col et me donnait l'impression de se congeler sur la nuque.

Aux approches de l'aube les premières traces de gris zébraient le ciel, parfois nous traversions une gare à toute vitesse. J'espérais voir un panneau pour me rendre compte de ma situation. Enfin je finis par lire un panneau dans une gare, et ce fut troublant. Il y avait des accents sur les consonnes et le nom de la ville me paraissait deux fois plus long que tous ceux que j'avais déjà vu. Je n'avais aucune idée d'où nous pouvions être.

Enfin le train se mit à ralentir. Nous arrivions dans une grande gare de triage. Je regardai attentivement, prêt à sauter à la première occasion ou à la première alerte. Nous passâmes devant un grand panneau dont le libellé n'était sûrement ni en allemand ni en français. Je commençai à me demander si je n'étais pas en train de vivre un cauchemar. Nous n'avions pas pu aller aussi loin que la Pologne ou la Russie.

Le train perdit de la vitesse en rentrant dans la gare, je sautai de l'échelle et me mis à repartir à pied dans la direction d'où nous arrivions. Je fis quelques pas et tombai par terre -j'étais raide de froid, de fatigue et d'être resté aussi longtemps dans la même position.

Je me relevai et me mis à tituber le long des traverses. Un homme m'interpella depuis un wagon vide. Il avait un long tuyau d'arrosage dans la main, visiblement il était occupé à nettoyer le wagon. Je crois que j'avais atteint un tel état de désespoir après ce voyage de nuit, sans rien à manger ni à boire, que j'aurais fait n'importe quoi. L'ouvrier posa son tuyau et se dirigea vers moi.

Il n'y avait personne d'autre en vue. Je sortis mon revolver de ma poche et le tins à mon côté. «Qu'est-ce que vous voulez?» lui criai-je en anglais. Il se rapprocha. «Je vais vous exploser la tête, espèce de salopard de boche», lui hurlai-je d'une voix rauque. Il répondit dans une langue qui ne ressemblait à aucune de celles que je connaissais.

«Vous parlez français? » réitérai-je.

«Oui, je parle français. Qui êtes-vous ? Que se passe-t-il ?» me répondit-il en bon français.

«Je suis un pilote américain», lui dis-je âprement. «J'ai besoin de nourriture, et je vous tuerai si vous déclenchez une alarme». L'homme paraissait incrédule.

«Un pilote américain ? D'où venez-vous?»

«De Berlin. Mon avion a été abattu. J'ai voyagé sur ce train jusqu'ici. Allez-vous m'aider?»

Il me dévisagea pendant un long moment, à ma grande exaspération, puis m'indiqua une cabane au bord d'un champ, le long de la voie ferrée. «Cachez votre arme et allez-y. Il y a du feu. Vous pourrez vous réchauffer et boire un café. J'arriverai plus tard. Je ne vous trahirai pas».

Je contins ma profonde méfiance ainsi que mon apitoiement sur moi-même et ma colère contre ce continent tout entier, et je décidai que de toute façon je ne pouvais pas continuer tout seul, et que de me faire reprendre valait mieux que cette existence froide et affamée. Soudain je me souvins de quelque chose.

«Où suis-je ?» lui criai-je.

«Vous êtes à Prague. Prague, Tchécoslovaquie».

11

ZLATA PRAHA

Je vécus à Prague ou dans les environs pendant cinq semaines et, je dois l'avouer, je n'ai rien appris de la langue tchèque. Je pouvais saisir certains aspects des gens, leur attitude par rapport à la guerre, les Allemands, les Alliés, leur mode de vie et ce qu'ils attendaient de l'avenir - je crois que j'ai pu m'en faire une petite idée. Mais leur langue était tout à fait autre chose. Aujourd'hui je ne me rappelle pas plus d'une douzaine de mots et une poignée de phrases.

Zlata Praha, Prague la Dorée, c'était ainsi qu'ils appelaient leur belle capitale, la ville aux mille clochers. J'y retournerai un jour pour remercier quelques-uns de ses habitants, en particulier la famille M. pour leur formidable hospitalité.

Mais le matin de ce premier jour, dans une cabane proche de la gare de triage, je me sentais bien loin de chez moi. Je suis resté assis sur une caisse en bois pendant près d'une heure, à regarder par une petite fenêtre avant le retour de l'ouvrier. Comme il avait vu mon revolver lors de notre première rencontre, par prudence, il frappa à la porte avant d'entrer. Il n'était pas grand mais ses épaules larges et ses mains larges et fermes témoignaient de sa force. J'espérai ne jamais avoir à me battre avec lui.

«Tout va bien ? Tu as bu du café ?» me demanda-t-il.

«Oui. Tu as appelé la police ?»

«Je t'avais dit que je ne te trahirai pas», répondit-il d'un ton vexé. «Reprenons du café».

Le soir après le dîner Vlasiv parlait de l'Amérique, de la guerre, des Russes, et du Dr. Beneš, le Premier ministre en exil de Tchécoslovaquie.

«Les choses ne se passent pas trop mal avec les Allemands, tu comprends», dit-il d'un ton moqueur un soir. Les salaires sont plus élevés qu'avant. Le taux de natalité augmente ; il y des marchés pour tous nos produits. Si vous vous occupez de vos affaires, les Nazis ne viendront pas vous embêter.»

«Mais nous détestons ces brutes pour de petits motifs, des motifs sentimentaux - et le sentiment est plus important pour nous que le tintement des pièces dans nos poches. Nous les détestons d'avoir rebaptisé certaines de nos rues avec des noms allemands. D'avoir rajouté les noms allemands au-dessus des noms tchèques des autres plaques de rues. De voir leur sale croix gammée flotter au-dessus de notre château d'où autrefois nos empereurs gouvernaient le Saint-Empire romain. Et parce que c'est bientôt Noël et que les Allemands qui vivent à Prague ont reçu des rations alimentaires supplémentaires, et qu'il n'y a rien de plus pour nous.»

«Nous les détestons parce qu'ils impriment nos journaux et nos livres. Parce qu'ils ont confisqué tous nos postes radio à ondes courtes (du moins le pensent-ils), et parce qu'ils ont connecté nos postes aux transmetteurs allemands de façon que nous ne puissions entendre que ce qu'eux ils ont décidé.»

«Nous les détestons parce que lorsque leurs soldats viennent ici en permission, ils achètent tout ce qu'ils veulent dans nos magasins - et parce qu'ils ont doublé le taux de change de leur fichu mark rien que pour ça. Parce qu'ils pervertissent nos jeunes avec leur Mouvement nazi tchèque. Ils ont déporté près d'un demi-million de nos ouvriers en Allemagne et ont tué des centaines de personnes qui avaient osé dire ce qu'elles pensaient. Nous les détestons parce qu'ils veulent que nos filles aient des enfants hors-mariage avec des soldats allemands.»

«Ils sont comme des marchands. Ils sourient tout le temps - mais quand la guerre les inquiète, ils deviennent haineux. Ils sont toujours tellement polis et si compréhensifs. Ils parlent de la Kultur comme s'il s'agissait de quelque chose que vous pourriez cuisiner et servir à table. Ils viennent en masse dans nos châteaux et les traversent comme s'ils en étaient les propriétaires. J'ai les boules, comme vous dites».

À chacune de ces séances, la femme de Vlasiv finissait par sortir de la cuisine pour le calmer. «Elle dit que je ne digérerai pas mon dîner si je parle des nazis», m'expliqua-t-il. «Et elle a raison».

Vlasiv et la voisine éprouvaient peu de sympathie pour les Anglais. «Ils avaient promis de nous aider, puis ils nous ont tourné le dos», dit-elle. «Nous ne l'oublierons pas. Beaucoup de gens pensent que l'Angleterre nous a trahis, et ils regrettent que Beneš et Masaryk restent à Londres».

En revanche, ils éprouvaient une profonde amitié pour l'Amérique. D'après la littérature que je pus consulter, les nazis faisaient feu de tout bois pour discréditer les États-Unis aux yeux des Tchèques. La couverture d'un livre en vente à Prague proclamait que 97% de la Radio américaine était juive, ainsi que plus de 95% de Hollywood.

Un autre livre décrivait la dernière récession américaine et dressait un portrait graphique qui représentait les métayers, les petits exploitants agricoles et les habitants de bidonvilles comme exemples typiques de la vie aux U.S.A. Des tracts et des prospectus gratuits ou bon marché circulaient partout. Tous les jours, la radio tchèque avait des paroles particulièrement désobligeantes pour les Américains.

Mais la vaccination ne prenait pas. Trop de Tchèques gardaient le souvenir des mandats et des colis envoyés par les familles américaines avant la guerre. Beaucoup d'entre eux se rappelaient les films de Hollywood qui montraient des États-Unis très différents.

De surcroît, même les méthodiques Allemands étaient incapables d'empêcher les informations et la propagande d'arriver en Europe centrale. Presque tous les soirs, après un repas qui durait deux heures, Vlasic se penchait au-dessus de la table et disait, «Aujourd'hui la BBC a annoncé que...»

Il semblait y avoir peu de propagande de fabrication locale. Une fois, je vis un tract qui représentait une énorme bombe sur le point d'atterrir sur un drapeau orné d'une croix gammée. La bombe était surmontée d'un texte qui disait, «Ne travaillez pas chez Skoda. Ils vont être bombardés». Toutefois Skoda ne serait bombardée que seize mois plus tard, juste huit jours avant la capture de Pilsen par les forces terrestres américaines.

Je demandai à Vlasiv si je pouvais être mis en contact avec la Résistance tchèque. Il me répondit par un haussement d'épaules négatif. «Il en reste très peu», dit-il. «Ici, elle est très souterraine, très silencieuse. Les brutes nazies [pour Vlasiv les Allemands étaient toujours des brutes] se sont vengées si brutalement chaque fois que quelque chose allait de travers que les gens en avaient le cœur arraché. Tu te souviens de Lidice, ce village qui fut complètement massacré ? C'était pour la mort de Reinhard Heydrich[23], un seul homme, et un véritable démon, qui plus est. Une fois ou deux il y a eu des problèmes chez Skoda à Prague [la grande usine de guerre avait des ateliers à Prague, Pilsen, Bratislava et Brno] mais les nazis ont capturé les hommes et les ont exécutés».

Cinq ans, c'était long. Sous la tutelle nazie depuis fin 1938, la Tchécoslovaquie avait subi la plus longue occupation de la Wermacht de tous les pays non-germaniques en Europe. La fièvre précoce de la résistance et de la dissidence active était tombée depuis longtemps. La plupart de ceux qui ne pouvaient ou ne voulaient pas vivre sous la domination allemande étaient partis depuis longtemps vers la Grande-Bretagne ou vers des prisons ou des camps de concentration de la Gestapo.

La forme d'opposition la plus courante était celle du boycott social des collaborateurs les plus notoires et un boycott économique à petite échelle contre les magasins qui servaient les Allemands. Peu avant mon arrivée, les marchands de journaux dans toute la ville avaient été boycottés. Les bons Tchèques avaient suivi l'appel de Beneš depuis Londres. Ils avaient refusé d'acheter des journaux rédigés par des Allemands. «Mais dès qu'il fait nuit», raconta tristement Vlasiv, «les gens sortent quand

23- A la suite de l'assassinat du général SS Heydrich, « vice-gouverneur de Bohême-Moravie », le 27 mai 1942, par trois résistants tchèques, les représailles frappent le 9 juin le petit village de Lidice soupçonné d'avoir abrité le commando. Les hommes sont fusillés, les femmes et les enfants déportés, le village incendié et rasé. Heydrich fut l'un des concepteurs de la Solution finale.

même acheter les journaux. Ils ont toujours envie de lire les informations».

Un soir, je fis un tour en fiacre conduit par un ami de la famille. Nous traversâmes un pont, puis nous passâmes sous le château historique de Prague. Ce n'était pas encore l'heure du black-out et quelques magasins étaient bien éclairés. Des piétons rentraient rapidement du travail. De temps à autre on pouvait voir un soldat allemand isolé qui regardait les vitrines ou qui déambulait sans but apparent le long du trottoir. Seule la présence des soldats ennemis et de rares drapeaux nazis qui pendaient sur les façades des immeubles administratifs, donnaient à la ville une ambiance de temps de guerre. Néanmoins je ne me sentais pas du tout en sécurité pendant la promenade, et je demandai à rentrer.

À mi-chemin, un soldat allemand descendit du trottoir en agitant une lampe-torche. Mon cœur se mit à galoper et je posai la main sur le revolver que je portais toujours sur moi.

«Êtes-vous libre ? Pouvez-vous m'amener à.... ?» s'écria-t-il.

«Désolé, je suis occupé», répondit le conducteur en allemand, et nous poursuivîmes notre chemin.

La famille prenait toutes les précautions pour que personne ne sache qu'elle avait un invité. Je restai tout le temps à la maison, sauf pour cette unique promenade, et seule la voisine connaissait ma présence. Une fois Vlasiv me proposa de partir vivre à la campagne jusqu'à la fin de la guerre. «Tu y serais en parfaite sécurité», m'assura-t-il. «Il y a plein de nourriture, [officiellement les Tchèques recevaient les mêmes rations que les Allemands, mais les fermiers s'en sortaient évidemment beaucoup mieux] et tu serais moins sur le qui-vive qu'ici».

Je lui dis que je devais bientôt partir, je leur étais reconnaissant de leur hospitalité, mais il me fallait reprendre mon chemin. C'était dangereux pour eux de m'accueillir et je devais rentrer chez moi pour être présent à la naissance de mon deuxième enfant.

«C'est bien dommage», me répondit-il d'un ton découragé. «Il est presque impossible de quitter le Protectorat. J'ai essayé de te dénicher une carte d'identité, mais elle ne suffirait pas. Tu es bien ici. Tu peux rester avec nous ou bien partir à la campagne. Tu serais en sécurité. La guerre ne va pas durer indéfiniment».

Mais sa proposition était absolument incompatible avec mon désir ardent de m'éloigner de l'Allemagne. Je décidai de rester encore quelques jours et ensuite de tenter un des nombreux plans que j'avais mis par écrit.

Le lendemain, le cousin de Vlasiv arriva de Vienne. Edouard était un homme important. Il était clair que la famille M. éprouvait un grand respect pour lui. Ils savaient aussi que c'était un bon Tchèque, bien qu'il soit domicilié désormais en Autriche allemande. Nous pûmes ainsi nous rencontrer. Une fois passée la première surprise, il se montra un homme intéressant qui parlait un français pratiquement sans faute.

Il travaillait à Vienne comme courtier dans l'industrie du cinéma, et les représentants avec lesquels il collaborait voyageaient dans toute l'Europe pour vendre des films allemands et tchèques. «Dans quelques jours je dois voir un homme qui part en Espagne et un autre en Suisse. Je parie que vous aimeriez partir avec eux», me dit-il lors du repas.

Cette phrase déclencha une idée en moi. Vlasiv maintenait qu'il était impossible de quitter le Protectorat. Mais il y avait maintenant la possibilité de faire parvenir de mes nouvelles chez moi. Je me lançai dans une campagne verbale adressée au cousin. «Ma femme va accoucher d'un autre enfant dans quelques mois. Elle doit penser que je suis mort. Ce serait merveilleux si je pouvais lui faire passer des nouvelles pour qu'elle sache que tout va bien et que je suis entre de bonnes mains».

Le cousin n'était pas enthousiaste. Oui, il connaissait très bien les hommes qui devaient partir en Espagne et en Suisse ; c'était des associés à lui et ils étaient aussi bons amis. Oui, ils pourraient se charger d'un message. En fait, (dit-il en baissant la voix) ils ramenaient illégalement des bas de soie et du café en Allemagne à chaque retour. Mais faire sortir quelque chose, c'était une autre affaire.

La discussion dura une demi-heure. Finalement, le cousin Edouard me dit qu'il allait essayer. «Ce serait très embarrassant de se faire coincer», m'avertit-il. («Tu n'en as pas la moindre idée», faillis-je lui répondre).

Juste après le dîner, j'allai dans la chambre à coucher avec une vieille machine à écrire française appartenant à la famille, et je tapai une lettre à ma femme:

«J'ai du mal à croire que cette lettre franchira toute la distance et les dangers qui nous séparent actuellement, mais je vais l'écrire comme si j'étais certain que tu la recevrais... je suis libre, je ne suis pas blessé, et je suis en sécurité... je suis sur le chemin de la maison...»

Pour terminer j'écrivis un article adressé à Hector Licudi, International News Service[24], Madrid, et lui demandai de l'envoyer par câble à New York, sans dire comment il était arrivé, ni d'où il provenait. J'adressai une copie en duplicata à l'Attaché de Presse, Ambassade américaine, Berne, Suisse.

«Depuis l'intérieur de l'Europe nazie ...Voici l'histoire d'une mission de bombardement à Berlin, un aller simple, un saut en parachute après un feu de joie aérien, dans un ciel empli de tirs de DCA, vers la ville en flammes et de l'action qui s'ensuivit...»

Je les scellai, ainsi que les copies de la lettre à Elizabeth, dans deux enveloppes avec les adresses et les tendis à Edouard. Il les regarda déconcerté, sans doute parce qu'il ne s'était attendu qu'à une minuscule feuille de papier. «Vous avez ma parole d'honneur qu'il n'y a

24- L'International News Service (INS), agence de presse crée par William Randolph Hearst, avait un important réseau en Europe depuis la Première Guerre. L'INS devint plus tard l'agence United Press.

rien dans ces enveloppes qui pourrait indiquer où je suis, ni avec qui «, m'empressai-je de le rassurer.

Il les regarda de nouveau, hocha légèrement la tête et suggéra «Ce doit être une longue lettre à votre épouse». Il finit par accepter de les remettre à ses amis pour qu'ils les mettent à la poste à Madrid et à Berne. Près de deux ans plus tard, j'appris que le message à Madrid était passé - le duplicata pour Berne est resté introuvable - et qu'il avait été transféré à New York, où l'agence INS remit la lettre à ma femme et fit publier l'article dans la presse.

À Noël nous eûmes comme dîner une carpe, une soupe nourrissante et une bouteille de champagne. Vlasiv, légèrement sous l'emprise de plusieurs verres de digestif, proposa un toast «au prochain Noël, lorsque la Tchécoslovaquie appartiendra de nouveau aux Tchèques». Plus tard, après quelques verres de digestif en plus et encore d'autres toasts, il s'assombrit.

«Que va-t-il se passer après la guerre ?» demanda-t-il, autant à lui-même qu'à nous. «Par quoi le nazisme sera-t-il remplacé ? Encore de la barbarie ? Ou bien de l'anarchie ? Vous autres, les Alliés, vous allez devoir faire crouler toute la structure de l'Europe avant de pouvoir commencer à reconstruire. Pendant cinq ans nous n'avons rien eu d'autre que le nazisme. Par certains côtés, nous en avons bénéficié - il nous a donné des leçons - mais par d'autres nous en avons souffert car c'est une maladie brutale et contagieuse.

«Vous allez envahir le Continent. Vous allez gagner la guerre. Je suis d'accord. 95% d'entre nous espérons de tout cœur que vous allez la gagner. Mais il y aura du chaos et de l'anarchie après la guerre. Vous ne pouvez pas remplacer tout un système du jour au lendemain. Les seuls hommes formés à diriger en Europe sont ceux qui ont collaboré avec les brutes, et ils seront supprimés à la fin de la guerre. Il n'en reste pas beaucoup d'autres. Ceux-là moisissent dans les camps de concentration ou tentent d'organiser des mouvements de résistance dans la clandestinité. Ceux qui se trouvent en Angleterre ou en Russie sont trop éloignés, ils ne peuvent comprendre les changements qui se sont produits ici.

«Il vous faudra tout apporter avec vous, non seulement les fusils et le matériel, mais aussi des politiciens - car nous avons perdu l'habitude d'administrer.

«Et que sera le 'Nouvel Ordre' ? Sera-t-il défini à Moscou ou à Washington ? Ce ne sera pas à Londres, car nous en avons eu assez. Certains de mes amis se sont battus dans la Légion Tchèque contre les bolcheviques après la dernière guerre. Ils sont nombreux ici à craindre les Russes, à ne pas vouloir de ce système dans notre pays. Mais nous sommes plus nombreux à souhaiter marcher avec les Russes, nous pensons que l'Occident nous a laissé tomber et que nous devons désormais nous tourner vers l'Est».

C'était le réveillon de Noël, et la femme de Vlasiv le laissa parler, même lorsqu'il s'énervait, bien que ne comprenant rien de ce qu'il disait, sauf de temps en temps lorsqu'il se retournait pour lui traduire une phrase ou deux. «Nous espérons tellement que votre victoire arrivera bientôt et que cette bestialité sera balayée», dit-il, avec un air soudainement très vieilli.

«Nous sommes un peu inquiets quant à la suite des choses. Mais peut-être tout vaudrait mieux que cette attente».

Deux semaines plus tard, je tentai de m'évader. J'avais conçu un projet compliqué pour contacter la Résistance slovaque, qui avait la réputation d'être plus active que celle en Bohême, dans l'espoir de traverser la Hongrie vers la Turquie et la neutralité.

Jan, le fils cadet de Vlasiv, était venu à la maison en visite. C'était un homme de trente-cinq ans, fin d'aspect, aux yeux noirs en mouvement perpétuel; il parlait bien le français (comme de nombreux Tchèques appris-je par la suite). Il était également très surpris que sa famille héberge un tel invité, mais il l'accepta stoïquement. Je lui demandai s'il voulait venir en Turquie avec moi.

«Ce serait intéressant», me répondit-il. «J'ai toujours voulu voyager».

Mais il n'avait pas, a priori, envie de quitter son travail et de donner des soucis à sa famille avec un tel projet. Plus tard il consentit à m'accompagner, et nous partîmes le lendemain avec la ville de Bratislava comme premier objectif. Maman M. avait retaillé mon manteau volé pour qu'il m'aille mieux, et le père m'avait acheté un nouveau chapeau de feutre, en échange d'un précieux bon de rationnement.

Nous fîmes environ soixante-dix kilomètres vers l'est à l'arrière d'un camion. Le chauffeur, un ami de Jan, savait que notre voyage était illégal, aussi ne s'arrêta-t-il pas afin d'éviter les contrôles. À la fin de sa course nous descendîmes pour manger dans un petit restaurant - Jan s'était muni de quelques coupons alimentaires supplémentaires - et nous continuâmes à pied. Mon compagnon m'expliqua que le voyage à l'intérieur du Protectorat était tout à fait sûr, car les Allemands ne contrôlaient sérieusement que les zones frontalières et industrielles. Néanmoins je ne pouvais m'empêcher de sentir que nous allions au-devant de problèmes.

Tard dans l'après-midi nous arrivâmes à une taverne devant laquelle était garée une moto. Il n'y avait pas d'autres maisons sur la route, ni personne devant la taverne. Nous regardâmes tous les deux la machine, nous échangeâmes un regard, et Jan eut un petit rire. «Il est temps que nous cessions de marcher», dit-il.

Il s'avança vers la moto avec une dignité et une nonchalance qui donnaient l'impression qu'il en était le propriétaire, la dégagea de son support et la fit rouler à quelque distance de la taverne. Après s'en être éloigné d'une vingtaine de mètres il prit place sur le siège, la démarra d'un coup de talon, me fit rapidement signe de monter derrière lui - et nous voilà partis. Pendant deux heures nous roulâmes à tombeau ouvert et je commençai à me demander si je ne m'étais pas un peu trop engagé - à foncer ainsi à travers l'Europe centrale sur une moto volée avec un redoutable fou du volant tchèque.

L'étendue de sa folie fut rapidement démontrée. En traversant un village nous arrivâmes sur une route à demi-bloquée où un policier nous fit signe de nous arrêter. Jan accéléra et passa en trombe devant l'officier qui faillit tomber par terre. Je jetai un coup d'œil vers l'arrière et je vis le policier qui essayait de dégainer. Je me penchai vers l'avant et hurlai dans l'oreille de Jan, «Vous êtes complètement fou. Maintenant nous allons avoir des ennuis».

Jan ne se laissa pas démonter. Nous continuâmes sans problème pendant quelques kilomètres puis l'inévitable se produisit : la panne d'essence. Le jeune Tchèque resta imperturbable. «Maintenant nous continuons à pied», dit-il en poussant la moto dans le fossé.

À la tombée de la nuit, nous nous arrêtâmes à une ferme à quelques centaines de mètres de la route, et Jan parvint à convaincre une vieille dame de nous vendre un repas de soupe, de pain et de deux œufs chacun. «Je pense qu'elle est réglo» me dit-il. «Je lui ai raconté que nous étions en vacances et que tu étais un acteur français - ce qui explique pourquoi tu ne parles pas tchèque».

Au cours de la soirée Jan discuta avec le fermier et il apprit qu'une «alerte» avait été lancée dans toute la région à la recherche de saboteurs russes qui auraient sauté en parachute la nuit précédente. Nous prîmes chacun notre tour de sommeil et de garde, pour nous assurer que si la maison devait être fouillée nous puissions en être prévenus.

Le lendemain matin de bonne heure nous nous préparâmes à partir. Pendant que nous déjeunions une voiture arriva devant la maison et trois soldats - tchèques ou allemands, je ne pus les voir de près - en descendirent. Avant qu'ils n'arrivent à la porte de devant nous étions sortis par l'arrière et nous nous mîmes à détaler à travers la basse-cour gelée vers les champs et un bois avoisinant. Mais le fermier ou sa femme était devenu méfiant et de toute évidence avait alerté les soldats, car deux d'entre eux nous poursuivirent dans la cour en nous appelant. Nous arrêter n'étant nullement dans nos projets, l'un d'eux s'agenouilla et tira deux coups de revolver.

Je me demandai si je devais continuer à courir ou m'arrêter pour tirer de retour. Je choisis la première option et je rattrapai Jan qui cavalait sur le sol dur, comme un véritable athlète. Nous atteignîmes le bois et le traversâmes jusqu'à une route que nous parcourûmes en haletant pendant plusieurs centaines de mètres.

Par miracle une autre voiture arrivait sur la route et Jan lui fit signe de s'arrêter. Un homme et une femme étaient assis à l'avant, ils nous proposèrent de monter. Nous voyageâmes près d'une demi-heure avec eux, tout en reprenant notre souffle et Jan leur tissa un conte de fées pour expliquer notre situation. À l'arrière de la voiture je caressais mon revolver en souhaitant à moitié qu'il se passe quelque chose pour que je puisse tirer - être poursuivi dans toute l'Europe devenait un passe-temps très monotone qui me mettait en colère.

Lorsque nous nous retrouvâmes seuls ce matin-là, Jan m'encouragea à retourner à Prague. «Ce n'est pas le moment de partir en Slovaquie», affirma-t-il. Il y a trop de rumeurs à propos de parachutistes soviétiques et toute la Bohême orientale est sur les dents.

«Nous ferions mieux d'attendre un peu. Ou bien encore d'obtenir de faux passeports pour voyager en train au moins jusqu'à Bratislava». Je rétorquai que nous nous trouvions déjà à environ cent cinquante kilomètres à l'est de Prague, qu'il ne nous restait plus beaucoup de chemin à faire. Mais son point de vue finit par l'emporter, et après une nuit glaciale dans un bois, nous revînmes sans encombre à Zlata Praha.

Ce n'est qu'au retour que je fis une découverte : la sacoche que j'avais portée sur l'épaule avait été percée par un trou bien net qui avait transpercé les deux côtés de la toile, deux mouchoirs et un pantalon plié. Le policier du barrage routier ou l'un des soldats dans la basse-cour aurait presque pu être un tireur d'élite.

12

INTERLUDE GESTAPO

De retour à Prague, l'enthousiasme de Jan se refroidit rapidement. Il chercha à me convaincre que ce n'était pas une bonne idée de quitter le Protectorat. Il s'excusa avec grâce de ne pas participer à d'autres projets que je lui avais exposés et m'assura qu'il valait mieux attendre la fin de la guerre. Quelques jours plus tard, il rentra en Moravie.

Ce caractère un peu caméléon m'étonnait moins qu'au début. La vie n'était pas spécialement difficile en Tchéquie pour ceux qui ne se mêlaient pas des affaires des autorités occupantes. Depuis les représailles sauvages qui avaient suivi l'assassinat du «Boucher», Heydrich, le Dr. Frank était devenu le Protecteur du Reich. Il avait poursuivi une politique d'apaisement.

Vers la fin de 1943, avec la perspective d'une possible défaite, les nazis avaient pris conscience qu'ils n'avaient pratiquement plus aucun ami en Europe. Leur propagande vers les pays occupés tombait à plat, tandis que celle des Alliés recrutait à la cause alliée des milliers de dissidents. Berlin donna l'ordre d'opérer un revirement dans sa politique d'occupation. La première application de cette nouvelle Grosser Perspective eut lieu en Tchécoslovaquie.

«À leur arrivée ici ils voulaient nous manger tout crus», avait déclaré Vlasiv un soir. «Maintenant les brutes essaient de nous cultiver». C'était vrai. Une politique d'apaisement avait maintenant cours dans le Protectorat. Il s'agissait ainsi d'améliorer la production en valorisant le travail, tout en pratiquant une politique agricole qui paraissait intelligente. Les Tchèques semblaient plus satisfaits de leur sort de peuple assujetti. Les salaires étaient augmentés périodiquement sur ordre du bienveillant Protecteur du Reich. En janvier 1944, lors de mon séjour, tous les fonctionnaires tchèques furent augmentés de 30%. Des anciens membres de la Légion tchèque, qui en temps de paix avaient toujours été tenus à l'écart des gouvernements, malgré leur grande popularité, étaient désormais nommés à des postes importants.

L'élevage en Bohême augmenta considérablement. Bien qu'une grande partie fût destinée à des abattoirs allemands, les nazis payaient bien et il en restait en général assez pour trois repas quotidiens raisonnables pour le civil moyen. Les produits laitiers et les céréales étaient également produits sur des bases scientifiques, aussi les citoyens de la Tchéquie - autrefois un des pays les plus riches d'Europe - avaient retrouvé un niveau de vie presque égal à celui d'avant la guerre.

Le chômage, bien sûr, était inconnu. De nombreuses usines avaient été transférées au Protectorat pour éviter les bombardements, et avec le boom naturel de toute industrie de guerre, il y avait un besoin permanent de main-d'œuvre qualifiée. Et aucun bombardement.

Une fois, la RAF avait essayé de bombarder les usines Skoda à Pilsen, mais elle avait loupé la cible de près de trente kilomètres. Il n'y eut aucune attaque lourde jusqu'aux raids tactiques qui précédèrent immédiatement l'arrivée des forces terrestres russes et américaines à la fin de la guerre. Toutes les fenêtres de Prague tenaient encore, ce qui était très inhabituel pour une ville européenne. Il y avait un black-out, mais à l'issue de quatre ans il avait fini par être accepté comme étant la norme.

Les Allemands avaient ralenti leurs efforts pour nazifier la Bohême. Le gouvernement tchèque, au moins nominalement, était dirigé par le Premier ministre, le Dr. Hacha, qui avait été régulièrement élu, ainsi que son cabinet. Le ministre d'Etat et « protecteur » Frank*, un général SS originaire des Sudètes, se faisait aussi discret que possible - ce qui était difficile, puisque son administration occupait une grande moitié du château de Prague.

Les frictions étaient causées par des petits détails. «Nous les haïssons pour des petites raisons, des raisons sentimentales» avait dit Vlasiv. Et il avait mis le doigt sur un aspect fondamental de l'artificialité des méthodes d'Hitler lorsqu'il feignait vouloir créer un esprit européen autour de Berlin. Les Allemands avaient beau justifier la légalité de leur occupation - le Dr. Hacha, dont l'homologue en France était Pétain, avait demandé la protection d'Hitler - les Tchèques n'appréciaient pas que les troupes d'un autre pays soient cantonnées dans leurs villes et se servent de leurs chemins de fer. Ils n'aimaient pas les 150 000 Allemands qui s'étaient installés en Bohême depuis 1939 et qui bénéficiaient d'un traitement de faveur dans tous les domaines.

Les Allemands avaient beau répéter que la grandeur de l'Amérique était illusoire et superficielle, les Tchèques voyaient les choses tout à fait autrement, et la propagande ne pouvait pas entamer leur profonde amitié pour un pays où était née leur propre démocratie. De surcroît, ils avaient détesté les Allemands pendant mille ans. Des affiches exubérantes et un «apaisement» insidieux n'allaient pas inverser ce ressenti en quelques mois.

Néanmoins, s'agissant de faits et d'actes concrets, le problème était complexe. «Viens avec moi en Angleterre pour rejoindre l'Armée libre tchèque» n'avait pas été une offre tentante pour Jan, et ne l'aurait pas été davantage pour 90% de ses compatriotes. Le changement sous-entendait l'incertitude ; le voyage attirait le danger. «Il vaut mieux attendre que la guerre soit finie», telle était la réponse.

La résistance active en Tchécoslovaquie se limitait alors à de petites cliques de patriotes ou de communistes avec lesquels on ne pouvait entrer en contact. Il y avait aussi des groupes d'aventuriers qui se faisaient passer pour des patriotes rattachés à Londres, alors que par temps de paix ils n'auraient été rien d'autre que des gangsters en cavale, recherchés par la police. À la fin, la Tchécoslovaquie gagna sa rédemption. Prague fut libérée par ses propres citoyens. Le pays entier fit preuve d'un courage et de ressources inégalées vers la fin de la guerre. Mais en 1944 les plans étaient encore balbutiants et le courage d'une autre nature, tandis que les armées alliées se déployaient lentement pour étrangler l'Europe d'Hitler.

«Que pourrions-nous faire?» répondit le cousin Edouard lorsque je lui demandais pourquoi il n'y avait pas davantage de résistance. «Les Russes sont à mille kilomètres. Vos gars ne sont même pas sur le Continent. Nous serions immédiatement écrasés».

Malgré le flot de slogans stimulants diffusés quotidiennement depuis Londres et Moscou, la plupart des Tchèques savaient qu'il leur fallait attendre. S'opposer maintenant signifierait la mort ou le camp de concentration - la politique officielle de «l'apaisement» n'entamait pas la capacité de représailles de la Gestapo. Aussi la plupart des Tchèques attendirent.

J'étais prêt à repartir, après dix jours chez la famille M, dont les membres avaient fait la preuve de leur réelle hospitalité en ne se montrant ni surpris ni malheureux que je sois de retour après des adieux aussi intarissables qu'émotionnels. Tout me paraissait préférable plutôt qu'attendre la fin de la guerre à Prague.

Avant de partir, j'écrivis deux lettres à ma femme et deux articles pour le bureau de Madrid de l'INS. Vlasiv me promit qu'il les donnerait à son cousin lors de sa prochaine visite et l'implorerait de les transmettre de ma part.

Cette fois-ci, j'avais prévu de voyager à Brno et Vienne en direction de l'Italie, où je comptais contacter des patriotes et ensuite rejoindre la Corse, alors entre les mains des alliés. Vlasiv me fit plusieurs propositions, mais elles étaient toutes tellement vagues - et je pensai au mémorable succès de mon voyage de Berlin à Prague le mois précédent - que je décidai de voyager par mes propres moyens.

Je partis peu après la tombée de la nuit du 25 janvier. Le centre de triage se trouvait à près de trois kilomètres mais je me sentais tellement remonté à la perspective de reprendre la route, de vivre de nouvelles expériences, et surtout de rentrer chez moi, que la nervosité ne me gagna pas. Mes poches étaient remplies de petits pains, une livre de viande enveloppée dans du papier huilé et une bouteille d'eau. Je portais mon revolver à l'épaule dans un étui fabriqué maison, et je me sentais parfaitement équipé pour un voyage de mille cinq cents kilomètres pour rejoindre les lignes alliées.

À l'approche de la gare, en revanche, je devins plus tendu, et je dégainai le revolver pour le glisser dans ma manche droite, le canon posé sur la paume de ma main. Je ne m'imaginais pas un mélodrame dans lequel j'aurais à forcer un cordon de gardes allemands à coups de revolver, mais j'estimais qu'un homme isolé me malmènerait moins si j'avais mon arme à portée de la main.

Je fis le tour de la station, longeai plusieurs pâtés de maison parallèles aux gares de marchandises, escaladai un muret, contournai des casernes ou des hangars et m'approchai des voies. Il s'était passé plus d'un mois depuis ma dernière venue, mais les relents de charbon brûlé, le fracas de l'activité ferroviaire, les rails givrés et luisants m'étaient familiers. Mon pouls s'accéléra. Puis tout se passa tellement vite que je faillis perdre mon assurance. Quelqu'un surgit de derrière une remise et me demanda en allemand : «Que faites-vous ici?» Je fis volte-face pour le confronter, j'empoignai le revolver et le pointai vers son estomac. Je restai hors d'haleine pendant un moment. Puis je me ressaisis et lui répondis en anglais : «C'est pas tes oignons».

Il baissa les yeux, vit mon revolver et exprima plus de surprise que n'aurait su le faire un acteur. Je me sentis découragé. J'avais un prisonnier - ce n'était qu'un civil et il n'était même pas grand - mais il parlait allemand et c'était mon prisonnier. Je n'en voulais pas, je ne savais pas quoi en faire. Heureusement je ne vis personne aux alentours. Je lui fis signe de faire demi-tour et de déguerpir.

Au moment où il se retourna, je fis tomber son chapeau et lui assenai un coup sur la tête avec ma bouteille d'eau. Elle fit un grand bruit et l'eau lui coula dessus pendant qu'il s'effondrait. Nom de Dieu, pensai-je avec désespoir, j'ai tué le gars.

Je le tirai vers la remise, jetai un rapide coup d'œil autour de moi et partis en suivant les rails.

Vingt secondes plus tard j'entendis un grand cri et vis deux hommes avec des lanternes près de la remise. C'est maintenant que j'ai vraiment besoin d'un train pensai-je. Mais aucun train n'était en partance. Il n'y avait d'activité que du côté d'une rotonde à plusieurs centaines de mètres à gauche.

Je traversai le labyrinthe de rails jusqu'à l'autre côté du centre de triage et me cachai entre deux wagons de marchandises pour vérifier s'il y avait encore du tumulte. Je retins ma respiration pendant quelques instants. J'entendis des bruits de pas sur le ballast le long du train des deux côtés. J'escaladai l'échelle en fer jusqu'au toit du wagon et m'allongeai en attendant que les pas s'éloignent.

Soudain il n'y eut plus aucun bruit ; le crissement des pas s'était arrêté. C'était le jeu du chat et la souris et j'étais une fois de plus la souris - un rôle dont je commençais à me lasser. Je vais tirer sur ces salopards s'ils ne me laissent pas tranquille me répétais-je inlassablement. Je rampai en silence le long du toit du wagon jusqu'à l'autre extrémité, commençai à descendre l'échelle, j'entendis un coup de sifflet et je vis quelqu'un s'avancer sur le gravier, une carabine au creux du bras.

Je le visai avec mon revolver et appuyai sur la gâchette. Cette damnée arme ne marchait pas. J'appuyai de nouveau plusieurs fois, mais rien à faire. Lorsqu'il aperçut le revolver, il s'éclipsa derrière le wagon. Je pensai aux heures passées à nettoyer l'arme à Prague, et je maudis les Belges d'avoir fabriqué un revolver aussi minable. Je le jetai au loin sur la voie, remontai l'échelle et me mis à courir sur le toit du train, sautant d'un wagon à l'autre. J'avais l'impression d'avoir des dizaines de personnes à ma poursuite.

Je sautai du toit vers le sol, dans l'espoir de m'éloigner le plus possible de cet endroit inamical. Ce damné revolver, pensai-je. Ces damnés Belges. Mais j'avais mal sauté. J'atterris entre deux traverses, je me tordis la cheville et chutai en avant sur les rails. Je restai immobile tellement j'avais mal. Puis, au moment de me relever, je me rendis compte que c'était fini. Un homme distant de quelques mètres et armé d'une matraque se dirigeait droit vers moi. Un autre accourut juste derrière lui en donnant des coups de sifflet.

Je me redressai et levai les mains au-dessus de ma tête. «Kamerad, bande de cons», leur criai-je. En quelques instants je fus entouré de quatre ou cinq hommes. L'un d'eux fouilla mes vêtements à la recherche d'armes. Puis ils me menèrent à un baraquement proche, dans une pièce fortement éclairée. J'avais froid et me sentais excessivement nerveux, ce qui limita mes observations. Plusieurs soldats allemands étaient assis autour d'une table ainsi que des civils, sans doute des cheminots tchèques.

Comme j'avais en mémoire la réglementation sur les uniformes, je leur indiquai mon manteau et demandai, dans un allemand à peine compréhensible, «Puis-je l'enlever ?» Un des hommes, certainement un sergent, qui tambourinait des doigts sur la table en me fixant des yeux, acquiesça et je déboutonnai mon manteau. Visiblement sidérés, tous les hommes regardèrent, les yeux écarquillés, les boutons étincelants de ma tunique lorsque j'ôtai mon manteau. Le sergent se dressa vivement et me contempla avec curiosité. «Ich bin Amerikaner», leur expliquai-je. «Ich bin ein Krieg Correspondent.»*

Je fus de nouveau fouillé et mes rations alimentaires furent retirées de mes poches. Le soldat qui m'examinait tâta le tissu de ma tunique et murmura «bonne qualité». Le sergent me demanda mon nom et mon grade, puis mon matricule et mon numéro de service, pour savoir ce que je faisais à Prague. Je les lui déclinai, en ajoutant que j'étais un correspondant et que mon avion avait été abattu en Allemagne. «Quand ?» me demanda-t-il. «J'ai oublié», répondis-je. Il me demanda «Où?» et je répondis «Non loin d'ici».

Peu après, un petit camion s'approcha du baraquement et un officier allemand entra dans la pièce. Il me jeta un coup d'œil, puis s'entretint avec le sergent, passant en revue les détails que je lui avais fournis. Ni le sergent ni l'officier ne parlait anglais, ce qui excluait toute conversation sérieuse, car je maîtrisais mal l'allemand, même à un niveau très basique.

Le lendemain je me retrouvais assis sur une caisse dans une cellule de la prison de la Gestapo à Prague. À travers les barreaux de la fenêtre je pouvais voir le beau château du Hradschin, mais je ne fus pas impressionné. J'étais très en colère contre moi-même et contre les Allemands de me retrouver de nouveau dans cette fâcheuse situation.

Dans la cellule il y avait deux Tchèques. L'un était un monsieur âgé, petit avec une grosse moustache, qui s'amusait des heures durant à un jeu avec deux bâtonnets et un bloc en bois. Il ne parlait ni allemand, ni anglais, ni français, et notre conversation se borna à des gesticulations. L'autre homme était plus grand, de stature puissante mais au visage très émacié. Une barbe broussailleuse lui salissait la figure et ses bras étaient couverts de plaies. Je n'étais pas convaincu qu'il s'agissait de vrais Tchèques, mais plutôt d'Allemands partageant ma cellule pour me soutirer des renseignements, aussi m'assis-je dans un coin de la pièce, appuyé contre le mur et j'essayai de dormir.

Vers midi un gardien m'appela et me mena à un local dans une autre partie du bâtiment. Deux civils m'y attendaient assis derrière un bureau, se donnant des mines sévères et autoritaires. L'un d'eux me fit signe de m'asseoir et congédia le gardien.

«Vous êtes Mr. Bennett», déclara-t-il, comme s'il était satisfait de son savoir. «Nous voulons que vous nous racontiez comment vous êtes arrivé ici et ce que vous avez fait».

«Mon avion a été abattu au-dessus de Berlin le mois dernier», répondis-je. «Je suis venu à pied jusqu'ici en vivant dans les bois. J'avais décidé de reprendre la marche lorsque je suis tombé sur vos hommes».

(Je ne vais pas essayer de rapporter ici toute la conversation, j'étais fatigué et inquiet, et je ne me souviens que de fragments. Les deux civils ne voulaient pas croire que j'avais vécu plus d'un mois dans les bois. Je m'obstinais à leur répéter que tel avait pourtant été le cas. Ils alternaient entre la colère et la complaisance. Après une heure d'interrogatoire lourd chargé d'insinuations, je repartis vers ma cellule).

Deux jours plus tard, pendant lesquels je ne fis que dormir et regarder par la fenêtre, je fus renvoyé par train à Berlin, sous la garde d'un sergent et d'un caporal allemands. Aucune occasion ne se présenta pour tenter une évasion.

À Berlin nous prîmes un trolleybus pour nous rendre à un grand bâtiment près de la gare Anhalter. Le lendemain je fus mené à un interrogatoire dans une pièce semblable à une salle de classe. J'y fus pesamment questionné par deux autres civils qui exprimèrent clairement leur déplaisir à mes réponses.

«Nous avons les moyens de vous faire parler», m'avertit l'un d'eux lorsque je refusai de donner des détails.

Au bout de deux jours les choses se précipitèrent. Un grand homme austère entra dans ma cellule un après-midi et m'annonça : «Nous savons tout sur vous». Il me révéla que «la BBC a diffusé un article émanant de vous, selon eux... de l'intérieur de l'Europe nazie. Est-ce que la International News Service a inventé cet article à New York ?»

«Non. Je le leur ai envoyé. Je l'ai donné à un prisonnier français qui partait en Suisse, en lui demandant de l'envoyer par câble à New York».

«Aha ! Vous savez que l'affaire est très sérieuse. Elle relève de l'espionnage».

«Je vous assure que je n'ai écrit que ce qui serait acceptable à votre censure si j'avais été un correspondant suédois ou suisse. Je suis un reporter, pas un espion».

Mes paroles ne produisirent aucun effet sur lui. Il sortit, puis revint le lendemain pour m'annoncer que je passerai devant un tribunal. En attendant, me dit-il, je resterai dans ma cellule.

Vingt-quatre heures plus tard, un gardien me transféra vers une autre cellule, une grande salle avec un plafond très élevé, où se trouvaient neuf autres prisonniers. Ma première idée fut que ces neuf hommes avaient été placés là pour me faire dire la vérité en se faisant passer pour des amis. Mais je découvris rapidement que tel n'était pas le cas, il s'agissait de prisonniers en attente de jugement.

Trois d'entre eux allaient être jugés pour leurs crimes sur le marché noir. Ils s'attendaient à mourir, mais ne semblaient pas s'en inquiéter. Deux autres étaient des prisonniers français qui s'étaient évadés, avaient été repris et qui avaient endommagé des biens allemands lors de leur évasion. Il y avait un Grec qui souffrait abominablement d'ulcères de l'estomac et qui aurait dû être hospitalisé. Il s'obstinait à dire qu'il n'avait rien fait de mal, à part servir une mauvaise soupe à un officier allemand dans un restaurant où il travaillait. Plusieurs détenus néanmoins le soupçonnaient d'être expert ès-empoisonnement avec une perversion particulière à l'égard des officiers de la Wehrmacht. Deux fois le Grec fut emmené de la cellule pour être sévèrement battu. À son retour il se traînait péniblement vers sa paillasse sans mot dire, pour s'y affaler en sanglotant pitoyablement. Curieusement, personne ne lui manifesta la moindre sympathie ni d'intérêt.

Parmi tous les prisonniers, seuls les deux Français étaient de bonne humeur. Ils bavardaient prodigieusement à propos des «choses vertes», ainsi qu'ils décrivaient les Allemands, et se racontaient des blagues sur les autres détenus qui restaient assis, renfrognés et maussades, sur leurs matelas.

Je passai cinq jours dans la pièce. Nous avions deux repas par jour : une tranche de pain et une tasse de café au petit déjeuner, puis une soupe à l'orge et aux légumes et une infusion pour le souper. Nos loisirs étaient consacrés à dormir, attendre, tenter d'avoir de sporadiques conversations.

Deux fois encore, je fus mené à l'interrogatoire dans une autre aile du bâtiment. Les questions étaient toujours les mêmes : «Qui vous a hébergé ? Qui a porté votre message en Suisse ?» Les agents essayaient de m'embrouiller en répétant et en mélangeant mes réponses. Plusieurs fois, ils me répétaient «Nous réussirons à vous faire parler», mais sans aucun résultat de ma part. Je me cramponnais à mon récit, et au bout d'une heure ou deux ils appelaient furieusement un gardien pour m'embarquer.

Les autres prisonniers m'apprirent beaucoup de choses intéressantes sur l'Allemagne en cette avant-dernière phase de sa guerre perdue. Je ne répéterai ici que celles que j'estime dignes de foi.

Pour compenser une anémie grandissante de main-d'œuvre, la Wehrmacht avait commencé, dès le mois de décembre 1943, à rappeler des vétérans démobilisés après avoir perdu un bras ou une jambe dans la guerre. Ces hommes étaient soumis à une formation concentrée, puis dirigés vers des unités mécanisées ou blindées, où leur invalidité portait moins à conséquence que dans l'infanterie.

D'autres preuves du manque de soldats : des unités spéciales de SS étaient recrutées dans les camps de prisonniers alliés en Allemagne ! Un régiment de blindés légers avait déjà été créé avec, en très grande majorité, des Britanniques qui avaient été faits prisonniers de guerre à Dunkerque et qui étaient en formation. Ces hommes avaient reçu l'assurance qu'ils ne combattraient que sur le Front de l'Est, jamais contre leur propre pays, mais la propagande anti-bolchevique avait été si efficace, avec des offres financières si alléchantes, que près de trois mille prisonniers étaient devenus renégats. D'autres unités étaient en cours de recrutement parmi les prisonniers indiens, français et belges, avec des succès variables. Après la guerre, j'appris que plusieurs de ces régiments s'étaient battus sur le Front de l'Est et que de nombreux soldats-prisonniers avaient déserté pour rejoindre les Russes à la première occasion.

L'incessante offensive aérienne contre l'Europe avait rendu service à au moins une catégorie d'Allemands. Plusieurs personnes, qui souhaitaient quitter le Reich, habituellement pour des raisons politiques, avaient enfoui une partie de leurs vêtements et leur carte d'identité sous les décombres des bombes après une attaque.

Ils filèrent ensuite en direction de la Suisse, en passant par la «frontière verte», une zone près de Bâle où les montagnes étaient suffisamment basses pour permettre la traversée toute l'année. Pour les nazis, ces personnes avaient été tuées dans les raids aériens et leurs noms étaient effacés des registres de la Gestapo.

Les raids avaient aussi permis de détruire les fichiers de police de nombreux malfaiteurs civils allemands ou d'effacer des dettes en détruisant des officines de crédit. Surtout, ils semaient la confusion dans le système bancaire en détruisant des stocks de devises. Une des ruses préférées de la RAF était, en effet, de balancer des millions de coupons de rationnement sur l'Allemagne, ce qui donnait aux mères de famille ennemies un surcroît de coupons alimentaires et vestimentaires. Cela obligeait les Nazis à changer leurs tickets de rationnement tous les mois, mais les Renseignements Alliés restaient à jour, et à chaque fois que Berlin émettait de nouveaux tickets, Londres était prête avec des contrefaçons parfaites.

Les rations alimentaires allemandes étaient généralement meilleures qu'en Angleterre - du moins, tant que les Nazis disposaient de toute l'Europe pour leur approvisionnement. La ration hebdomadaire de base était la suivante : cinq livres (deux kilos et demi) de pain, de gâteau et de farine ; une livre et un quart (un peu moins de 600 grammes) de viande ; douze onces (350 grammes) de beurre, de margarine et d'huile de cuisine ;

deux œufs; un quart de livre (120 grammes) de fromage et deux onces (60 grammes) de bacon.

Cette ration était allouée à environ la moitié de la population. 30 % recevait pratiquement le double, avec le statut de «travailleur». Et 20 % de la population, dans la catégorie du «travail lourd», recevait presque trois fois la ration de base. Les emplois lourds comprenaient les ouvriers des aciéries, les mineurs et... les chanteurs d'opéra. Les diplomates étrangers résidant en Allemagne recevaient quatre fois la ration de base. Ces allocations pouvaient être augmentées par des primes périodiques, des colis de Noël, des colis après les bombardements et des cadeaux de membres de la famille qui travaillaient la terre. Avec une Europe affamée autour d'elle, l'Allemagne d'Hitler s'en sortait plutôt bien lorsqu'elle passait à table.

Je pense ne pas exagérer en disant que de tous les pays en guerre, l'Allemagne venait en deuxième place après les États Unis pour la nourriture et l'habillement.

Mais même un gouvernement totalitaire nazi ne pouvait pas garder dans un placard les squelettes jumeaux de la guerre moderne : l'inflation et le marché noir. Ce dernier ravageait toute l'Europe à un niveau beaucoup plus élevé qu'en Angleterre ou en Amérique. Les prix à Berlin pour des produits sur le marché noir étaient les suivants (convertis en dollars d'avant-guerre):

- une livre de chocolat, de quinze à vingt dollars;
- une livre de café, soixante dollars;

- une livre de thé, cinquante dollars;
- une livre de bœuf, de vingt à vingt-cinq dollars;
- une bouteille de cognac d'importation, trente dollars;
- une cigarette anglaise ou américaine, de trente à cinquante cents

Ces prix augmentèrent régulièrement en 1944-1945, pendant que les Allemands perdaient la guerre. En Europe centrale, de nos jours[25], l'argent, par de nombreux côtés, a perdu toute valeur.

À première vue, le tribunal n'était guère différent d'une chambre de cour martiale de l'armée américaine. C'était une petite salle terne dont le plafond et les murs étaient peints en gris. Un grand portrait d'Hitler décorait un mur, surmontant une bannière rouge ornée d'une croix gammée. Un garde armé était posté à chacune des deux entrées, et je remarquai qu'ils arboraient tous les deux l'insigne à tête de mort sur les revers de leur uniforme.

Trois civils siégeaient sur un banc à une extrémité de la salle, ils étaient sans doute à la fois les juges et le jury. Le procureur était un jeune homme au visage mince, avec des yeux durs et intenses qui lançaient des regards furieux en ma direction, comme si j'étais en train de lui faire perdre son temps. La cour m'avait accordé un

25- 1945

avocat de la défense, mais c'était un geste ridicule de la part de la justice nazie.

Herr Stehlin, mon avocat, était une petite créature sous-alimentée, qui s'ennuyait visiblement, dont l'unique rôle était de servir d'interprète, puisque le procès se déroulerait en allemand. Et le procès lui-même n'était qu'une farce.

Ma défense fut présentée dans une déclaration de deux cents mots, prise en dictée par Stehlin et traduite deux jours avant. Dans ce document j'affirmais avoir vécu tout le temps dans un bois près de Prague, avoir volé de la nourriture dans des épiceries la nuit et avoir rencontré un prisonnier français en route vers la Suisse. Je lui avais donné un bout de papier sur lequel j'avais écrit un mot à ma femme et le récit de mon arrivée à Berlin. Je n'étais pas un espion, j'étais un reporter.

Même Stehlin, qui a tous points de vue semblait être un imbécile, n'avait pas cru en mon séjour dans les bois. «Si vous nous donnez les noms et les adresses des gens qui se sont occupés de vous, tout ira bien», m'avertit-il. «Comment s'appelait le Français qui a porté votre message ? Si vous répondez à ces questions vous serez acquitté. Sinon je ne peux pas faire grand-chose pour vous...»

«Je vous ai dit ce qu'il s'était passé. Je n'ai rien à ajouter».

À dix heures du matin je revins dans la salle du tribunal. À dix heures et quart le procès était terminé. Stehlin se dressa et lut ma déclaration sur un ton de profond ennui. Le procureur débita un discours à toute vitesse, dans lequel je ne compris que quelques mots - dont l'un était Spion - et les juges restèrent assis sur leur banc avec leur décision posée à l'avance sur la table devant eux. Les discours terminés, un des juges leva des yeux évasifs et hocha la tête vers les avocats. Il m'ordonna de me lever et de me mettre au garde-à-vous. Il lut une courte déclaration, en s'arrêtant après chaque phrase pour que Stehlin puisse me traduire.

«Vous avez été jugé et condamné pour espionnage», traduisit Stehlin. Espionnage ! pensai-je. Ces gens sont fous !

«Vous êtes condamné à mort», ajouta-t-il avec lassitude.

Je rougis comme un écolier pris en faute et vacillai sous le choc. «Faites appel, demandez un nouveau procès», lui lançai-je à brûle-pourpoint.

«Faire appel ? C'est quoi, ça ? On ne fait pas appel devant un tribunal de la SS», me répondit-il d'une voix blanche.

13

TOURISME ILLÉGAL

Trois nuits plus tard, la RAF bombarda de nouveau Berlin. J'étais enfermé dans une petite cellule en isolement cellulaire, dans une autre partie du bâtiment dans lequel j'avais été condamné par la cour martiale. En entendant hurler les sirènes, j'ai pensé que ce serait une expérience très fâcheuse.

Je n'avais pas été notifié de la date de l'exécution de la peine de mort, ce qui rendait l'attente d'autant plus difficile. Après quelques heures à faire les cent pas dans la cellule, envahi du sentiment d'être irrémédiablement perdu, je tentai désespérément de concevoir une façon de m'échapper de ce piège. Je demandai au gardien de m'amener du papier et un crayon, ce qu'il mit trois heures à faire.

Je rédigeai une plaidoirie auprès d'Adolf Hitler, pour lui dire que ma mort n'avait aucune valeur pour son gouvernement et que ma vie comptait pour ma famille. J'adressai des copies au ministre des Affaires Étrangères Ribbentrop et au maréchal de l'Air Goering, mais à en juger par le désintérêt railleur du gardien à qui je confiai mes lettres, je doute sérieusement qu'elles soient sorties du bâtiment.

Je ne voyais aucune possibilité de quitter ma cellule. La minuscule fenêtre comportait des gros barreaux à l'extérieur, entrelacés de barbelés. La porte était en fer épais, les serrures et les charnières se trouvaient de l'autre côté. La cellule ne contenait qu'une paillasse, un tabouret à trois pieds et un récipient en bois pour la toilette. Les murs, le sol et le plafond étaient en ciment, ce qui empêchait toute tentative de creuser un tunnel. Une évasion était certainement hors de question.

Mais lorsque tard dans la nuit les sirènes se mirent à déclamer leur hurlement prophétique, je fus saisi d'une allégresse soudaine : peut-être que les Nazis allaient se faire avoir, et même, qui plus est, ces juges ridicules seraient tués dans le raid.

Quelques minutes plus tard, la DCA de Berlin se mit à tonner son défi. J'entendis un bruit de pas précipités dans le couloir et je pensai que j'allais être transféré à un abri anti-aérien. Cependant, les gardiens semblaient ne penser qu'à leur propre protection, car je n'entendis plus rien d'autre que le martèlement des canons anti-aériens.

Celui-ci fut suivi par les détonations des bombes et rapidement le bruit s'amplifia en un rugissement de tonnerre. À travers la fenêtre de ma cellule, j'aperçus les fulgurations et le reflet des éclats des incendies et des explosions. Par moments le faisceau spectral d'un projecteur balayait le ciel à la recherche des bombardiers dans la nuit. La plus forte concentration de bombes retentissait à peu de distance. Je marchais de long en large dans ma cellule en cherchant à estimer la proximité des déflagrations les plus bruyantes.

Soudain, sans crier gare, il y eut un énorme appel d'air ; j'eus l'impression que ma poitrine avait été frappée par une masse. Un rugissement m'ébranla et m'enveloppa. Je fus jeté à terre contre le mur tandis que des fragments de ciment me tombèrent dessus en pluie depuis le plafond. En tombant, je vis une longue fente s'ouvrir dans le mur du fond. Je me demandai si je n'allais pas être soustrait à la condamnation des juges.

Un peu plus tard je revins à moi. Le bombardement se poursuivait, avec une rage totale et terrifiante. Lorsque je me relevai et que je pus épousseter la saleté de mes vêtements, je me rendis compte que ma tête avait été touchée ; j'avais le visage couvert de sang qui coulait le long de ma joue. Un morceau de plafond m'avait sans doute heurté la tête après ma chute.

Je reculai dans ma cellule en me soutenant au mur. Mes oreilles étaient assourdies par le bruit des déflagrations et je n'entendais plus le hurlement des explosions et le fracas des bombes incendiaires dans leur chute. Je tâtonnai à l'aveuglette le long du mur jusqu'à la porte, dans l'obscurité chargée de poussière, et celle-ci s'ouvrit à la volée. La serrure s'était débloquée sous l'effet du souffle. Je sortis en titubant de ma cellule pour me frayer un chemin dans le couloir, me prenant les pieds dans les débris qui encombraient le sol. Malgré les bruits, le désordre et mon épuisement, je sentais mon cœur battre la chamade à la perspective de l'évasion.

Au bout du couloir je me dirigeai vers un escalier en fer et me mis à le descendre. Il faisait un noir d'encre. Je venais juste de poser le pied sur la deuxième marche lorsque quelqu'un monta bruyamment avec une lampe torche dirigée devant lui. Je tentai de me faufiler sur le côté, mais il vint droit sur moi, me saisit le bras et me fit descendre précipitamment.

Nous empruntâmes plusieurs escaliers en colimaçon jusqu'à un sous-sol éclairé par des lanternes. Plusieurs officiers et une vingtaine de soldats s'y trouvaient, assis sur les bancs d'un abri anti-aérien. Un des officiers se dressa à notre arrivée. Il me scruta, puis se tourna vers le soldat qui m'avait fait descendre et lui cria quelque chose que je ne compris pas. Pendant la demi-heure qui suivit, jusqu'à l'arrêt du bombardement et de la DCA, je restai assis avec eux sur un grand banc, à essuyer le sang de mon front avec la manche de mon uniforme et à maudire cette série de mauvais sorts.

Une semaine plus tard, ma barbe avait poussé jusqu'à une longueur patriarcale et j'étais devenu intime avec une variété de puces et de poux. Je restais à ruminer dans une cellule à un étage inférieur du même bâtiment. La phase où les choses avaient de l'importance était bien passée et une profonde léthargie m'étreignait. J'avais deux tartines de pain noir et une tasse d'infusion au petit déjeuner, deux tranches de pain et un petit bol de soupe aqueuse au souper. Ceci me donnait juste ce qu'il fallait d'énergie pour me réveiller pour le repas suivant, mais pas assez pour un travail mental soutenu.

Il était tard dans l'après-midi et j'attendais le repas du soir, sans me poser la question de savoir si aujourd'hui était mon dernier jour, comme je me l'étais posée pendant ma première semaine d'emprisonnement. Un gardien arriva bruyamment dans le couloir, ouvrit la porte et un major des SS, élégamment vêtu, entra dans ma cellule. Nous y voilà, pensai-je.

«Bonjour Mr. Bennett», me dit-il lorsque je me mis debout. «J'ai de bonnes nouvelles pour vous. Vous avez été condamné à mort. Quelqu'un est intervenu en votre faveur et vous ne serez pas exécuté». Je me sentis faible, et tendis la main vers le mur pour me soutenir.

«La peine a été commuée en régime cellulaire pour la durée de la guerre».

En cet instant, la mort me parut infiniment préférable à cette solitude sans âme. «Merci», répondis-je.

«Vous allez être transféré ailleurs. Pour l'heure, de quoi avez-vous besoin ?»

Je pensai rapidement à un certain nombre de choses, mais je me doutais qu'aucune ne me serait autorisée. «Que diriez-vous de quelque chose à lire ?» demandai-je. «Le temps passe très lentement ici».

Le lendemain un gardien m'apporta deux livres : *Mein Kampf* d'Adolf Hitler et *Fidèle à Toi-Même*[26], roman anglais d'Éric Knight. Ce dernier fut tout à fait bienvenu, mais les prophéties grossières d'Hitler avaient du mal à dissiper la morosité des quatre murs étriqués.

Ma résidence suivante fut une cellule à peine plus grande que la précédente, dans le bloc d'isolement d'un petit camp de prisonniers en dehors de Berlin. Les rations alimentaires, une fois de plus, suffisaient juste à me maintenir en vie, et mon seul centre d'intérêt était une auto-contemplation fatigante et, parfois, un franc apitoiement sur moi-même.

Un prisonnier français était chargé de balayer ma cellule tous les matins. Pendant les trois premiers jours, il fut escorté par un Allemand ; le quatrième jour il vint seul, et tout en balayant le sol il me parla à voix basse. «Vous êtes américain? me demanda-t-il, comme s'il cherchait la confirmation de ce qu'il savait déjà. Il me dit que

26- *Fidèle à Toi-Même* (en anglais *This Above All*) roman écrit en 1941 par Eric Knight, écrivain anglo-américain (créateur du célèbre chien Lassie en 1940). Il contient un réquisitoire d'une virulence extrême contre la guerre. En 1942, ce roman fut porté à l'écran dans une réalisation d'Anatole Litvak et fut récompensé d'un Oscar.

je pouvais lui faire confiance, qu'il avait été prisonnier depuis mai 1940, et que les Allemands l'employaient au nettoyage des quarts d'officiers dans le camp.

«Je peux vous aider à sortir, peut-être» me dit-il. «Nous devons attendre que je vous fasse faire des papiers».

Je le suppliai de m'aider maintenant, tout de suite. «Je pourrais de nouveau être déplacé, et cette fois-là, ce serait trop tard». Sans mot dire, il sortit dans le couloir, jeta un regard des deux côtés, puis me fit signe de quitter la cellule. Je le suivis, nous descendîmes le couloir et sortîmes par une porte. Mes yeux furent douloureusement éblouis par la lumière. «Vite», dit-il. «Venez par ici» Nous parcourûmes au trot un sentier longeant un mur en pierre, puis il se dirigea vers un autre baraquement, dans une petite pièce située à l'extrémité. Plusieurs prisonniers étaient en train de s'habiller et à notre entrée ils me regardèrent avec curiosité.

«Un homme doit rester au camp aujourd'hui. Nous avons un ami qui doit partir», dit mon libérateur. «Tenez», ajouta-t-il en se retournant vers moi, «mettez ces guêtres et je vais vous trouver un pardessus et une casquette». En quelques instants je fus vêtu de façon presque identique aux autres prisonniers. L'un d'eux m'expliqua que j'allais accompagner une équipe d'ouvriers, et que je pourrais m'éclipser dès la première occasion. Les gardiens ne vérifiaient que le nombre de prisonniers, ainsi il n'y aurait aucun problème de ce côté-là.

Nous sortîmes par la porte principale du camp cinq minutes plus tard, après avoir été rejoints dans l'enceinte principale par plusieurs douzaines de prisonniers. Nous formâmes une longue colonne vers la route. Un seul garde allemand nous accompagnait. Il était en tête du groupe.

Après avoir marché dix minutes, nous rejoignîmes une station de métro. Je m'étais peu à peu laissé dépasser par les autres pour finir en queue de colonne, et au moment d'entrer dans le bâtiment, je me détournai et entrai dans des WC pour hommes. Plusieurs minutes plus tard j'en sortis, me dirigeai vers le quai et consultai un plan du métro.

J'avais le choix entre différentes directions : le nord en direction d'Oranienburg ; l'ouest vers Potsdam ou Wannsee ; le sud vers Lichterfeld. Je décidai de rejoindre la mer Baltique, pour des raisons qui m'échappent encore, et je pris un train pour Oranienburg. «Souviens-toi que les prisonniers qui vont travailler à Berlin ne paient pas leur billet», m'avait averti le Français. «Prends un train et fais comme si tu partais au boulot».

Il y avait une chance sur mille que des voyageurs illégaux se fassent prendre sur des trains qui allaient à Berlin, avait-il ajouté. Parfois des gardiens allemands parcouraient les wagons pour vérifier les identités, mais ces inspections étaient très peu fréquentes.

Cette fois-ci la chance me souriait et après un trajet de trois quarts d'heure dans un wagon bondé de Berlinois qui lisaient leur journal, je parvins à Oranienburg. Une fois seulement, il faillit se produire un incident : deux officiers allemands entrèrent dans le train lors d'un arrêt en gare et restèrent plantés à seulement quelques mètres de moi. Deux ou trois gares plus loin, je fis le constat désagréable que l'un d'eux me regardait avec attention. À un moment donné, il se détourna de son compagnon ; se dirigea vers moi, en s'excusant auprès des groupes de passagers qui nous séparaient. À cet instant, nous entrâmes en gare. L'air le plus nonchalant possible je descendis du train et m'éloignai le long du quai.

J'attendis quelques instants dans les toilettes pour hommes, puis montai dans un autre train qui partait dans la même direction. À Oranienburg je marchai vers le nord pendant environ une heure et j'atteignis la limite nord de la banlieue de Berlin. Les Français m'avaient averti que voyager de jour était dangereux, que tôt ou tard quelqu'un deviendrait curieux et je me ferais prendre. Je découvris un grand immeuble en partie détruit par un incendie, et je passai le reste de la journée à dormir entre des balles de papier.

Cette nuit-là, juste quand j'allais me mettre en route pour marcher les cent kilomètres jusqu'à la mer Baltique, je me fis reprendre. Au moment de quitter l'immeuble, deux hommes se dirigèrent vers moi et l'un d'eux m'interpella en allemand, «Qu'est-ce que vous faites là?» Au lieu de répondre, je repartis en courant vers l'immeuble et me mis à gravir un grand escalier en métal jusqu'à un étage supérieur où je pensais pouvoir les semer.

Tirer dans le crépuscule avec un revolver sur une personne qui se déplace rapidement est une entreprise difficile. Mais cette fois-ci, la chance, ou bien la compétence, se trouvait dans l'autre camp. À mi-escalier, je ressentis une douleur comme un coup de couteau me brûler la jambe gauche et en même temps, j'entendis deux fortes détonations tirées depuis le sol. Je me tordis, perdis l'équilibre et roulai dans l'escalier jusqu'au rez-de-chaussée.

Les deux hommes me remirent sans ménagements sur mes pieds, m'examinèrent, essayèrent de me questionner, puis nous partîmes vers le commissariat local, où je me fis bander la cheville, pour ensuite passer la nuit en cellule.

L'étape suivante fut le Stalag III-D-500, un petit camp de prisonniers français au sud de Berlin, où je passai presque un mois. Pendant les deux premières semaines, je fus placé en cellule d'isolement, mais de toute évidence le commandant du camp ne connaissait pas mon histoire passée, car il s'adoucit et me permit de circuler librement parmi les prisonniers français. Ma cheville fut presque complètement guérie au bout de trois semaines.

Le camp contenait mille huit cents Français qui avaient été faits prisonniers de guerre en mai-juin 1940, quelques centaines de prisonniers belges et deux généraux russes. Il était situé près de l'aéroport de Tempelhof, à un peu plus d'un kilomètre de la grande usine Siemens et encore plus proche de l'usine électrique Telefunken - pas une situation idéale du point de vue des bombardements aériens.

Les deux généraux russes avaient été capturés près de Vyasma à l'automne 1941, ils jouissaient du luxe d'une seule pièce pour deux et des services d'un prisonnier français qui leur servait à la fois de valet, de cuisinier, de serveur, d'ordonnance et de coiffeur. Parlant quelques mots de russe, il faisait aussi office d'interprète, car aucun des deux généraux ne parlait d'autre langue que la leur.

L'un d'eux était un homme basané, bien bâti, âgé d'environ trente-cinq ans, un lieutenant général qui avait été grièvement blessé et qui ne pouvait marcher avec aisance que depuis peu, au bout de presque trois ans. L'autre était un petit homme haut en couleur, avec une barbe blanche comme neige, qui avait perdu sa jambe droite. Il était major général et, selon son ordonnance, avait été le maire d'un quartier de Moscou. Malgré ses trois ans de captivité il portait encore une tunique avec des tresses rouges et une casquette rouge élevée. Il me saluait gaiement à chaque rencontre.

Ils trichaient tous les deux aux échecs. Comme le jeu n'exigeait aucun échange verbal, nous pûmes disputer des parties interminables pendant des heures. L'un des deux m'invitait à jouer et, après les premiers déplacements, l'autre rapprochait une caisse sur laquelle il restait assis et voûté, à bavarder sans cesse avec son compagnon. Cela ne posait aucun problème, sauf qu'il montrait du doigt diverses pièces de l'échiquier en indiquant là où son comparse devait les déplacer. Il en résultait des débats slaves passionnés, des déplacements de pièces qui duraient une demi-heure et - au bout de deux semaines - un score de quarante à trois contre moi.

La vaillance des prisonniers français, après presque quatre ans de captivité et de dur labeur au service de leur ennemi, était franchement impressionnante. Ecouter leurs histoires, savoir ce qu'ils avaient enduré sans perdre l'espoir ou la foi, transforma mon apitoiement sur moi-même en un afflux de profonde gratitude envers ces hommes admirables.

Ils avaient été faits prisonniers dans tous les secteurs du front français en 1940 et avaient dû marcher pendant mille cinq cents kilomètres vers des camps en Pologne, pour être ensuite regroupés dans ce camp à la lisière de Berlin. Leurs privations avaient été si continuelles qu'ils avaient fini par les accepter comme étant la norme. Les délits étaient sévèrement punis, avec des peines allant jusqu'à trois ans de régime cellulaire pour mauvaise conduite. J'appris que personne n'avait été exécuté par les Allemands dans ce camp, mais que 53 Français avaient été tués ou sérieusement blessés par les bombardements alliés sur Berlin.

Les bombardements aériens préoccupaient douloureusement ces prisonniers. Les premières questions qu'ils me posaient, lorsque j'eus le droit de leur parler, étaient, «Est-ce qu'ils savent à Londres que ce camp est situé ici ?» «Les aviateurs ont-ils reçu l'ordre d'éviter les camps de prisonniers ?» J'essayais de les rassurer, compte tenu des pertes qu'ils avaient subies, mais sans grand effet. «Vous n'avez pas à vous inquiéter pour les raids de jour», leur disais-je. «Ils sont effectués par des Forteresses qui ne bombardent que des objectifs militaires et des usines».

Pendant la journée, les prisonniers travaillaient par groupes de cinquante à cent à des tâches manuelles très diverses. La plupart servaient à des corvées dans ce qu'ils appelaient les «Commandos Churchill», car leur travail consistait à déblayer les débris des rues après les bombardements. D'autres travaillaient sur une grande variété de chantiers, à aider à construire de nouvelles usines, des baraquements pour les Allemands victimes des bombardements. Ils occupaient aussi des emplois manuels dans toutes sortes d'usines. Certains étaient placés chez des tailleurs, d'autres chez des cordonniers, des boulangers, des bouchers, des commerces de détail et des coiffeurs. Ils faisaient partie de l'immense réserve de main-d'œuvre de douze millions d'esclaves, travaillant au gré de leurs employeurs.

Soldats français représentatifs, ils étaient issus de toutes les couches de la société et pouvaient tenir tous les emplois. Il y avait des Bretons impassibles avec de grosses ossatures, des méridionaux vivaces. Il y avait des célibataires et des pères de famille – ces derniers, les plus tragiquement frappés car ils n'avaient pas vu leurs enfants depuis presque quatre ans.

Un soir avant l'heure du verrouillage du camp, j'étais dans une embrasure de porte à regarder la pluie tomber dans les flaques près des baraquements. Les projecteurs aux périmètres du camp faisaient miroiter la pluie sur les barbelés et je me mis à penser à New York et à la vie là-bas.

Un Français dont j'avais fait la connaissance la veille sortit pour contempler la nuit avec moi, en silence, près de la porte du baraquement. Je me demandais pourquoi il était si peu loquace, car normalement il manifestait une exubérance très française, blaguait sur les Allemands, la guerre et les «Haricots Verts» comme il les appelait à cause. Ce soir, en revanche, il était anormalement réservé. Enfin il se mit à parler.

«J'ai le cœur lourd ce soir, mon ami,» me dit-il. «Ma fille est décédée». Je ne trouvai rien à lui répondre. Je me sentis soudain profondément embarrassé.

«Oui, ma petite aurait eu sept ans le mois prochain. Elle n'avait que trois ans la dernière fois que j'ai vue, avant de partir à l'armée. Maintenant je ne la reverrai plus jamais parce qu'elle est morte». Il énonça ces paroles lentement, pensivement, marquant une pause entre chaque phrase comme s'il répugnait à continuer, tout en souffrant de la difficulté à porter seul le poids de cette information.

«Les bombes ?» lui demandai-je, pour dire quelque chose.

«Non, pas les bombes. La lettre de ma femme est arrivée aujourd'hui. Elle m'a dit que c'était la maladie. Le bébé avait été malade pendant presque un an. Pas les bombes, tout simplement pas assez de nourriture, pas assez de médicaments, pas de médecins. Elle devait fêter ses sept ans le mois prochain».

Je pris soudain conscience du drame de la vie de cet homme. Pendant quatre années d'exil terribles, il avait toujours gardé l'espoir de rentrer un jour auprès de sa femme et de sa fille. Maintenant tout cela était parti. Sa fille était morte, son chagrin, immense.

Un soir, les prisonniers organisèrent un concert. Leurs instruments et les partitions étaient arrivés de France par l'entremise de la Croix-Rouge. La salle de concert était une grande baraque en bois pleine de bancs et de caisses pour le public. Les musiciens-prisonniers avaient répété pendant un mois pour assurer que le programme serait du mieux qu'ils pouvaient.

Le chef d'orchestre, Raymond Ley, était un méridional émacié et nerveux, qui avait gagné de nombreux prix nationaux en France pour sa musique. Il annonça le programme, qui comprenait l'Ouverture du *Barbier de Séville* et plusieurs autres œuvres de qualité. Elles paraissaient presque trop prétentieuses pour un orchestre composé d'hommes aux doigts noueux, usés par les travaux forcés. Ce fut le concert le plus réussi auquel il m'ait été donné d'assister.

Plusieurs médecins de l'armée française, employés par les Allemands dans les hôpitaux de Berlin, étaient présents. Avec les généraux russes nous eûmes le privilège d'être assis au premier rang. La salle était remplie de plus de deux mille personnes mais il n'y avait qu'un petit groupe d'Allemands près des sorties, pour s'assurer, évidemment, que c'était vraiment un concert comme prévu, et non pas une quelconque combine.

Parfois les cuivres menaçaient de semer le désordre dans les cordes, les bois étaient occasionnellement submergés par les trombones, l'enthousiasme du percussionniste dépassait par moments ses capacités, mais l'ensemble était exaltant. Ley dirigeait avec ferveur, la musique semblait couler à travers ses doigts vers les instrumentistes, et les musiciens et le public oublièrent pendant un temps qu'ils étaient prisonniers.

Pour conclure, Ley annonça une surprise. «Nous allons maintenant interpréter notre propre *Marche Lorraine*», dit-il. L'orchestre joua avec une expression et une vigueur tout à fait inhabituelle. Le public se leva et à la fin de la marche applaudit et ovationna à s'en rendre aphone pendant plus de dix minutes. Ley ne pouvait pas les faire taire. Enfin, l'orchestre bissa la marche et déferlèrent les mêmes applaudissements tumultueux et assourdissants. Ensuite, je demandai au chef d'orchestre «Vous ne saviez pas que la *Marche Lorraine* est associée au général de Gaulle et qu'elle pourrait ne pas plaire aux Allemands ?»

«C'est exactement pour cette raison que nous l'avons jouée» répondit-il avec allégresse.

14

LE SABOTAGE AVEC DES CHAÎNES DE LETTRES

Pratiquement tous les Français dans le Stalag III-D-500 avaient essayé de s'évader de nombreuses fois et de toutes les manières, au cours des quatre années de leur incarcération. Pour eux, c'était comme un jeu. Tout comme leurs trafics sur le marché noir, l'évasion faisait partie de leurs rares distractions, dans une existence par ailleurs bien terne.

Périodiquement l'imagination française se donnait libre cours à l'occasion de ces tentatives de fuite, toujours combattue par une persévérance germanique, moins imaginative mais beaucoup plus méthodique. Les gardiens nazis, comme je l'appris par la suite, avaient établi un catalogue de toutes les tentatives manquées, en dressant avec soin des listes rigoureuses de toutes les combines dont sans doute seule une mentalité française est capable.

Les châtiments infligés par les Allemands aux prisonniers qu'ils rattrapaient allaient de trois semaines à trois ans d'isolement cellulaire ou de travaux forcés. Les Français racontaient qu'un vaste camp de l'horreur existait à Rawa Ruska dans le sud-est de la Pologne[27], dans lequel les prisonniers non-réformables étaient confinés pour être «corrigés». Le camp était connu pour ses rations alimentaires pitoyables et son hébergement surpeuplé. Plus terrible encore était sa proximité avec un camp de prisonniers politiques, dans lequel les détenus mouraient à la cadence de plusieurs centaines par semaine. Ils étaient enterrés par les prisonniers de guerre de Rawa Ruska dans de grandes fosses emplies de chaux vive à la lisière d'une forêt.

Selon les Français qui avaient séjourné dans ce camp, le spectacle, les odeurs et les bruits de la zone leur servaient de leçon majeure pour leur «correction». Pourtant, malgré cette expérience et l'extrême dureté physique du travail forcé des mois durant, les tentatives d'évasion demeuraient un passe-temps fréquent pour rompre la monotonie.

Des anecdotes hautes en couleur circulaient sur les efforts déployés pour retrouver la liberté. Un homme prétendait qu'il s'était évadé dix-neuf fois en trois ans.

27- En Ukraine désormais.

Il était rentré en France deux fois, mais il s'était fait reprendre chez lui lorsque la Gestapo avait rendu une visite de contrôle à sa famille. Il se vantait d'avoir passé au total deux ans et demie en isolement cellulaire ou en travaux forcés pour ses dix-neuf tentatives. «Je n'ai plus jamais essayé depuis,», me dit-il. «Je vais plutôt rester ici et m'enrichir au marché noir».

Une autre fois, trois prisonniers s'étaient faufilés hors du camp, se faisant passer pour une famille en route jusqu'en France. Ils avaient réussi à se procurer des vêtements civils sur le marché noir et s'étaient parfaitement accoutrés pour le rôle. Il y avait le père, la mère, et le troisième, qui était beaucoup plus petit, se faisait passer pour l'enfant. Ils avaient marché et pris des trains de Berlin à Kassel, dans l'ouest de l'Allemagne, mais s'étaient fait prendre lorsque «l'enfant», oubliant son rôle, avait allumé un cigare. Le père et la mère tentèrent à nouveau de s'évader sans leur progéniture fumeuse de cigare. Ils se déguisèrent en bonnes sœurs et réussirent à marcher jusqu'au pont du Rhin à Cologne avant de se faire reprendre.

Un prisonnier raconta avoir volé une vache laitière après s'être évadé jusqu'à Brandebourg et mené l'animal jusqu'à Karlsruhe, où il se fit rattraper et condamner à neuf mois pour évasion et vol. Pendant la journée il avait marché le long des routes secondaires, menant sa vache comme s'il était un ouvrier-prisonnier, membre de la localité dans laquelle il se trouvait. Ce ne fut que lorsqu'il commit l'erreur de vouloir traverser une ville avec sa bête qu'il se fit questionner et arrêter.

Les évasions les plus populaires, néanmoins, ne faisaient pas appel à des déguisements ou à des accessoires de théâtre. La plupart des évadés voyageaient en chemin de fer, cramponnés à cheval sur les bogies, sous des trains rapides de voyageurs ou bien dissimulés dans des wagons bâchés. Il n'y avait aucun problème avec les wagons de marchandises scellés ; l'évadé brisait le sceau, entrait dans le wagon, en ressortait pour sceller la porte de nouveau, puis retournait dans le wagon par une fenêtre pour terminer son voyage.

J'entendis parler de pilotes de la Luftwaffe qui avaient transporté un prisonnier depuis l'aéroport de Tempelhof à Berlin jusqu'à un point au-dessus de la Suisse ou de la Suède ; ce dernier avait sauté en parachute dans un pays neutre où il était resté en sécurité. Il paraît que le prix s'élevait à dix mille marks. Je ne peux pas le garantir. Faire confiance de nouveau à un parachute ne m'intéressait plus guère.

De fausses cartes d'identité et des permis de voyage étaient difficiles à trouver et rarement utilisés. Parfois un prisonnier achetait les permissions d'un ouvrier civil français, rentrait chez lui pendant deux semaines, puis revenait au camp pour ensuite endurer une peine de trois semaines ou trois mois de travaux forcés.

Il me paraissait tout à fait évident que l'évasion n'était surtout qu'un divertissement pour la plupart des prisonniers français. J'entendis plusieurs fois la question : «Pourquoi s'évader ? La situation en France est pire qu'ici». «Au moins en prison nous avons nos affaires». Ce n'était guère tentant de s'évader vers la France, sinon par désir de retrouver la famille et les amis, car la France, avant l'invasion alliée, était virtuellement un cul-de-sac.

La Résistance, avant d'être infiltrée d'agents nazis, effectuait un travail admirable en faisant transiter des aviateurs alliés vers l'Espagne. Mais l'accroissement du trafic exigeait la création d'un système de priorités, qui laissait peu de place aux prisonniers français réfugiés. De surcroît, alors que le gouvernement US offrait trente mille francs aux Français qui aidaient un aviateur allié à sortir, le gouvernement allemand offrait trente-cinq mille francs à tous ceux qui leur livraient un prisonnier.

Il y avait des alternatives : rejoindre le Maquis ou un autre groupe quelconque de résistants, reprendre la vie civile en essayant d'éviter la police allemande, ou s'évader vers l'Angleterre et les Forces Françaises Libres, en passant par l'Espagne. Cette dernière option, toutefois n'attirait que très peu de prisonniers qui, après quatre ans de passivité, n'avaient pas franchement envie de risquer leur vie une fois de plus en combattant pour De Gaulle ou une France libre qu'ils identifiaient mal.

Le Maquis offrait une vie précaire, affamée et pourchassée, qui constituait aussi un changement trop radical par rapport à la protection des barbelés des camps de prisonniers. Bien sûr, sur une période de trois ans, plusieurs centaines de prisonniers français s'étaient évadés pour partir rejoindre les groupes révolutionnaires en France et contribuer vaillamment lorsque sonnerait l'heure à la résistance nationale. Mais ce ne fut qu'un pourcentage infime du million et demi de Français emprisonnés en Allemagne. La plupart avaient vécu trop longtemps avec trop peu de nourriture, ils avaient pris l'habitude de recevoir les ordres des Allemands - malgré toute la haine qu'ils leurs vouaient - et leur politique, assez semblable à celle des Tchèques, était d'attendre.

S'évader vers une vie civile en France était aussi une expérience aux attraits douteux, car la main de la Gestapo avait le don d'ubiquité. Elle se saisissait avec une terrible précision de tous ceux qui n'étaient pas à leur place. Les familles et les anciens employeurs étaient sous étroite surveillance. Les prisonniers en cavale étaient le plus souvent rattrapés peu après leur arrivée en France.

Au Stalag III-D-500, les prisonniers vivaient dans des baraques en bois, entre six et douze hommes par chambrée, des lits à étages, et de rares enjolivures dans le mobilier, fabriquées à la main après le travail. Les rations alimentaires suffisaient juste à travailler de six heures du matin jusqu'à dix-huit heures. Elles étaient surtout composées de soupes, de potages à l'orge, d'ersatz de saucisses, de fromages et de confitures et d'une demi-livre de pain par jour. À Noël et à d'autres jours fériés, on ajoutait une petite bière et une ration de vin, mais hormis ces rares occasions, les prisonniers-esclaves d'Hitler ne bénéficiaient d'aucun « rab ».

Des «colis-Pétain» mensuels augmentaient quelque peu les rations. Il s'agissait de colis de cinq livres, distribués à tous les prisonniers de guerre français en Allemagne, de la part du gouvernement de Vichy. Ils contenaient du gruyère, du bœuf argentin, de la confiture française, des biscuits de l'armée et cent cigarettes Gauloises. En extra, les familles de prisonniers réussissaient à gratter quelques bribes de nourriture tous les mois pour envoyer un colis personnel à leurs hommes en exil. Mais de nombreux prisonniers écrivaient à leurs familles qu'ils feraient mieux de garder la nourriture pour eux, car ils savaient que le sort de la France était pire que le leur.

Nonobstant, le marché noir florissant de Berlin permettait aux prisonniers de se livrer à un commerce clandestin assez considérable. Ils réussissaient à se procurer du surplus de victuailles, les plus entreprenants d'entre eux accumulaient de véritables petites fortunes, et presque tous étaient impliqués, d'une manière ou d'une autre, dans un commerce illicite de nourriture. La meilleure méthode, expliquaient-ils, était de voler de la nourriture et des vêtements aux Allemands et de leur revendre à des prix exorbitants. Une grande partie des sommes gagnées de cette façon était convertie en francs puis repartait au pays sous forme de contrebande par le biais des ouvriers civils.

Une bonne paire de bottes de la Wehrmacht, par exemple, pouvait rapporter plus de cinquante dollars ; une bonne chemise de civil valait trente dollars ; un costume pouvait facilement rapporter deux cents dollars. Toutes ces choses pouvaient être volées aux Allemands, sur les sites où travaillaient les prisonniers, grâce à une organisation bien réglée.

Pour les fêtes de Noël en 1943, chaque prisonnier français en Allemagne avait reçu deux colis de la Croix-Rouge américaine et un du Canada - une véritable aubaine. La nourriture et les cigarettes avaient duré jusqu'au mois de mars suivant. C'était plutôt embarrassant d'entendre des dizaines de Français me dire chaque jour: «Merci monsieur l'Américain pour ce que votre pays nous a donné. Nous vous sommes très reconnaissants».

Il se passa autre chose au Stalag II-D-500 qui me fit prendre conscience que nous avions de bons amis en Europe : les Français savaient que je ne recevais ni colis ni cigarettes et que j'avais passé les dernières semaines en régime cellulaire. Ils firent une collecte, à mon insu. Un soir, malgré l'interdiction allemande, un porte-parole des prisonniers m'apporta des douzaines de paquets de cigarettes américaines et une grande quantité de nourriture qu'ils avaient mise de côté. «Nous avons reçu tout ceci des États-Unis à Noël l'an dernier», m'expliqua-t-il. «Malheureusement nous avons tous été très gourmands, mais il restait un certain nombre de choses que nous avons voulu partager avec toi».

Une autre distraction pour les prisonniers français à Berlin était l'adultère auquel les invitaient les épouses allemandes dont les maris se débattaient dans la retraite de Russie. On dit que le magnétisme amoureux des Latins est un mythe. Si j'en crois les histoires des prisonniers je reste convaincu qu'au moins certaines femmes allemandes croyaient encore à cette légende.

Le dimanche après-midi le camp était vidé et les prisonniers avaient quartier libre pendant quatre heures dans un certain secteur de la capitale. C'était leur jour de fête. Ils en profitaient au maximum. Plusieurs prisonniers se vantaient d'avoir une maîtresse ou deux dans la population féminine berlinoise. Ils cocufiaient avec satisfaction les soldats allemands.

«J'ai deux grosses fraus» me confia Raoul Le Jean, un grand détenu, originaire de Lyon, «elles m'épuisent. Pourtant, je ne les vois qu'une fois par semaine et de temps en temps, quand je reviens du travail. Chacune a son mari en Russie. Je porte leurs liquettes et je bois leur vin. Les fraus me mettent de côté du fromage et des liqueurs - bien que je ne leur accorde à chacune qu'une heure le dimanche. Elles sont follement amoureuses de moi. Il y en a une qui veut quitter son mari après la guerre pour venir vivre avec moi à Lyon».

Un autre prétendait qu'il avait ouvert une petite maison close à Berlin. «J'ai trois femmes qui me trouvent merveilleux», m'expliqua-t-il. «Chacune me verse cinquante marks par semaine. J'envoie l'argent chez ma femme pour nourrir notre fils».

Néanmoins, la plupart des prisonniers avaient des opérations moins extravagantes. Le quota habituel était une amante, avec un mari absent, qui offrait à son amant des petits plats et des bienfaits chaque dimanche après-midi. Les sanctions excessivement sévères, qui allaient jusqu'à la peine de mort pour les deux contrevenants, n'étaient visiblement pas très dissuasives, car ils étaient peu nombreux à se priver de cette distraction dans leur vie de captivité - sauf pour ceux qui s'en vantaient un peu trop.

Chose étonnante, la liberté du dimanche après-midi ne donnait aucune occasion de s'évader. Il était trop facile de quitter le camp n'importe quel jour de la semaine, et les Allemands interdisaient la promenade dominicale pendant un mois à chaque fois qu'il y avait un « abus ». La façon habituelle de s'évader était de s'éloigner d'un groupe de travail un jour en semaine, après de longs mois à préparer et rassembler l'équipement. Il semblait y avoir un accord tacite entre les prisonniers : de bien se tenir le dimanche pour que leurs camarades n'aient pas à renoncer à leurs quatre heures de liberté.

Le camp avait une bibliothèque de livres cabossés recouverts de papier, fournis par la Croix-Rouge et des bibliothèques en Allemagne. Les deux mille trois cents prisonniers disposaient de quatre mille livres, donc dans ce domaine, au moins, ils n'étaient pas trop mal lotis.

Cette existence passive disposait à lire les œuvres de Racine, de Corneille ou les traductions de Shakespeare et de Milton tout autant que des œuvres modernes, plus légères.

L'hebdomadaire, le Trait d'Union proposait aux prisonniers français des informations et des opinions mises à jour, mais lourdement pro-allemandes. Le journal était publié à Berlin par des Français renégats, avec des contributions issues des camps pour en augmenter la circulation. On comprend bien pourquoi ce journal a été rebaptisé La Trahison.

Par une multitude d'autres procédés, les Allemands cherchaient à convertir les détenus à l'idéologie du national-socialisme. Des tracts pour expliquer «l'Ordre Nouveau» inondaient le camp - utilisés bien à propos comme papier hygiénique. Des affiches tapissaient les murs avec le panégyrique de la Nouvelle Europe et des philippiques adroitement composées contre les Soviétiques. L'Amérique recevait aussi sa part de dénigrement et les prisonniers étaient incités à se méfier des rumeurs mensongères transmises par les émetteurs alliés. La radio allemande diffusée par haut-parleur dans les baraquements prêchait sa propagande en toutes occasions, relayée par les gardiens.

Un exemple parfait de l'auto-déculturation se trouvait dans L'Echo de Nancy. Ce journal français supervisé par les Nazis bénéficiait d'un grand tirage en

Allemagne[28]. J'ai lu l'exemplaire du 9 mars 1944 où figurait un reportage à la une sur l'attaque aérienne américaine de la veille :

«Les formations ennemies n'ont pas réussi à pénétrer au centre de la capitale du Reich», disait l'article. Leurs pertes étaient excessives et il est douteux que même les généreux Américains aient les moyens de gaspiller autant de bombardiers pour leur permettre de raconter qu'ils avaient attaqué Berlin. Les milieux autorisés à Berlin déclarent qu'après l'hécatombe des pertes d'hier, il est permis de penser que les Américains n'essaieront pas de bombarder Berlin de nouveau pendant plusieurs semaines...»

Sans doute par souci d'exactitude rédactionnelle, l'article était suivi par : «P.S. Berlin a de nouveau subi une attaque aérienne de jour par de grosses formations de bombardiers américains».

Mis à part cet unique trait d'humour, il n'y avait rien de drôle pour nous lors de la série de raids américains sur Berlin, début mars de cette année. Lors du premier, quatre prisonniers furent tués dans l'hôpital où ils travaillaient en tant qu'aides-soignants. Dans chaque baraquement une affiche faisait appel à des contributions

28- Créé le 2 août 1940 après la fermeture de L'Est républicain, L'Echo de Nancy se destinait tout d'abord à la Lorraine et la Franche Comté, puis sa diffusion fut élargie. Rédigé entièrement par des Allemands, organe de propagande et de désinformation, il fut transféré en Allemagne en septembre 1944 et diffusé jusqu'en février 1945.

pour les familles de «nos malheureux camarades qui ont été tués hier par les bombardements».

Le second raid fut bruyant. Il dura près de deux heures, le vrombissement des moteurs d'avions et le tonnerre en staccato des bombes et de la DCA créaient un raffut épouvantable. Il n'y eut aucune victime, en revanche, et aucune bombe ne tomba à moins de cinq cents mètres du camp.

Le raid suivant fut terrible. Pendant deux heures et demie se déroula une bataille gigantesque au-dessus de Berlin, avec des tapis de bombes qui tombaient en rugissant, un tonnerre de trains express qui allait crescendo. En compagnie de plusieurs Français, les deux généraux russes et une demi-douzaine d'employés allemands du camp, nous nous abritâmes dans un bunker souterrain à peu de distance de notre réservoir d'eau.

Les deux généraux et près de la moitié des Français restèrent impassibles, assis sur des bancs dans le caveau faiblement éclairé. Les autres (dont moi) exprimèrent leurs émotions de façon plus franche. À ma surprise, les Allemands étaient les moins courageux, et à une exception près, ils se jetaient des regards terrifiés pendant qu'ils attendaient, la mâchoire serrée et les mains crispées.

Le raid dépassait de loin les attaques de la RAF dont j'avais été témoin, peut-être parce que les bombes tombaient plus près et non pas à cause de leur poids supérieur. Au lieu de se terminer au bout d'une demi-heure, il paraissait ne jamais s'arrêter, et le martèlement des bombes et des canons était accompagné du grondement plaintif et incessant des moteurs dans le ciel.

Un bombardier s'écrasa sur le sol à peu de distance. Il explosa en une déflagration semblable à un bâillement démesuré. Quelques minutes plus tard, un tapis de bombes tomba en hurlant presque au-dessus de nous en martelant violemment le sol aux alentours. Puis ce fut un enfer de bruit et l'abri se mit à trembler sous l'effet des frappes ratées.

Deux Français, blessés lors d'un raid précédent et qui avaient été transportés dans l'abri depuis l'hôpital du camp, étaient allongés sur des bancs et tressautaient sous leurs couvertures. Le visage blême, ils me regardaient fixement, et je lus une supplication muette dans leurs yeux apeurés : «Tu nous avais dit que c'était sans danger pendant les attaques de jour. Il se passe quoi maintenant ?» Par moments un Allemand me regardait, les yeux méchants ou en grommelant. Mais les Russes étaient de notre bord : de temps à autre le petit général pittoresque, toujours vêtu de sa tunique rouge et coiffé de son grand chapeau rouge, clignait de l'œil vers moi et faisait le signe du V avec ses doigts.

Le raid terminé, nous sortîmes de l'abri pour nous faire une idée des dégâts. La fumée montait en panaches depuis plusieurs quartiers de Berlin. Le ciel était encore à moitié assombri par des taches de fumée noire. Des tracts lancés des bombardiers voletaient à la dérive dans leur chute vers le sol. Lorsqu'un prisonnier s'élança pour en ramasser un, un garde lui tira un coup de feu au-dessus de la tête en guise d'avertissement.

Huit bombes étaient tombées sur le camp, la plus proche dans le réservoir d'eau à moins de vingt mètres de notre abri. Sept cadavres de prisonniers furent sortis d'un bâtiment en pierre à moitié démoli qui avait été un entrepôt. Neuf hommes avaient été blessés. L'équipe médicale s'affairait autour d'eux.

L'ensemble des bâtiments était jonché de blocs de glace déchiquetée et de ciment provenant du réservoir. La plupart des fenêtres des baraquements avaient éclaté. Une partie de toit avait été arrachée par les explosions. Une rangée de barnums, dans lesquels plusieurs centaines de prisonniers italiens avaient campé jusqu'à ces jours derniers, avait été complètement détruite.

En rejoignant mon baraquement, je vis se poser un parachute, juste de l'autre côté des barbelés principaux. Un aviateur américain, vêtu d'une combinaison chauffante bleue atterrit, se débarrassa rapidement de son parachute. Il se mit à détaler dans un pré. Mais en un rien de temps il fut entouré de gardes du camp et ramené au bloc du QG, le Hauptquartier. Je demandai l'autorisation de lui parler, mais le commandant du camp, excédé par le raid, se mit dans une rage folle, m'ordonnant de retourner immédiatement dans ma chambre, hors de sa vue, sous peine de régime cellulaire.

Mis à part lire et bavarder avec les prisonniers qui restaient au camp pour leur travail, je n'avais pas grand-chose à faire. Certains prisonniers me donnaient leur papier à lettres - qui était rationné à trois fois par homme par mois - ainsi je pus écrire chez moi pour dire que bien qu'à nouveau derrière des barbelés, j'étais sain et sauf.

La plupart des hommes avaient appris l'allemand pendant leurs quatre ans de captivité et le parlaient presque couramment. Quelques- uns affirmaient qu'ils avaient carrément refusé de l'étudier, que ce serait bientôt une langue morte, et que si les Allemands voulaient s'adresser à eux, ce devait être dans une langue civilisée.

Il n'y avait aucune attitude consensuelle envers l'ennemi. La plupart des prisonniers haïssaient les Allemands en général, ou n'éprouvaient de l'aversion pour eux qu'à titre personnel et individuel. Certains parmi les plus réfléchis avaient examiné la littérature allemande inondant le camp et avaient cherché à comprendre comment cette malheureuse situation s'était produite en Europe. Seule une poignée approuvait ouvertement les nazis et la nouvelle idéologie. Ces hommes gardaient leurs opinions pour eux. Seuls quelques lapsus révélaient leur attitude. La plupart de ceux qui étaient d'accord avec le national-socialisme avaient, bien sûr, accepté l'offre des Allemands d'être «transformés» en civils et de travailler dans des usines pour des salaires normaux.

Les attitudes des prisonniers à l'égard de la France divergeaient également. La plupart d'entre eux approuvaient Pétain. Ils acceptaient l'idée qu'il n'était «qu'un pauvre vieillard dont la voix n'est pas assez forte», mais ils lui étaient reconnaissants d'avoir eu le courage de rester en France pour tenter de maintenir un semblant d'ordre national et de dignité. «Sans Pétain», me confia un prisonnier, «nous aurions été recrutés par les Allemands depuis longtemps pour aller nous battre sur le Front de l'Est».

Comme pour les Tchèques, beaucoup d'entre eux étaient inquiets pour l'avenir de l'Europe, et je passais de nombreuses soirées à débattre avec eux de ce que serait et ce que devrait être le parcours de l'Europe d'après-guerre. Ces discussions démontraient au moins qu'il n'y avait aucune apathie mentale dans ce camp. Quelle qu'ait été la durée de leur peine, ces hommes n'avaient pas oublié la réflexion et l'analyse. Mais elles soulignaient aussi un certain désarroi. Les prisonniers se rendaient compte qu'ils avaient été exclus du cours de la vie, que pendant quatre ans de labeur continu au service forcé de l'ennemi, ils étaient passés à côté des changements qui s'étaient produits dans leur propre patrie. Les nouvelles du pays, les rumeurs et des articles de presse déformés pouvaient difficilement combler ce fossé. Ils prenaient douloureusement conscience que leur réadaptation serait une tâche difficile.

Leur vie entière était désormais centrée sur leur travail quotidien, leurs rêves chaque jour plus vagues de leur foyer et de l'avenir. Leurs interactions avec les Allemands dominaient tout. Traiter les gardes de «schleus» derrière leurs dos leur donnait une joie mauvaise. (Le terme désignait à l'origine une tribu parmi les plus primitives d'Afrique. Il avait remplacé le mot Boche de 14-18, que les Allemands ne connaissaient que trop bien[29]).

J'essayais de dissuader les prisonniers de travailler autant. «Pourquoi ne prenez-vous pas plus de temps en vous rendant à pied au travail le matin ? Pourquoi ne commettez-vous pas davantage d'erreurs, et ne travaillez-vous pas plus lentement ?» Les plus honnêtes parmi eux affirmaient que leur travail n'était que de la routine mais, malgré tout, il n'y avait que cela pour les occuper. De surcroît, la plus grande partie des travaux entraient dans des quotas journaliers et il leur était difficile de tricher.

Un prisonnier, néanmoins, prit mes propos au sérieux. Nous commençâmes une chaîne de lettres destinée à ralentir la contribution des prisonniers à l'effort de guerre allemand. Le résultat fut une lettre d'une page, adressée aux «soldats et citoyens de France», qui

29- Loin d'être « une tribu parmi les plus primitives », les Chleuhs sont un peuple berbère du Maroc qui donna du fil à retordre à l'armée française dès avant la Première Guerre lors de la campagne de pacification menée par Lyautey. L'habitude fut prise par les officiers et les soldats, dès 1914-1918 de désigner ainsi l'ennemi, avec une forte charge dépréciative. Ceci se raviva lors de la guerre du Rif (1921-1926). Contrairement à ce que semble penser Bennett, « Boche » et « Schleu » ont circulé en France conjointement avec bien d'autres épithètes lors de la Deuxième Guerre. (NdE)

appelait, au nom de la République, tous les Français loyaux à ralentir leur travail de façon à aider à la défaite de l'ennemi de l'Axe.

«Nous avons travaillé suffisamment longtemps pour l'ennemi» disait cette lettre en français. «L'heure vient de sonner pour que nous travaillions pour nous-mêmes, nos familles et notre patrie. Dans quelques semaines les Alliés vont envahir l'Europe et marcher jusqu'à Berlin pour détruire l'Allemagne Nazie. Nous ne devons pas être laissés de côté lors de ce triomphe historique, il en va de notre honneur et de notre fierté nationale. Nous, prisonniers et esclaves de la machine de guerre nazie, devons aider les alliés et nous aider nous-mêmes...»

La lettre exhortait tous ses lecteurs à perdre une heure de travail chaque jour, à traîner en route pour aller travailler, à accumuler des erreurs dans les ateliers, perdre du matériel et feindre d'être malade. «Si chacun d'entre nous assume sa part, notre ennemi sera privé de millions d'heures de travail hebdomadaire». À la fin, nous demandions à chaque lecteur de faire trois copies de la lettre et de les transmettre à d'autres prisonniers de guerre et esclaves du travail. Les lettres étaient signées, «Comité pour Relever l'Honneur de la France». Nous étions attentifs à falsifier notre écriture et à utiliser du papier neuf livré au camp depuis un autre secteur de Berlin.

Quatre cents copies furent écrites la semaine suivante et voyagèrent dans toute la capitale grâce à des prisonniers dignes de confiance. Les premières nouvelles de leur accueil étaient favorables, l'idée se propageait, mais je n'eus pas l'occasion de connaître la suite de l'histoire car huit jours plus tard, j'étais parti pour une nouvelle tentative d'évasion.

Vers la fin-mars, je réussis à quitter le camp par les mêmes moyens qui m'avaient servi dans l'autre camp, en rejoignant un groupe de prisonniers qui partait de bonne heure au travail. Cette fois-ci, je portais un petit sac à dos empli de pain, de saucisses, de deux boîtes de conserve de bœuf et d'une bouteille de vin rouge. J'avais aussi une boussole et un pécule d'argent allemand et français, que j'avais emprunté aux autres détenus en leur promettant de les rembourser après la guerre.

Il n'était pas difficile de me séparer de la colonne à la gare de Lichterfeld Sud, puis de prendre un train après quelques minutes d'attente dans les toilettes pour hommes. Dans une gare au centre de Berlin, je descendis pour prendre un train vers l'ouest et je pris la direction de Potsdam. Jusqu'à présent, tout marchait bien ; j'avais des plans détaillés pour aller de Potsdam à Francfort, et de là, traverser la France pour l'Espagne - et chez moi.

À quelques gares avant ma destination, j'entendis une voix derrière moi : «Vos papiers, s'il vous plaît». Un sergent allemand apparut derrière moi et me tendit la main. Evidemment, il s'était approché depuis l'arrière du wagon pendant que je regardais dans le mauvais sens.

Une douzaine d'idées se présentèrent d'elles-mêmes. J'en choisis une, fouillai ma poche et sortis un dossier rouge sur lequel était imprimé «Licence de Correspondant de Guerre du ministère de la Guerre britannique». Le sergent l'accepta, l'ouvrit à la page de la photo, y jeta un bref coup d'œil, parut disposé à me le rendre avant de poursuivre son chemin. Mais soudain, il fronça les sourcils, il voyait que quelque chose n'allait pas. Il regarda attentivement la photo dans le dossier, me regarda de nouveau - le regard véritablement perplexe - et m'annonça : «Das ist englisch», c'est en anglais. Il parcourut le dossier, examina le sceau britannique sur la couverture, puis dégaina son revolver et m'ordonna de mettre mes mains dans mes poches et de m'éloigner de la porte.

Deux jours plus tard, après un autre interrogatoire et deux nuits dans une cellule de prison au centre de Berlin, je fus accompagné au Stalag Luft I par un sergent et deux simples soldats allemands. Les soldats chantaient des airs d'opéra pendant le voyage de Berlin vers le nord, et je regardais les collines vertes défiler à travers la vitre, par-dessus la tête du sergent.

15

LA MAISON CONSTRUITE AVEC L'ANTI-AÉRIEN

Le Stalag Luft I était situé entre les villes de Stettin et Rostock, en Poméranie, sur la côte baltique de l'Allemagne du nord-est. Sa population, qui avait augmenté jusqu'à atteindre plus de neuf mille détenus à la fin de la guerre, était composée d'aviateurs issus de tous les pays des Alliés[30].

Ces hommes avaient été chargés de mettre en œuvre, au prix de leur vie et de leur liberté, la théorie de la «Victoire par la Puissance Aérienne». En guise de récompense, ils se trouvaient pour l'instant en exil dans une enclave entourée de barbelés, sur le morne rivage

30- Les Anglo-Saxons désignaient souvent les Alliés par le terme de "Nations Unies". Après la création de l'Organisation des Nations Unies (ONU) on préféra parler d'Alliés pour désigner les pays adversaires des forces de l'Axe afin d'éviter la confusion.

d'une mer septentrionale. La communauté allait devenir un des plus grands camps pour gradés de toute l'Europe. Notre souvenir le plus marquant restera la simplicité de notre société.

Les Allemands devraient mériter la palme pour le côté spartiate de notre existence. Ils nous fournissaient le strict nécessaire pour rester en vie. la Croix-Rouge, la YMCA[31] et d'autres organisations de ce type, ainsi que beaucoup d'ingéniosité de la part des prisonniers, nous permirent de tenir au-delà du supportable.

En 1942, Stalag Luft I était un petit camp pour sergents de l'aviation ; fin 1943 il s'était agrandi pour accueillir plus de mille officiers. À partir de ce moment, jusqu'à la fin de la guerre, il était devenu un refuge, en expansion constante, pour des aviateurs qui avaient sauté en parachute ou atterri en catastrophe dans tous les coins du continent. Ce camp ne saurait être qualifié de «havre» que de très loin, car pendant toutes les vacances que nous passâmes sur la Baltique, notre seul objectif était de quitter ce foutu endroit.

Le fait que pendant toute la durée de la guerre un seul homme, un officier de la RAF, ait réussi à s'évader pour rejoindre le territoire allié, donne la mesure de l'efficacité de nos gardiens. Ceci ne veut pas dire que les prisonniers n'essayaient pas de s'évader. Plus de trois

31- Young Men's Christian Association (Association chrétienne de jeunes gens). Association caritative protestante interconfessionnelle fondée à Londres au XIXe siècle puis répandue dans tout le monde anglo-saxon.

cents tentatives de creusement de tunnels furent relevées; il y eut plus de deux cents évasions par tromperie, ainsi qu'un nombre incalculable de tentatives par la ruse.

Les gardiens allemands formaient un bataillon de 900 soldats en patrouille le long des enceintes, qui assuraient le guet depuis les miradors ou qui arpentaient les diverses sections du camp. S'y ajoutait une compagnie de deux cents spécialistes de la fugue, dont l'unique travail était d'anticiper le plus possible les tentatives d'évasion. Deux douzaines de chiens bergers allemands, féroces et bien entraînés, des instruments de sismographie dispersés un peu partout dans le camp (pour détecter le creusement de tunnels) ainsi que tout un assortiment de projecteurs, des milliers de kilomètres de barbelés, des miradors et des postes de guet entouraient le camp, parachevant les défenses. Des mitrailleuses, des mortiers et des grenades lacrymogènes restaient toujours à portée de main des Allemands.

Nous adoptâmes pour nous-mêmes le nom de «kriegies», puisque le mot allemand pour prisonniers de guerre, kriegsgefangenen, était trop malaisé à prononcer pour un gosier anglo-saxon. Nous traitions les Allemands de «goons», crétins, mais ils finirent par comprendre que ce terme ne signifiait pas «officiers ou sous-officiers allemands». Ils l'interdirent comme étant une insulte. Et nous ne manquions pas de vocabulaire injurieux pour désigner le camp.

Notre «chez-nous» mesurait quatre hectares et demi et était divisé en quatre enclos principaux, séparés les uns des autres, sous surveillance et administration individuelle. Un enclos contenait jusqu'à deux mille prisonniers qui vivaient dans de longs baraquements de faible hauteur. Selon le grade, les hommes étaient logés par deux, quatre, quatorze ou vingt-quatre par chambrée. Pour ce qui est de l'hébergement, nos colonels - parmi eux, de nombreux as de l'aviation de chasse avant leur dernière mission au-dessus de l'Allemagne - avaient peu conscience d'être prisonniers, car ils se retrouvaient à deux dans des chambres relativement spacieuses, servis par des sergents d'ordonnance. Les milliers de sous-lieutenants et les centaines de sergents qui séjournèrent dans le Stalag I, en revanche, durent trouver leur cadre moins confortable.

Les Allemands nous fournissaient deux couvertures de l'armée et un drap, qui était changé deux fois par semaine. Les matelas et les oreillers, posés sur des sommiers à lattes, étaient remplis de copeaux grossiers ou de paille. L'ameublement était rudimentaire mais adéquat: une table, des bancs, une ampoule électrique de vingt-cinq watts, un poêle et une livre de charbon par homme par jour. Les sergents étaient privés de draps, mais le lieutenant Leo Olmixon, un volontaire de la RAF, originaire de Long Island à New York, était responsable de la blanchisserie. Avec sa profonde sagesse d'ancien matelot, il trouvait le moyen de leur procurer les mêmes articles qu'aux officiers.

En matière de nourriture, nous recevions la ration de base d'un civil allemand, et lorsque les attaques de bombardiers alliés devenaient plus sévères, nous ne recevions pas toujours notre part entière. Les colis de la Croix-Rouge américaine, payés par l'armée US et emballés par des bénévoles, nous sauvèrent véritablement la vie, comme il a été rapporté plusieurs fois. Ils devaient nous être livrés toutes les semaines, mais ce ne fut pas toujours le cas. Une fois, nous n'en reçûmes aucun pendant deux mois au début de 1945. Les colis alimentaires étaient distribués dès leur arrivée par une équipe de prisonniers, un colis par détenu.

Chacun contenait un gallon (presque quatre litres) de lait en poudre, une livre de viande, une livre de margarine, une demi-livre de sucre, et un assortiment de biscuits, chocolats, sardines, pâtés, fromages, confitures, cigarettes et savon. Des colis similaires arrivaient sporadiquement de Grande-Bretagne et du Canada. La couleur des boîtes de conserves apportait incontestablement un plus à nos vies.

Un système de troc avait été mis en place dans tous les enclos, selon lequel une cigarette valait un point et servait d'unité d'échange. Le lait en poudre valait quatre-vingt points, une livre de margarine cinquante, une demi-livre de sucre soixante, et ces prix fluctuaient selon le marché. La communauté décourageait la spéculation par les prisonniers les plus affairistes. Les échanges avaient lieu tous les jours dans les magasins centraux, et ce système permettait à la fois un régime alimentaire plus varié et de disposer de surplus rapidement accessibles.

La cuisine était gérée depuis les chambres individuelles de deux enclos ; dans les deux autres, des équipes de KP (Kitchen Police) et les cuisiniers travaillaient dur dans le mess avec du matériel de mauvaise qualité pour nous préparer deux ou trois repas par jour, selon la quantité de nourriture disponible. Le labeur de ces hommes, jour après jour pendant de longs mois, témoigne à la fois de leur polyvalence en tant que cuisiniers amateurs et de la bonne volonté qu'ils mettaient à nourrir leurs codétenus du mieux possible.

De bonne heure un matin d'avril 1945 le mess d'un des enclos fut réduit en cendres. Ce fut un spectacle étrange de voir des centaines de prisonniers et des gardiens allemands s'activer ensemble avec des pelles et des lances d'incendie archaïques pour sauver tout ce qu'ils pouvaient des baraquements en flammes. Ce ne fut qu'après la fin de l'incendie que les Allemands se rendirent compte qu'il avait pu être un subterfuge élaboré pour faciliter une évasion - ce qui n'avait pas été le cas - et ils se mirent à rechercher le ou les responsables.

La monotonie, un ennui à vous dessécher l'âme, telle est la condition d'un camp de prisonniers. La moyenne d'âge des aviateurs était de vingt-deux ans. Leur existence antérieure avait été débordante d'activité, peu propice à la passivité ou à la contemplation. Les seuls passe-temps étaient la lecture, le sommeil ou la conversation. Pour des hommes dont la vie postscolaire avait été dédiée presque exclusivement à voler ou à faire la fête, l'existence derrière des barbelés, dans des conditions difficiles, était fastidieuse. La vue des avions école de la Luftwaffe qui exécutaient des acrobaties au-dessus du camp nous rappelait cruellement notre statut. Des regrets, mêlés d'envie, se lisaient clairement dans les yeux des prisonniers.

Pour rompre la monotonie et faire régner de la discipline, les gradés alliés avaient pris sur eux de monter une association, «Aile X» dans le but de contrôler et coordonner les diverses activités des «kriegies». En tant que tentative disciplinaire, Aile X était une farce qui ne faisait rire personne, car elle s'opposait directement aux ordres que les prisonniers avaient reçus avant de s'envoler pour l'Europe : «Si votre avion est abattu, rendez la vie aussi difficile que possible aux Allemands».

De surcroît, la psychologie des prisonniers de guerre s'adaptait difficilement à une discipline militaire stricte. Les saluts, les parades et les inspections régulières empiétaient sur leurs propres activités, destinées à tromper l'ennui. La plupart de ces activités, spontanées, n'était guère compatible avec l'ingérence bien intentionnée mais autoritaire des colonels, eux-mêmes bien jeunes. Aile X finit par être presque aussi cordialement haïe que les Allemands qui nous surveillaient.

La plupart des prisonniers se tourmentaient en pensant à leur famille, à leurs proches, à l'avenir. Ils remâchaient le souvenir de leur dernière mission, de leurs expériences d'avant-camp. Des permissions orgiaques à Londres, Alger, Naples s'embellissaient au fur et à mesure qu'ils les évoquaient. Il y avait une certaine fantaisie dans les conversations des prisonniers, parfois du cafard pur et simple. Ceci expliquait les fréquentes exagérations, les disputes passionnées sur des détails triviaux - et la tristesse persistante des gars.

Les conversations de nuit dans les chambrées bondées, pendant que les jeunes s'endormaient les uns après les autres, tournaient souvent ainsi:

«La DCA était terrible le jour où je l'ai prise dans la gueule au-dessus de Brême... il y avait de la DCA à rayures, de la DCA à pois, de la DCA arc-en-ciel...»

«Garde tes récits d'horreur pour les civils, mon pote. Parlons plutôt des femmes en Angleterre. Tu te souviens des nanas qui avaient monté un campement de caravanes près de la base ? Et les techniciens qui faisaient la queue tous les soirs...»

«C'est rien, ça ! Laisse-moi te parler de San Anton. C'était une ville...»

«Vous savez, un mec a reçu de ses parents hier un drôle de paquet dans un colis. Qu'est-ce qu'ils s'imaginent qu'on fiche ici ?»

«Et un autre type a reçu une plume blanche par la poste[32]. Ils se figurent que nous sommes des lâches parce que nos avions ont été abattus. C'est du pur Hollywood...»

«Laisse-moi te raconter la DCA au-dessus de...»

«La DCA ? Ça me rappelle que nous devons jouer contre les Flak Dodgers[33] pour le championnat de la Ligue demain...»

«Les mecs qui sont mariés, qu'est-ce que vous pensez qu'elles fichent vos femmes en votre absence ? Elles restent chez elles à tricoter ?»

«Je me demande si c'est un garçon ou une fille. Punaise, ce serait bien de recevoir du courrier...»

«Maintenant, si j'étions Eisenhower, j'organiserions un secours aérien pour ce bordel de camp, c'est moi qui vous le dis...»

«Putain, on va moisir jusqu'à Pâques ici.»

«Pâques, de quelle année ?»

«C'est sûr, mais pense aux gars au Japon. Ils y sont depuis plus longtemps et ils vont y rester bien plus longtemps...»

32- Pendant la Première Guerre Mondiale, les jeunes Britanniques qui refusaient de partir au front recevaient de passants dans la rue une plume blanche, signe de lâcheté.

33- Jeu de mots intraduisible : «Flak» désigne la DCA allemande. «Dodge» se traduit par «esquiver». D'où littéralement : «Ceux qui esquivent la DCA». Les Brooklyn Dodgers de New York, équipe de baseball très réputée, fut créée en 1883.

«... je voyais ce salopard d'avion de chasse qui se faufilait vers nous, et ses canons qui pétaient...»

«Ah, ta gueule mec. Si on allait au pieu. J'ai une grosse journée demain. J'ai un cours de français et je dois recoudre mon pull...»

«Je me demande où se trouve la RAF ce soir...»

«Moi, je me demande où se trouve ma nana ce soir...»

Le temps était à la fois le luxe et le fléau de nos vies. Quelques hommes, rendus fous par la monotonie, tentèrent de se suicider, mais deux seulement réussirent. D'autres durent être hospitalisés pour une névrose particulière causée par l'ennui. Mais la plupart des prisonniers parvinrent à s'occuper. Aujourd'hui, avec le recul, ils ont fini par considérer que le temps perdu au Stalag Luft I n'avait pas été si mauvais.

Des trafics et des jeux d'argent occupaient beaucoup de loisirs. Les non-fumeurs revendaient leur allocation de cigarettes pour toute la durée de leur captivité à leurs collègues fumeurs pour cinquante ou soixante-quinze dollars (payables après la guerre). D'autres stockaient leurs cigarettes (cent par semaine dans les colis de la Croix-Rouge) et les vendaient pour des prix qui allaient d'un à cinq dollars le paquet lorsque, vers la fin de la guerre, l'approvisionnement fut coupé. Le chocolat, la confiture, des articles vestimentaires et les montres étaient achetés et vendus, les prix étant fixés d'après les variations extrêmes de la demande du marché.

Plusieurs jeunes particulièrement entreprenants montèrent un service de blanchisserie, baptisé «Sunshine» (Soleil) qui se proposait de laver le linge pour deux dollars par semaine, ou encore cinquante dollars jusqu'à la libération. Malgré tous les loisirs dont ils bénéficiaient, de nombreux prisonniers, qui s'estimaient aviateurs de naissance, ne voulaient pas s'abaisser à une aussi vile besogne que de laver leur linge. Le système fut imité par d'autres groupes. Les travailleurs amassèrent des pécules considérables à base de reconnaissances de dettes pour l'après-guerre.

Des jeux de hasard fleurissaient autant sinon plus que dans n'importe quelle base militaire de chez nous. Certes, il n'y avait pas d'argent liquide, on taillait les dés à la main mais cela n'affectait pas le commerce. Les cigarettes servaient de monnaie d'échange. Plusieurs aviateurs habiles montèrent des casinos qui avaient pignon sur rue. Le plus réussi était le «Casino de Lucky», géré par le lieutenant Lo Presto de Walsenburg au Colorado, qui prit sa retraite au bout de quelques semaines avec un bénéfice de cinq cents paquets de cigarettes. Cela ne voulait pas dire qu'il était obligé de fumer comme un pompier pour venir à bout de ses gains, car il s'en servait comme moyen d'échange pour de la nourriture, des montres et des habits supplémentaires. Souvent, en plus des joueurs kriegies légitimes, plusieurs gardiens allemands, en manque de tabac, assistaient à ces jeux de hasard en plein air, mais ils ne pouvaient pas jouer, faute de pouvoir miser.

Les paris, notamment sur la date présumée de la fin de la guerre, provoquèrent aussi des transferts à grande échelle de richesses par contumace. Le colonel Jean Byerly, originaire de Estes Park au Colorado, qui avait été le plus haut gradé du camp, trouva le moyen de perdre plusieurs milliers de dollars en reconnaissance de dettes, à cause de son optimisme à toute épreuve.

D'une façon plus générale, en matière de divertissement, il y avait un orchestre dans chaque enclos. Le meilleur était le «Round the Benders», les Déjantés, un orchestre swing de onze musiciens sous la baguette du lieutenant Mike Spodar de Cleveland dans l'Ohio, qui avait été trompettiste dans plusieurs orchestres réputés aux USA avant de s'engager dans l'aviation. Tous les instruments provenaient de la Croix-Rouge, mais avant de les recevoir, les musiciens avaient bricolé des trompettes et des saxos avec des boîtes de conserve et noté de mémoire des partitions sur du papier toilette. Plusieurs chorales furent créées, et de véritables talents musicaux se révélèrent chez des hommes qui, selon les Allemands, n'étaient rien d'autre que des aviateurs terroristes et des barbares.

Une équipe d'hommes de scène, de comédiens et de dramaturges donnait beaucoup de leur temps pour alléger la monotonie. Le plus notable était le lieutenant John Coppinger, de Brooklyn, qui avait travaillé dans des théâtres avant-guerre. Il interpréta et mit en scène plusieurs spectacles auxquels nous assistâmes. Il préparait une version en anglais moderne du *Jules César* de Shakespeare, réduite en un acte de quatre-vingt-dix minutes, juste au moment où la guerre se terminait. Les Allemands autorisèrent la projection de plusieurs films qui avaient été envoyés d'Amérique, en passant par la Suisse. Entre les sketches, les comédies musicales, les séances d'écoute de disques et les conférences, nous ne manquions pas de loisirs culturels.

Quant au sport, nous en avions bien suffisamment, ayant reçu du matériel valant plus de trente mille dollars, par les bons soins de la YMCA. Des matchs de baseball, de basket et de football étaient légion lorsque le temps fréquemment inclément de l'Allemagne du nord le permettait. Des ligues furent créées pour définir des championnats par équipes. Les noms attribués aux équipes par les prisonniers soulignaient leurs préoccupations : il y avait les «Draft Dodgers», les «Flak Dodgers», les «Terror Fliegers» et les «Luft Pirates,» les «Wingless Waifs» et les «Moraleless Morons»[34].

Autre passe-temps très répandu : le jardinage. Des semences pour les légumes et les fleurs les plus courants arrivaient à la fois des États-Unis et d'Allemagne. Les

34- «Dodgers», peut aussi signifier tire-au-flanc. Soit donc : les «Insoumis», «Ceux qui se dérobent à la Flak», les «Flieger de la Terreur» [Flieger : pilotes, en allemand], les «Pirates de la Luft(waffe)», les «Enfants Abandonnés sans Ailes» et les «Crétins sans le moral».

«Jardins de la Victoire» des Kriegies couvraient une grande surface, et au printemps et en été notre ordinaire s'améliorait grâce à des récoltes exceptionnelles et fraîches de radis, de carottes, de tomates et d'oignons. Les obstacles principaux à nos ambitions agricoles étaient les chiens policiers allemands qui piétinaient nos jardins toutes les nuits.

Certains inventèrent des loisirs très élaborés. Ainsi des lieutenants Barris et Jellison qui se firent docteurs ès-Aviation entomologique. Ils sélectionnaient des mouches robustes, qui leur paraissaient intelligentes, les endormaient, leur posaient un petit harnais de fil et se livraient à des expériences sur le rapport entre la dimension de l'aile et la charge, ainsi que les performances. Barris en déduisit que «les mouches ont un rapport capacité de charge/dimension de l'aile similaire au P-40, alors que leur aérodynamisme ressemble à celui du B-24. Toutes les mouches disposent d'un train d'atterrissage rétractable. Pour atterrir sur le plafond, elles exécutent un demi-tonneau et parfois font un looping». Jellison ajouta qu'ils avaient essayé de sauter une étape évolutive en attachant une queue aux mouches - un petit triangle en papier - mais que cela avait détruit leur contrôle et leur stabilité.

Les deux docteurs ès mouches avaient voulu apprendre aux insectes à voler en formation, en les attachant ensemble par trois, mais celle du milieu finissait par perdre la tête, au sens littéral du terme. Des mouches de transport, en revanche, soulevaient des poids incroyables. Des planeurs, légèrement plus grands que des timbres-poste, pouvaient s'élever dans les airs grâce à des équipes d'insectes dressés. Le gros problème restait, une fois de plus, le manque de coordination. Peu avant la fin de la guerre, on put calculer que dix mille mouches pourraient transporter un planeur et un prisonnier hors du camp.

Lorsque les souris commencèrent à devenir un problème, des centaines de pièges incroyablement sophistiqués furent construits à travers tout le camp. Les pièges à souris n'ont pas besoin d'être très élaborés pour bien remplir leur office, comme le démontrent les pièges habituels, mais il leur fallait être fantaisistes pour faire passer le temps et satisfaire aux aspirations créatives des kriegies. Il y avait des modèles à guillotine, à marteau, avec cordes de pendaison - tous fabriqués sans aucun outillage, uniquement à partir de débris de bois, de bouts de ficelle et de ferrailles de boîtes de conserve.

Le lieutenant James A. McAvoy, pilote originaire de San Francisco, avait trouvé un autre emploi pour le peuple des souris du camp. Il en attrapa plusieurs, les logea dans une cage, les alimenta avec des tablettes de vitamines, du lait en poudre et d'autres mets de luxe. À un deuxième groupe, il donna à manger ses rations allemandes, juste pour comparer la croissance. Ses camarades de chambrée s'opposèrent à sa ménagerie et il dût finalement cesser ses expériences.

Des tours à bois qui fonctionnaient avec des ceintures et des lacets, furent fabriqués pour fabriquer des jeux d'échecs et de dames de toute première qualité. Une grande réussite fut un poêle kriegie super-chargé avec un taux de chauffage de trente quatre à un, qui, selon les inventeurs, permettait de cuire un repas avec un morceau de charbon de 55 grammes. Les seuls matériaux employés à sa fabrication avaient été des boîtes de conserves vides, des chutes de bois et une paire de bretelles.

Des mixers de lait en poudre, des avions miniatures, des terrains d'aviation, des camps de prisonniers, une DCA, des statuettes, des logis modèles - tout cela était fabriqué par des centaines d'hommes qui travaillaient quasiment sans aucun outil ni manuel, guidés seulement par leur propre ingéniosité. Des plans de maisons pour l'après-guerre, de nouveaux avions et des voitures occupèrent de nombreuses heures de captivité.

Il ne faut pas croire que cette liste impressionnante d'activités ait réussi à dissiper l'ennui. Les barbelés et les gardes allemands étaient toujours présents parmi nous, et ce n'était pas facile pour de jeunes aviateurs de se réconcilier avec une telle existence. Et c'était à nouveau les conversations sur le pays, sur l'aviation, sur les expériences sexuelles passées - souvent imaginaires. Parfois, la nuit une voix plaintive s'élevait des chambrées, par une fenêtre noircie, close par des volets, «Dépêche-toi d'arriver, Ike [Eisenhower]» , «Viens, Joe».

La bibliothèque du camp s'agrandit progressivement jusqu'à contenir plus de dix mille ouvrages. La plupart avaient été envoyés par des organisations charitables en Amérique ou en Suisse, mais des bibliothèques allemandes, ou des colis de livres personnels envoyés aux prisonniers y contribuèrent encore plus. Au début, le lieutenant Marcus Dekle, de Cordele en Géorgie, le bibliothécaire du camp, se plaignit que les prisonniers détournaient les pages des livres à des fins vulgaires, mais le papier toilette fourni par la Croix-Rouge sauva les livres rescapés. Plusieurs jeunes aviateurs étaient passés sans transition du lycée ou de la fac à un camp de prisonniers allemand, et ils se mirent à dévorer des ouvrages de philosophie, d'histoire ou encore les classiques les plus imposants pour parachever leur éducation.

Après des mois de quasi-absence d'accès à la littérature, des livraisons de manuels scolaires se mirent à arriver au camp. Des cours furent dispensés dans les mess et les grandes salles. Un sérieux effort d'auto éducation se développa. Un large éventail de matières devint accessible grâce à des professeurs recrutés parmi les prisonniers: langues vivantes, écoute musicale, techniques de vente et mathématiques de très haut niveau.

Le lieutenant John Burke, un des travailleurs les plus engagés de la communauté et un de ses citoyens les plus talentueux, donnait des cours d'algèbre, de géométrie, de trigonométrie, de calcul différentiel et intégral et de langue allemande, tout en participant à la rédaction d'un journal clandestin pour tout le camp. Dans leur passion d'apprendre, et parfois simplement pour passer le temps, des prisonniers se mirent à étudier l'architecture, la radio et la télévision, les assurances, la banque et les affaires, la gestion du personnel, l'histoire et l'économie, l'art oratoire et la plupart des langues modernes.

Un moral en dents de scie, au gré des nouvelles de la guerre et de l'arrivée du courrier et des colis alimentaires, rendait ces études relativement aléatoires. Les tentatives d'évasion périodiques - couronnées inévitablement par un échec, suivi de deux semaines de réclusion – perturbaient le travail des professeurs et des élèves.

Les services médicaux du Stalag Luft I suffisaient pour pratiquement tous les soins, à l'exception des opérations chirurgicales les plus délicates. Les patrons de l'équipe médicale étaient de brillants médecins britanniques détenus depuis 1940, et dont les compétences et la rigueur morale expliquaient en majeure partie les normes sanitaires très élevées dans le camp. Bien que disposant de très peu de moyens, et que la coopération allemande laissât beaucoup à désirer, ils réussirent à maintenir un niveau de santé inégalé, comparé à la plupart des camps militaires au Royaume-Uni et en Amérique.

Peu avant la fin de la guerre, le médecin-chef, qui avait été médecin à Harley Street avant 1939[35], me raconta qu'en général «les hommes dans ce camp le quitteront en aussi bonne santé ou encore meilleure qu'à leur arrivée. Ils auront perdu un peu de poids... mais les aviateurs ici sont dans l'ensemble en meilleure santé que des civils de leur groupe d'âge». Il est vrai que notre camp pouvait se vanter d'avoir le taux de maladies vénériennes le plus bas au monde, pour une communauté de cette taille...

L'évasion restait l'activité la plus absorbante : longuement planifiée puis, après son exécution, sanctionnée d'une longue réclusion. Un éventail très varié de méthodes fut employé, qui se soldaient invariablement par un échec. Inlassablement les kriegies recommençaient, encore et toujours, malgré les soupçons d'espionnage par d'autres prisonniers ou par des micros cachés dans les murs des baraquements. Ils n'étaient jamais complètement frustrés ni irrémédiablement découragés.

La période estivale, avec sa chaleur énervante, apportait des accalmies dans la cadence des tentatives. D'autres saisons, en revanche, voyaient un effort relativement constant d'émigration illégale dans tous les coins du camp. Un «Comité d'Évasion» fut créé par l'Aile X,

35- Harley Street, rue du centre de Londres, avait la réputation depuis le XIXe siècle de compter les médecins les plus prestigieux.

mais son seul effet fut de formaliser le jeu, réduisant ainsi les chances de réussite des Kriegies.

Les tunnels restaient le moyen préféré. Creuser un tunnel demandait aussi beaucoup d'efforts, et, du fait de la récente invention du sismographe, complètement sans espoir. La terre déblayée était évacuée par la chasse d'eau des toilettes, ou encore répartie sous les planchers, dans les casiers ou dans les matelas. La ventilation pour les équipes des deux hommes chargés de creuser était fournie par des machines à la Rube Golberg[36]: des chaînes de boîtes de conserve et des pompes à air faites main. Le travail pouvait durer un mois et certains tunnels s'étendre jusqu'à environ quatre-vingt mètres avant de remonter à la surface.

Il régnait une sécurité très stricte. Nos propres gardiens étaient postés partout pour garder un œil sur les «crétins de surveillants ». Le mot «tunnel» était interdit. Mais chaque fois que des prisonniers rampaient sous terre pour atteindre l'extérieur du camp, les poches alourdies de tablettes de chocolat et de corned-beef stockés pendant des semaines, ce n'était que pour déboucher sur la triste réalité des gardes allemands qui les mettaient en joue à la sortie pour les mener à la cellule de réclusion.

On recourait bien sûr fréquemment à la ruse et à la mystification. Ce qui valait au coupable une semaine

36- Rube Golberg, auteur américain de bandes dessinées, s'était spécialisé en machines fantaisistes qui réalisaient des opérations simples de façon la plus complexe possible, employant souvent des réactions en chaîne de type domino

de réclusion supplémentaire pour «insulte à l'honneur allemand». Certains prisonniers essayèrent de sortir, dissimulés dans la benne à ordures, d'autres cousaient des sacs de patates et des morceaux de ferraille sur leurs vêtements pour se faire passer pour des déchets. D'autres encore se confectionnaient des uniformes allemands avec des bouts de tissu de couleur, des revolvers en bois, puis tentèrent de sortir par le portail principal, au nez et à la barbe des gardiens.

Bolton, mon pilote, était arrivé avant moi au Stalag Luft I. Avec un autre pilote britannique nous tentâmes de quitter le camp de nuit, l'un de nous sur une civière à feindre une violente maladie. Le garde ne se laissa pas abuser.

Parmi les rares détenus qui purent s'échapper du camp, pour se faire rattraper quelques jours ou quelques semaines plus tard quelque part en Allemagne, la plupart avaient réussi tout simplement en escaladant au crépuscule une section moins surveillée de l'enceinte. Ceux qui atteignirent la campagne environnante s'en sortaient très mal lors de leur retour, car ils étaient enfermés dans des geôles de la Gestapo, lourdement interrogés, parfois brutalisés par la population civile. Aussi incroyable que cela puisse paraître, ils étaient toujours heureux d'être de retour dans la sécurité relative de notre communauté kriegie.

En octobre 1944 l'évasion «cessa d'être un sport», selon l'expression d'une annonce officielle allemande placardée dans chaque baraquement du camp. En caractères de couleurs vives noire et rouge, l'affiche proclamait :

«À TOUS LES PRISONNIERS DE GUERRE.

S'évader d'un camp de prisonniers n'est plus un sport. L'Allemagne s'est toujours conformée à la Convention de la Haye et n'a puni les prisonniers de guerre repris qu'avec des châtiments disciplinaires mineurs.

Mais l'Angleterre, parallèlement aux combats menés selon les règles sur le front, a instauré une guerre illégale dans des zones de non-combattants, sous la forme de commandos-gangsters, de bandits-terroristes et de troupes de sabotage. En atteste un ouvrage militaire anglais que nous nous sommes procurés, titré Manuel de la Guerre moderne irrégulière, où il est écrit 'L'époque où nous pouvions pratiquer les règles sportives est révolue. Pour l'instant, chaque soldat doit être un gangster potentiel...»

Comme, selon les Allemands, les règles internationales de guerre avaient ainsi été abrogées, poursuivait l'affiche, l'Allemagne, par rétorsion, devait interdire toute évasion des camps, sous peine de mort.

«Avertissement urgent contre toute future tentative d'évasion !

«Vos chances de rester en vie sont presque nulles !

«S'évader d'un camp de prisonniers a cessé d'être un sport !»

La réaction des détenus fut de dessiner à la craie des graffitis en forme de V, de barbouiller sur les affiches «Achetez des obligations de guerre» et «Dépêche-toi d'arriver, Ike «. Les tentatives d'évasion, même manquées, ne cessèrent pas pour autant. Et personne ne fut tué.

16

POW WOW

La nourriture, le courrier et les nouvelles de la guerre maintenaient le moral des kriegies. La quantité des deux premiers et la qualité des troisièmes contribuaient fortement à notre esprit collectif.

Les prisonniers avaient le droit d'envoyer trois lettres et quatre cartes postales par mois. Ce courrier était scruté par l'Aile X pour empêcher les informations de parvenir aux Nazis car les Allemands étaient à la recherche de bribes de nouvelles et d'opinions à des fins de propagande. Mais il fallait tenir compte aussi de la censure aux Etats-Unis et en Grande-Bretagne. Le courrier aux familles était habituellement très peu inspiré, du fait de sa nature publique, et en partie parce que les nouvelles de la vie en camp de prisonniers se ressemblaient toutes. De surcroît, une lettre envoyée depuis le

Stalag mettait d'habitude de trois à cinq mois pour arriver à New-York.

Le courrier reçu contenait en revanche des extraits de choix. Un sergent pilote de la RAF reçut la lettre suivante de sa femme à Liverpool : «Chéri, je vis avec un soldat de deuxième classe depuis que tu es parti. S'il te plaît, ne me coupe pas les vivres, il ne gagne pas autant que toi...». Ce qui valait bien la mauvaise nouvelle reçue par le lieutenant J.M. de sa femme new-yorkaise: «James, je serai heureuse quand tu reviendras à la maison, pour que je puisse obtenir le divorce. Je vis avec un capitaine d'infanterie depuis quelque temps. Il est vraiment chouette...». Un aviateur canadien, dont l'avion avait été abattu dix-huit mois auparavant, reçut le mot suivant : «Cher Harry, j'espère que tu es large d'esprit. Je viens d'avoir un bébé... C'est un homme tellement gentil... Il t'envoie quelques cigarettes.»

Un autre officier de l'aviation canadienne reçut une lettre de l'Ontario lui disant: «Cher John, j'ai donné tes crosses de golf à un colonel allemand qui est prisonnier de guerre dans un camp voisin. J'espère que ça ne te dérange pas». Pas convaincu, John répondit à sa femme de reprendre ses crosses et de ne rien donner à ces fichus Allemands. Il apprit par la suite que son club l'avait suspendu pour ne pas s'être comporté en gentleman. Quant au capitaine R.A.L. qui avait remercié sa femme de l'envoi d'un pull-over envoyé par le biais de la Croix-Rouge, il reçut la réponse suivante. «Je suis désolée que ce soit un prisonnier qui ait reçu le pull que j'ai tricoté. Je l'avais fait pour un combattant...»

Plusieurs lettres donnaient l'impression que le service publicitaire de la Croix-Rouge prenait des libertés dans les informations communiquées sur la vie des camps. Des mères faisaient part de leur bonheur d'apprendre «que tu rejoues au golf» ou que «tu peux aller à l'école pour apprendre un métier», ou encore, «je ne t'enverrai plus de colis puisqu'il paraît que tu peux aller faire des courses en ville». Certaines lettres allaient jusqu'à prétendre que la vie dans un camp de prisonniers n'était rien d'autre que de grandioses congés payés, avec toutes les commodités d'un club de luxe. Ces lettres ne faisaient rien pour remonter le moral, même si de nombreux jeunes s'estimaient mieux lotis qu'ils ne l'étaient en réalité.

Les plus pathétiques étaient les garçons qui guettaient chaque courrier avec anxiété, dans l'attente de nouvelles de leur progéniture, née pendant que le papa était prisonnier en Allemagne. Dans un baraquement de cent trente aviateurs, au moins quatorze d'entre eux se faisaient du mauvais sang pour la naissance de leur enfant pendant leur séjour au Stalag Luft I.

Des codes complexes, convenus à l'avance, étaient utilisés par les prisonniers pour communiquer avec le ministère britannique de l'aviation et le département américain de la guerre. Des instructions et des conseils nous étaient envoyés dans une forme à l'apparence anodine par les renseignements militaires d'Angleterre et des Etats-Unis. Malheureusement les Allemands comprirent le système et interceptèrent de nombreuses lettres.

Des colis personnels arrivaient périodiquement de la famille - bien que la livraison nécessitât entre quatre et neuf mois. Le gouvernement américain encourageait l'envoi de plus de cartouches de cigarettes qu'il n'était nécessaire, car la grande valeur d'une simple cigarette comme pot-de-vin en Allemagne était bien connue. Des colis de livres et de vêtements étaient également livrés. En général il y eut très peu de cas de pillage lors du transit par la Suisse dans les trains de marchandises allemands.

Aucun alcool, en revanche, n'était autorisé dans le camp - pourtant nous rêvions de colis de whisky déshydraté. Aussi les aviateurs les plus débrouillards montèrent-ils leurs propres distilleries avec des bouts de tuyau et des boîtes de conserves vides. Les productions kriegies étaient habituellement élaborées à partir de fermentations de prunes, de raisins ou de pommes de terre. Les mixtures qui en résultaient, bien qu'appréciées par les prisonniers les plus soiffards, ressemblaient peu à l'ambroisie de l'Olympe. Des unités allemandes faisaient souvent brusquement irruption dans les baraquements, à la recherche de tunnels, de caches d'outils pour l'évasion ou de distilleries. Ils confisquaient les alambics, verboten.

Noël dans un camp de prisonniers n'était pas tout à fait comme Noël en famille. La nostalgie atteignait un pic lorsque des vents froids du nord créaient des congères autour des baraquements ou lorsque les rations de charbon ne suffisaient pas pour empêcher le gel dans les chambres. Mais même l'exil derrière les barbelés n'arrivait pas à contenir l'esprit festif des prisonniers. Les aviateurs décoraient les chambres avec des morceaux de papier et de ferraille, fabriquaient des arbres de Noël et préparaient un repas avec des colis spéciaux de la Croix-Rouge.

Un arbre de Noël symbolique, complètement ersatz, fut fabriqué avec un manche à balai comme tronc et une bûche comme base. Des bandes de ferraille découpées dans des boîtes de lait concentré furent fixées par une extrémité au tronc et formaient des arcs pour servir de branches. Des longueurs de papier toilette découpées soigneusement en forme de cône furent accrochées pour simuler des feuilles. Des rubans de cellophane découpés sur des paquets de cigarettes furent disposés en guirlandes. Des emballages multicolores de savon, des étiquettes de conserves et des couvertures de carnets de notes furent méticuleusement découpées pour faire des décorations. De la peinture à l'eau donnée par la Croix-Rouge, appliquée avec des pinceaux faits de nos cheveux, servit à colorier d'autres feuilles de papier, collées avec de la pâte de farine d'orge, afin de servir d'ornements. Du papier déchiqueté donna de la «neige». Ce modèle fut reproduit, avec des variations, dans tout le camp, et presque toutes les chambrées eurent leur arbre de Noël.

Le prêtre Charles R. Charleton, aumônier catholique de l'armée anglaise, fait prisonnier à Dunkerque en 1940, célébra la messe de minuit dans un des mess du camp. Près de deux mille aviateurs s'assemblèrent depuis les baraquements, et les chorales réunies furent accompagnées par un petit orgue portable de la YMCA. Ce fut la première Messe des Anges célébrée dans un camp de prisonniers allemand. Une cérémonie impressionnante.

Au printemps 1945, quand la situation de l'Allemagne devint plus que critique, Max Schmeling[37] rendit une visite de propagande à notre communauté. À son arrivée dans le camp, l'ancien champion du monde de boxe, costaud et affable, fut assailli par une meute de kriegies qui lui demandaient des autographes.

Sa femme, disait-il, avait été évacuée de Berlin vers une ville voisine[38]. « Je souhaitais donc visiter mes amis

37- Max Schmeling (1905-2005) fut champion de boxe poids lourd de 1930 à 1932. Souvent opposé à des boxeurs américains, il était populaire aux Etats-Unis. Parachutiste dans la Luftwaffe, non seulement il ne cautionna pas le nazisme, malgré son amitié avec la famille Goebbels, mais il sauva deux enfants juifs. Après la guerre, il occupa un poste important à Coca Cola Europe.

38- La star du cinéma allemand Anny Ondra (1902-1987) qui tourna également avant-guerre avec le jeune Hitchcock. On dit qu'elle fut le modèle des

américains pendant que j'étais dans le coin». Les colonels de l'Aile X voulurent se le garder pour eux, mais le kriegie de base ne voulut pas en entendre parler, et si Schmeling avait préparé un discours de propagande, il n'eut pas l'occasion de le prononcer. L'accueil exubérant qu'il reçut ne lui en laissa guère le temps.

Il raconta qu'il avait été blessé à la jambe droite et avait souffert de fractures dans le dos lors de son service en Crète en tant que sergent parachutiste en 1940. Pendant un an et demi, avant de nous rendre visite, il avait été transféré d'un hôpital à un autre en convalescence. Désormais il était de retour à la vie civile, en tant que gérant d'un petit restaurant dans le centre de l'Allemagne, «s'il n'a pas encore été bombardé». Il parlait un anglais un peu haché mais amical, souriant comme un écolier embarrassé. Seul avec nous, il reconnut que l'Allemagne était pratiquement finie.

Une semaine plus tard, les imprimeries de Berlin diffusèrent une curieuse invitation à trahir. Des milliers de circulaires nous parvinrent au camp, nous exhortant de façon ridicule à nous porter sur le Front de l'Est, alors en plein effondrement. Si nous prenions un fusil pour la défense de l'Europe contre le « bolchevisme rouge», on promettait de nous relâcher pour rentrer librement chez nous «à la fin de l'offensive en cours». Personne

« blondes hitchcockiennes ».

n'accepta. Nous étions mi-avril. Trois semaines après, l'Allemagne était détruite.

Le Stalag Luft I publiait Pow Wow, le principal quotidien clandestin d'Allemagne[39]. Il put s'enorgueillir, au meilleur de sa carrière, d'éditions en trois langues et d'une diffusion dans sept camps de prisonniers. Son en-tête proclamait, de manière peut-être un peu exagérée : «Le seul journal véridique en Allemagne».

Les Allemands n'aimaient pas Pow Wow. Ils tentèrent vigoureusement de l'éliminer, mais entre mars 1944 et mai 1945, ils ne purent empêcher la parution d'aucun numéro. Ce journal servait à un besoin continu et vital des kriegies: la nécessité urgente de rester informés de ce qu'il se passait au-delà de leur isolement derrière les barbelés.

Les principaux rédacteurs et compositeurs étaient les lieutenants Parker, Austin, Gallagher et Burke. Ils étaient originaires des États de Californie, New York, New Jersey et Massachusetts. Austin avait été reporter, Gallagher contremaître en usine, et Burke ingénieur métallurgiste.

Pow Wow paraissait sur les deux faces d'une grande feuille de papier à lettres. Il était imprimé et reproduit avec du papier carbone sur une machine à écrire suédoise

39- Jeu de mots sur le terme Pow-wow, qui désigne un rassemblement traditionnel chez les Amérindiens, et le sigle POW (Prisoner Of War: prisonnier de guerre).

cabossée. On le diffusait tous les soirs à travers le camp. Quant il ne restait plus de carbone, de nouveaux stocks étaient constitués en enfumant des feuilles de papier au-dessus de lampes, puis en les enduisant de kérosène de contrebande. Les lampes étaient elles-mêmes des boîtes de conserve de margarine bouillie, avec une mèche fabriquée à partir d'une bande de bride de ceinture.

Les nouvelles venaient de quatre sources principales : les journaux et les magazines allemands qui arrivaient au camp, les haut-parleurs qui diffusaient les communiqués de guerre nazis, et les prisonniers juste arrivés, porteurs de nouvelles fraîches du pays. La quatrième source était un minuscule poste radio, en partie fait main, et en partie introduit en fraude dans le camp par des gardes soudoyés, puis caché dans le mur d'un des baraquements.

Les lieutenants Burke et Tiffany (ce dernier, originaire de Syracuse, New York) lisaient à longueur de journée tous les périodiques allemands disponibles dans le camp, traduisaient des milliers de mots, factuels ou de propagande, les analysaient attentivement, et ensuite les condensaient pour les présenter tous les soirs dans les quatre colonnes emplies d'actualités de Pow Wow.

Notre radio dissimulée était la meilleure source d'information. Elle captait tous les soirs, avec suffisamment de force, une émission de la BBC venue de Londres. Le récepteur était fabriqué à la main par des opérateurs radio incarcérés. Les tubes miniatures étaient achetés aux gardes allemands, en échange de plusieurs centaines de cigarettes chacun. Seuls deux points presque invisibles sur le mur signalaient l'emplacement secret de la radio. En réunissant les deux points par une courte section de fil, le poste s'allumait automatiquement sur la bonne longueur d'onde, et nous pouvions entendre sonner les cloches de Big Ben, qui annonçaient le journal du soir.

Les informations étaient sténographiées, transcrites sur des feuilles de papier toilette qui étaient ensuite roulées en liasse et portées jusqu'à la rédaction, dissimulées dans un bracelet-montre évidé. Les nouvelles de la BBC, celles des radios allemandes et les traductions d'articles de journaux étaient éditées pour la mise en page du jour.

Les informations de Pow Wow n'étaient pas des informations caduques. Le premier bulletin sur le débarquement de Normandie circula vingt minutes avant la mise en vente des éditions spéciales à New York. Moins d'une heure après la libération de Paris, la grande nouvelle faisait la Une de notre journal. En maintes occasions, Pow Wow précédait la presse américaine pour ses informations de guerre, grâce à la variété de ses sources.

Le jeune lieutenant Raymond A. Parker, dont l'expérience journalistique s'était bornée à être coursier au journal Examiner de San Francisco - devenu navigateur dans un B-24 - fit preuve d'un talent remarquable en tant que rédacteur en chef. Le poste exigeait beaucoup de travail, le maximum d'objectivité possible - au grand dam parfois d'Aile X, tout autant que des Allemands - et des nerfs d'acier. Toutefois les abonnés kriegies disposaient de tellement de loisirs qu'ils étaient des lecteurs perspicaces. Ils exigeaient de la variété dans le style et dans le contenu, de la rapidité et des informations condensées et complètes, ce qui aurait mis à dure épreuve les journalistes les plus expérimentés. Mais grâce à Parker et à son équipe, les kriegies furent globalement satisfaits.

Les Allemands surveillaient Pow Wow sans relâche, tentant fréquemment d'en empêcher la parution. Souvent, après minuit, un groupe de gardiens faisait irruption dans les baraquements, en vidait les occupants. Ils fouillaient les murs, les planchers, les matelas et les meubles à la recherche du poste radio. Parfois, des sbires venaient fouiner en pleine publication. Les rédacteurs tentaient alors presque frénétiquement de soustraire les papiers et le matériel ad hoc à des regards indiscrets. A deux occasions seulement, des exemplaires de Pow Wow tombèrent entre des mains ennemies sans que cela mît fin à la presse clandestine.

Une édition russe fut publiée, basée sur l'originale, par le lieutenant John Durakov, de San Francisco. Les trente-cinq aviateurs soviétiques qui se trouvaient dans le camp purent ainsi communiquer leurs propres informations aux autres prisons russes du voisinage. Une édition française parut aussi pendant un certain temps, mais la version en langue américaine demeura la colonne vertébrale de l'entreprise.

Pendant plusieurs mois, l'équipe de Parker réussit, de plus, à sortir toutes les semaines un supplément dominical, huit pages résumant l'actualité, des articles de fond, des contributions et des analyses. Le capitaine Donald Ross, de Los Angeles, un as de l'aviation de chasse, publia dans cette page hebdomadaire une bande dessinée , appelée «Klim Kriegie», une parodie des aspects les plus drôles de la vie dans les camps. Parmi d'autres articles se trouvaient des analyses de la propagande allemande, de la propagande alliée et de la réglementation du camp.

La rédaction mit aussi au point un sondage hebdomadaire effectué par des représentants de Pow Wow auprès des détenus sur des sujets d'actualité. À la mi-juillet 1944, les prisonniers estimaient que septembre serait le mois le plus probable pour la fin de la guerre en Europe. À peine quinze jours plus tard, l'optimisme monta en flèche : août 1944 devint la date la plus vraisemblable pour la victoire. Les percées en Normandie avaient déclenché autant d'optimisme inconsidéré dans le Stalag qu'aux Etats-Unis.

À la question «Seriez-vous volontaire pour la guerre dans le Pacifique ?» 25 % répondirent emphatiquement «oui » ; 50% répondirent tout aussi emphatiquement «non». 25% étaient indécis.

Paulette Godard et Lana Turner furent presque à égalité pour la question «Quel serait votre choix comme compagne non-platonique pendant une semaine au Stalag ?» Dans un autre sondage, 96% des kriegies tombaient d'accord sur une formation militaire obligatoire dans une Amérique d'après-guerre. S'agissant des élections nationales Roosevelt reçut dix fois plus de voix que son rival Dewey[40].

Un poème léger parut dans le supplément dominical sous la plume du rédacteur en chef Raymond Parker. Il contribua pour beaucoup au moral des hommes. Je le cite ci-dessous, car il éclaire un autre aspect de la mentalité kriegie.

Si tu trouves le temps long, si tu es de mauvaise humeur,
Et que tu te plains tout le temps de ce camp de malheur,
(Mais c'est douze dollars par jour pour un sous-lieutenant,
Tu perds la boule si tu y restes trop longtemps),
Pense à l'étranger, à ce Boche sans ami,
À qui il ne reste plus rien dans sa pauvre vie,
Que de se demander qui envahira le Reich en premier,
Et lui imposera une vie qu'il ne pourra supporter.
Lorsque tu partiras, ce sera pour rentrer chez toi,
Où le niveau de vie est élevé, et le dollar est roi.
Mais le Boche ? Le pauvre Boche sans ami,
N'aura plus devant lui qu'une misérable vie,
Pleine de soucis, menant droit à l'hystérie,
Car qui veut aller vivre dans la lointaine Sibérie ?

40- Le 7 novembre 1944, le démocrate Franklin D. Roosevelt fut largement élu pour un quatrième mandat contre le gouverneur républicain de New York, Thomas Dewey. Roosevelt mourut le 12 avril 1945.

Et toi ? Tu auras une Ford V-huit,
Ou même une Buick toute neuve, comme tu le mérites,
Avec radio, hard-top et plaques chromées,
c'est ça ta réussite,
Alors que le Boche, ce pauvre couillon de perdant,
Devra se rendre à son travail en pédalant,
Trop heureux s'il lui reste encore une maison,
(Lui dont les voisins sont partis dans une explosion).
Ta situation, il est vrai, n'est pas très exemplaire,
Mais grâce à l'Oncle Sam,
l'état de kriegie n'est que temporaire.
Bientôt tu vas pouvoir reprendre ta route
Car le jour est venu où le Reich est kaput.
Adresse-toi au Schleu de ton voisinage :
« Tu veux emménager ? Eh bien moi, je déménage ».

17

LA LIBÉRATION DU 1er MAI

La libération est une expérience épuisante ; un système nerveux normal ne pourrait guère le supporter plus d'une fois dans une vie. Des mois, des années d'accumulation d'énergie, d'enthousiasme et d'attentes se concentraient comme lors d'un raid aérien. L'aventure fut telle que personne parmi les neuf mille prisonniers du Stalag Luft I ne l'oubliera jamais.

Bien que nous suivions attentivement la guerre, en repérant jour après jour les changements militaires selon les communiqués allemands et les émissions nocturnes de la BBC, ses développements se bousculaient de plus en plus à l'approche de la fin avril 1945. La première certitude que nous eûmes que la fin était proche arriva un après-midi à la radio allemande.

Le communiqué était habituellement diffusé à treize heures, précédé et suivi par de courts interludes de musique martiale. Mais ce jour-là, le 27 avril 1945, le communiqué arriva très en retard. Entre treize heures et quinze heures, la radio ne diffusait que la musique solennelle et pesante de l'Ouverture du *Tannhäuser.* Nous savions qu'une nouvelle importante allait tomber ; c'était l'un des opéras préférés d'Hitler, et le chœur des Pèlerins, son passage favori. Ses accords lourds et dramatiques résonnaient funestement à travers les baraquements pleins de monde.

Enfin à quinze heures et quart un speaker interrompit la musique pour lire le communiqué du Haut Commandement: «Der Oberkommando der Wehrmacht gibt bekannt», le Haut-Commandement annonce...débuta-t-il lentement. «...La bataille colossale de l'Europe contre les hordes bolcheviques fait rage aujourd'hui à Berlin. Des groupes de combat de l'Armée Rouge ont enfoncé les défenses extérieures de notre capitale et attaquent le centre-ville. Les défenseurs de Berlin se battent avec un courage incomparable... le destin de toute l'Europe est en jeu».

Quatre jours plus tard, c'était la chute de Berlin. La majeure partie de l'Allemagne de l'Est, la Poméranie et le Stalag Luft I furent envahis par les «hordes bolcheviques».

Le 24 avril, Heinrich Himmler, ministre de la Défense et chef de la Gestapo, était arrivé avec une équipe réduite dans le village de Zingst, à dix kilomètres de notre camp. Il avait voyagé sur un avion de ligne français depuis Berlin, et à Zingst, il devait rencontrer des émissaires des Alliés pour discuter des conditions de paix. Comme il n'avait proposé de livrer l'Allemagne qu'aux alliés occidentaux, il fut écarté. Devenu simple réfugié, il s'enfuit vers le Danemark et fut pris par des soldats britanniques trois semaines plus tard. [41]

Lors de son passage à Zingst, un mois avant son arrestation, je sollicitai une interview avec lui, par l'intermédiaire du commandant allemand de notre camp. Il fit répondre qu'il n'avait ni le temps ni l'envie d'être interrogé à ce moment-là.

Le 27 avril, nous apprîmes que la ville de Stettin, à cent kilomètres à l'est, dernier bastion en Poméranie, était tombée aux mains de l'Armée Rouge. La deuxième Armée Russe frappa alors vers l'ouest, détruisant une résistance allemande dispersée, avec une violence de tsunami, pour effectuer la jonction avec les Britanniques près de Wismar.

Le 29 avril, les autorités allemandes autorisèrent la construction de tranchées dans l'enceinte du camp. Elles furent creusées en six heures, avec des boîtes de conserve, des pelles cassées et des bâtons, et à midi ce jour-là, dix mille petites tranchées sillonnaient le camp.

41- Himmler fut arrêté à un barrage par d'anciens prisonniers de guerre soviétiques, puis livré aux autorités anglaises . Il se suicida le 23 mai 1945, lors de l'interrogatoire destiné à établir son identité (NDT)

Bien que novices en combat terrestre, les kriegies de l'aviation creusèrent leurs trous comme des vétérans.

Le lendemain, le QG assiégé d'Hitler à Berlin trouva le temps de donner l'ordre que le Stalag Luft I soit immédiatement évacué vers l'ouest. Un colonel au QG d'Himmler annula l'arrêté et ordonna que le personnel du camp s'évacue par lui-même, en laissant les prisonniers sur place. À la tombée de la nuit, le camp n'était pratiquement plus gardé. Seuls demeuraient quelques interprètes, des préposées à la censure et des gardes, des grands-pères trop âgés pour se risquer à un voyage hasardeux.

L'Aile X s'était préparée pour cette situation d'urgence depuis longtemps et se mit tout de suite en action. Les miradors du camp furent occupés par des équipes de mitrailleurs des bombardiers Fortress et Liberator. Des hommes armés de matraques et de couteaux furent répartis en piquets sur une large zone autour de la base, pour empêcher des échauffourées et déjouer des tentatives de pillage de la part d'habitants de la région. Notre QG s'installa dans les quartiers abandonnés de la Kommandantur allemande.

À l'approche de l'aube du 1er mai, des patrouilles d'anciens prisonniers acceptèrent la reddition des villes locales de Barth, Prerot et Zingst. Les armes et les véhicules furent rassemblés pour constituer une armurerie et un parc automobile. Des groupes furent organisés pour récupérer de quoi boire et manger.

Pendant ce temps des équipes de mécanos s'emparèrent du terrain d'aviation de la Luftwaffe à cinq kilomètres du camp. Six avions furent retrouvés intacts et quatorze autres à peine endommagés. Plusieurs milliers de litres de carburant de haute qualité et tout un ensemble d'équipements pour aérodrome furent saisis à des Allemands déconcertés et peu agressifs. Les mécanos se mirent à déblayer les mines des pistes d'atterrissage et à préparer le terrain pour permettre une évacuation aérienne.

Des techniciens radio polyvalents bricolèrent un transmetteur dans le camp et se mirent à envoyer des signaux pour établir le contact avec les Britanniques et les Russes et les informer de notre présence. Les récepteurs arrivaient à capter des signaux entre chars des deux nationalités, mais le transmetteur manquait de puissance pour passer des appels au secours. Simultanément, une équipe de téléphonie répara le standard du camp, et se mit à donner des coups de fil vers l'est, dans l'espoir qu'un soldat russe y réponde. Le lieutenant John Durakov s'installa près du téléphone pour pouvoir parlementer en russe. Mais le standard téléphonique à Barth devait être tenu par une bouffonne qui de toute évidence n'appréciait ni la mort de son pays ni l'aspect critique de notre situation.

«Appelez le commissariat de police et la maison du maire à Stralsund», demanda notre opérateur.

«Non», répliqua-t-elle en boutade, «Des ailes ont poussé au chef de la police et le maire a avalé du poison».

Une tentative de pillage par des Allemands et des prisonniers libérés interrompit toutes les autres activités. Des milliers de nos colis de la Croix-Rouge étaient stockés dans un centre d'apprentissage de la DCA voisine qui avait été en partie détruit la veille lors de démolitions du style terre brûlée, et les citoyens de Barth avaient entendu des rumeurs selon lesquelles il y aurait abondance de nourriture. Deux mille colis furent perdus avant que nous puissions établir un cordon de sentinelles, mais il n'y eut aucune effusion de sang lorsque les pillards furent dispersés.

La plupart des kriegies étaient encore emprisonnés. L'Aile X imposa une discipline à l'intérieur du camp au moins égale à celle des Allemands. Des appels furent faits périodiquement afin de vérifier qu'il n'y ait pas de «déserteurs», et nos propres gardes furent postés aux portails pour empêcher les kriegies en liesse de rentrer chez eux à titre individuel.

Des Allemandes venaient des villes voisines jusqu'aux grillages quémander de la nourriture et s'offraient en échange d'un refuge temporaire contre l'arrivée des Russes, dont elles avaient très peur, grâce à la propagande persistante de Goebbels et une marée montante de rumeurs. Quelques-unes s'introduisirent dans le camp, mais les équipes de recherche les firent sortir. Plusieurs d'entre elles, devenues frénétiques devant le désastre qui était tombé sur leur pays et sur leurs foyers, se suicidèrent près du camp. Deux femmes abattirent leurs enfants puis retournèrent leurs armes contre elles-mêmes.

Cinq Allemandes chargées de la censure qui s'étaient liées d'amitié avec les kriegies en leur fournissant des informations et des tubes radio furent abritées dans l'hôpital par l'aumônier du camp. Il s'agissait de cinq jeunes femmes terrifiées, originaires d'Allemagne occidentale et qui avaient une peur mortelle des Russes. Elles furent vêtues d'uniformes, elles dissimulèrent leurs cheveux sous des casquettes de kriegie et firent de leur mieux pour cacher leur féminité sous des tuniques étroitement serrées.

Un poste à ondes courtes fut réparé. Pour la première fois, la BBC de Londres fut retransmise à travers tout le camp. Les kriegies, qui avaient attendu ce jour magnifique durant de longs mois et des années entières, furent submergés par l'émotion, en délire à la perspective de bientôt pouvoir rentrer chez eux, et enragés que l'Aile X les maintienne encore derrière des barbelés. Le colonel Zemke, Commandant de l'Aile X, et son état-major d'une centaine d'officiers de haut rang, occupaient la Kommandatur, fixaient d'un air compassé des cartes et des tableaux, tenaient des conférences et diffusaient périodiquement des annonces futiles par haut-parleurs.

L'après-midi, des petites patrouilles furent envoyées vers le sud-est pour effectuer une jonction avec l'avance russe. C'était une tâche dangereuse ; les Russes avaient notoirement la gâchette facile, mais les volontaires ne manquaient pas. Le commandant Braithwaite, un parachutiste sud-africain qui avait été fait prisonnier en Italie en 1940, et le sergent d'aviation Korson, de Londres, furent retenus.

Ils foncèrent dans une voiture allemande réquisitionnée sur quarante kilomètres vers le sud-est avec un seul ordre : «Trouvez l'Oncle Joe»[42]. Ils se frayèrent un chemin à travers des milliers de réfugiés, devant des maisons ornées de drapeaux blanc et rouge, défiant un prétendu ordre soviétique qui était tout aussi bref et catégorique que le leur : «Que personne ne bouge. Tous ceux qui bougent seront abattus à vue».

Tout l'après-midi, ils roulèrent à tombeau ouvert le long de la grande route pour Stettin. Personne ne savait où se trouvaient les Russes. La BBC était dans le flou. L'information la plus précise que Londres pouvait proposer était : «Ils déferlent à travers la Poméranie et le Mecklembourg», et les témoignages de réfugiés n'avaient aucune valeur.

À vingt heures, notre propre jonction historique eut lieu. Brathwaite et Korson durent abandonner leur véhicule en panne pour continuer à pied. Soudain ils

42- Joseph Staline

tombèrent sur «l'Oncle Joe», ou plutôt l'un de ses ambassadeurs. Un gars trapu, avec une allure de voyou, surgit de derrière un buisson en brandissant tout une panoplie d'armes létales et une cacophonie de menaces slaves.

«Amerikanski, Angliski», hurlèrent nos éclaireurs.

Toutes affaires cessantes, ils furent menés au trot auprès de l'officier russe le plus proche. C'était à nouveau Marco Polo. L'Orient rencontre l'Occident ; il y eut des étreintes, des tapes sur le dos, des embrassades sur les joues. Puis ils embarquèrent l'officier pour le ramener au camp.

Il s'agissait du premier lieutenant d'infanterie Nikolaï Karmytoff, âgé de 22 ans, originaire de la ville de Tula, près de Moscou. Pendant trois ans, il s'était battu à travers toute la Russie, de Stalingrad jusqu'en Pologne et en l'Allemagne de l'est, pour la relève du Stalag Luft 1. Une immense acclamation monta des neuf mille kriegies lorsqu'il fut annoncé que «l'avant-garde russe» était arrivée.

Karmytoff fit son entrée par la porte principale. Il semblait avoir fait la fête pendant les six jours de son voyage vers l'ouest depuis Stettin. Notre policier militaire qui gardait le portail était transi de froid et, avec cette espèce de crainte liée à l'attente que nous ressentions tous, il demanda : «Est-ce que toute l'armée russe est supposée entrer par ici ?»

Le colonel Zemke et l'équipe de l'Aile X reçurent le lieutenant Karmystoff. Le représentant de l'Armée

Rouge broya plusieurs mains alliées lors de ses salutations enthousiastes et nous tint des discours dans un russe déconcertant. Des bouteilles d'alcool de l'hôpital, stockées et dissimulées depuis longtemps, furent débouchées, et le jeune combattant nous porta un toast formulé avec éloquence : «À la destruction de l'Allemagne - elle ne s'en relèvera jamais. Et à notre amitié solide et durable». (Traduction du lieutenant Durakov).

Du schnaps enflamma les gosiers kriegies; des verres se fracassèrent contre le portrait d'Hitler, qui avait décoré le bureau du Kommandant. Les baraquements tremblèrent sous les acclamations et les tapes dans le dos. Karmytoff montra aux aviateurs curieux comment il maniait sa carabine automatique et nous inquiéta par la nonchalance avec laquelle il manipulait une arme aussi dangereuse.

Au bout d'un moment, Karmytoff se rendit au baraquement russe dans une autre partie du camp. Il se présenta à nos co-prisonniers, leur parla de leur armée victorieuse et de la nouvelle vie qui commençait. C'était une expérience inoubliable : un déluge de slave, que le lieutenant Durakov traduisait, et, incroyable mais vrai, la chanson «Cocktails for Two»[43] passait en fond sonore à la radio du camp.

43- Chanson populaire de l'époque du Big Band américain, composée par Arthur Johnston et Sam Coslow et enregistrée pour la première fois par Duke Ellington en 1934. NDT

Karmytoff expliqua: «Aucune opposition pendant six jours et nuits... Nous avons traversé la rivière Oder au sud de Stettin. Nous avons perdu beaucoup de chars, mais nous avons encerclé la ville et elle s'est rendue. Puis nous avons foncé vers l'ouest. Les Allemands étaient toujours devant nous et il n'y avait aucune opposition véritable. Ceux qui nous ont résisté ont été anéantis».

Ainsi se passa le premier contact. Karmytoff, épuisé à la longue, se coucha par terre. «Il vaut mieux le plancher qu'un lit fasciste», dit-il. La BBC annonça qu'Hitler était mort et son pays, mourant. Des kriegies, au terme d'un exil prolongé, entendirent le «Hit-Parade» transmis en direct depuis New York. L'excitation était irrésistible et épuisante.

Pendant la nuit, huit Français furent brancardés dans notre hôpital depuis un camp de concentration proche. Ils étaient affamés et mourants. Mais une bonne nourriture et des soins qui leur furent prodigués par des médecins débordés, (capturés à Dunkerque, au Mont Cassin et dans les Ardennes), les ramena à la vie. Ils racontaient à voix basse une histoire vraie, d'horreurs, de privations de nourriture et de maltraitance.

À cinq heures du matin le 2 mai, un groupe de trois personnes, mené par le lieutenant Westerfield, de la Nouvelle Orléans en Louisiane, se rendit en voiture vers un carrefour au sud de Barth pour préparer une jonction formelle des alliés Ouest-Est sur la côte Baltique.

J'étais de la sortie, avec un appareil photo, un cahier et un crayon.

Après avoir traversé la moitié de Barth, encore somnolente, nous croisâmes une autre voiture civile qui se dirigeait en sens inverse. Nous nous arrêtâmes, fîmes demi-tour et poursuivîmes l'autre véhicule. Comme nous l'avions pensé, il s'agissait d'une reconnaissance soviétique. Le chef du groupe de quatre hommes était un autre premier lieutenant russe, coriace, le vrai soldat; même Hollywood n'aurait pas pu l'imaginer. Un revolver avec une crosse immense débordait de sa veste de tankiste, un chapeau de fourrure lui recouvrait le crâne, surmontant un visage sévère et bronzé, symbole de la nation conquérante qu'il représentait. Nous étions alliés. Les accolades exubérantes se répétèrent une fois de plus.

L'aboiement d'un chien interrompit les pourparlers. Le lieutenant l'abattit avec nonchalance. Une voiture se dirigeait vers nous depuis Barth. Avec la même nonchalance, il se mit en travers de la route, leva la main, puis la réquisitionna. Les deux occupants allemands repartirent à pied vers Barth, trop heureux d'être encore en vie.

Ainsi, en convoi de trois voitures, nous prîmes la direction du sud, vers le QG soviétique le plus proche. Une jolie policière militaire, qui tenait tranquillement une grosse mitraillette, nous dirigea vers un parking et nous entrâmes dans un bâtiment de ferme où étaient cantonnés les officiers. Un commandant soviétique superbement harnaché nous accueillit et se rendit avec nous en voiture au camp. Le colonel Zemke et son chef d'état-major, le capitaine de la RAF Weir, se joignirent au groupe et nous nous rendîmes au QG du commandant pour un petit déjeuner au champagne, à la vodka et des œufs au plat. Au bout de vingt minutes à nous porter des toasts, nous étions peu nombreux à rester sobres - les exceptions étant les Allemands humbles et obséquieux qui nous servaient de garçons.

Tout débordait d'émotion. Il y avait de la musique jouée à l'accordéon par un commissaire de Leningrad, dont les accords confus devenaient de plus en plus exotiques après chaque toast à la vodka. À la cuisine, une Allemande essayait d'ouvrir des conserves de corned-beef - notre contribution à la fête - pendant que ses enfants, le visage sale, se cachaient apeurés dans un coin de la pièce. Juste à côté, un fantassin bronzé se rasait, tout en pestant de façon incohérente contre le miroir brisé de la cuisine. Un autre cirait les bottes de son supérieur avec des rideaux qu'il avait arrachés. Dans une chambre à coucher, son officier se préparait à rejoindre la fête, en s'habillant de chemises brodées et en s'aspergeant copieusement d'un parfum de séducteur.

À l'extérieur, des cavaliers cosaques faisaient rentrer leurs chevaux dans les écuries après une patrouille de nuit. Des fantassins mongols se déployaient sur un champ cultivé pour éliminer une poignée de fanatiques SS cachés dans un bois. Un char d'assaut passait de temps en temps dans un grondement d'enfer en direction de l'ouest, où les combats se poursuivaient encore. Des charrettes tirées par des chevaux ou par des bœufs passaient dans un bruit de ferraille, lourdement chargées de caisses, de paquets et de femmes. Des soldats caucasiens, sibériens et ukrainiens, représentant toutes les couleurs et tous les groupes ethniques, défilaient vers l'ouest sur le bord de la route, en longues colonnes désordonnées.

Une ordonnance vint me rejoindre après que je fus sorti prendre un peu l'air. Il parlait français. «Mon officier m'a dit de vous offrir ce grille-pain comme souvenir et en cadeau», me dit-il en me tendant un appareil photo allemand bon marché. «Merci», répondis-je, en ajoutant, de manière peu diplomatique, «mais ce n'est pas un grille-pain».

«Je sais», me répondit le soldat. «Mais mon officier dit que c'est un grille-pain. Donc c'est un grille-pain».

De retour dans la salle à manger de la ferme, les toasts s'enchaînèrent à l'infini et jusqu'à la prostration : des toasts pour Roosevelt, Staline, Churchill et Truman; puis rebelote. «Les hommes sous mes ordres portent tous des brassards noirs pour marquer le décès de votre grand dirigeant», me dit un colonel russe[44]. «Et j'aimerais que vos hommes portent le même deuil». Commença donc dans le Stalag une recherche frénétique de bouts de

44- Le président Franklin Roosevelt était mort le 12 avril 1945.

tissu noir afin de pouvoir manifester notre deuil de façon plus convenable.

Nous dûmes rentrer au camp pour tenter de mettre de l'ordre dans le maelström chaotique qui nous entourait. Quarante-huit heures auparavant, nous n'étions que des kriegies, dans une attente passive et patiente de la fin de notre exil, Dorénavant, par une métamorphose étonnante, nous étions aux premières loges pour assister à la mort d'une nation. Désormais, nous étions les maîtres, les Russes et nous. Un colonel soviétique nous affirma : «L'Allemagne est à nous et nous la partageons avec vous...»

Nous, la seule chose dont nous avions envie, c'était que l'ordre soit rétabli et que notre évacuation se fasse au plus vite. La radio de New York, de la musique swing, et la voix fraîche et fringante du présentateur nous avaient servi de stimulants. Désormais, nous voulions quitter ce continent qui avait perdu la raison. Les Russes, eux, avaient d'autres idées en tête.

Nous étions bien vêtus, nous avions une bonne discipline, nous les avions impressionnés - et maintenant ils voulaient nous fêter. Ce qui était compliqué, c'est que les Russes venaient de gagner la guerre la plus affreuse de leur histoire, et leur victoire totale les avait laissés désorientés et dépassés par leur propre victoire.

Un jeune soldat entra au pas de marche par les portails du camp en gesticulant avec deux énormes pistolets Luger. «Démolissez les clôtures. Rentrez chez vous. Vous êtes libres !» cria-t-il à toutes les personnes présentes en tirant des coups de feu dans l'air. Les prisonniers ne comprenaient pas les paroles, mais la proposition était claire. En dix minutes la majeure partie des barbelés était par terre. S'ensuivit un exode massif depuis le camp.

« Vous serez tous traduits en cours martiales », ragèrent les petits tyrans du camp.

«Allez au diable. On rentre chez nous », répondirent les kriegies.

Viols, pillages, beuveries, tel était l'ordre du jour. Certains parmi les prisonniers n'échappaient pas à cette fièvre. Les Russes et les travailleurs forcés donnaient le ton. Le lendemain matin, une vingtaine d'Allemandes furent retrouvées mortes, étranglées ou abattues, dans un rayon de cinq kilomètres autour du camp. Des montres volées, des appareils photo et des bijoux firent leur apparition un peu partout.

L'Allemagne avait perdu la guerre que la folie de ses dirigeants et le consentement enthousiaste de son peuple avait commencée. Maintenant elle commençait à en payer le terrible prix, un prix sans aucun précédent.

Des groupes spéciaux de soldats russes furent détachés pour rassembler et conduire des troupeaux de vaches, de cochons, de moutons et de chevaux vers l'est. Tout ce qui était équipé de roues était envoyé vers la Russie, chargé de linge, de couverts et d'autres ustensiles ménagers. Un colonel russe, qui avait festoyé avec l'Aile X la nuit précédente, réorienta un troupeau de cent cinquante vaches vers le camp. Elles furent abattues par tous les moyens disponibles : des mitraillettes et des matraques. Ce soir-là, les kriegies dînèrent avec du steak et du schnaps.

Le lendemain, un troupeau de soixante cochons engraissés fut conduit dans le camp, mais nos médecins nous déconseillèrent de les consommer. Ce matin-là, près de trente femmes qui avaient été détenues dans un camp de concentration proche furent expulsées des chambres de prisonniers et les médecins eurent d'autres soucis sur les bras. Un autre groupe d'aviateurs mit la main sur des stocks de papier toilette de la Croix Rouge. Ils jetèrent des centaines de rouleaux dans les arbres d'une pinède voisine. Le vent en enveloppa les branches, créant un décor de Noël digne de Paul Bunyan[45].

Certains s'emparèrent de chevaux et de chariots, qu'ils équipèrent comme d'anciens chars romains, puis traversèrent la ville au grand galop, en tirant des coups de feu dans l'air. D'autres encore sellèrent des chevaux de ferme et organisèrent des steeple-chases dans les champs. Des mois derrière les barbelés avaient créé des inhibitions ; dorénavant il n'y avait plus aucune restriction, et le nouvel aphorisme était « Tout est juste dans la victoire ».

De nombreux prisonniers étaient encore trop bouleversés par l'émotion de la libération pour se laisser aller à cette joie tapageuse. Ces hommes partirent vers la

45- Paul Bunyan: figure légendaire du folklore nord-américain, souvent représenté comme un bûcheron géant.

Baltique nager, faire du bateau. D'autres se promenaient autour du camp ou prenaient des bains de soleil, en ignorant délibérément le chaos extérieur.

La grande majorité des prisonniers du Stalag 1 restèrent de bons soldats. Obéissant aux ordres de l'Aile X, ils attendaient patiemment d'être évacués. Poursuivant la routine de la prison, ils ne profitaient que d'un peu de nourriture en extra de la Croix-Rouge et de temps en temps des bouteilles d'alcool apportées par des Russes amicaux.

Le lieutenant Edward L. James de Varsovie, dans l'Illinois, fut un exemple du genre. Il organisa avec une équipe de sergents un mess pour les dirigeants surmenés du camp, ignorant pendant une semaine le désordre ambiant pour préparer trois excellents repas par jour pour plus de cent officiers. D'autres aviateurs étaient chargés du parc automobile pour surveiller nos cinquante véhicules opérationnels et les garder en bon état de marche, afin de maintenir une liaison constante avec le QG russe. D'autres encore s'occupaient du ravitaillement en eau, surveillaient les stocks de nourriture et faisaient la police dans le camp. Le Stalag Luft 1 resta une enclave tranquille et en bonne santé au milieu de l'indescriptible chaos qui régnait partout ailleurs.

Plusieurs de nos médecins se rendirent au camp de concentration au sud de Barth pour tenter de remédier à l'insalubrité. Je pus ainsi voir pour la première fois les effrayantes conséquences d'un des plus terribles crimes de l'histoire. Le camp n'était pas grand ; il contenait entre quatorze et quinze cents prisonniers politiques, en majorité des Allemands, avec une poignée d'hommes et de femmes de tous les pays d'Europe.

Les détenus y avaient été incarcérés pour tous les crimes imaginables : pour avoir déserté l'armée, avoir écouté des radios étrangères, pour des délits de marché noir, d'espionnage et de sabotage. Trois cents prisonniers n'avaient commis qu'un seul crime, celui d'être nés juifs. Certains avaient passé jusqu'à dix ans dans ce camp ou dans d'autres avant d'y être transférés.

Le secteur, totalement entouré de barbelés électrifiés, était encerclé de miradors et de projecteurs. Jusqu'à il y a quelques semaines, le camp avait fonctionné comme une entreprise fondée sur une main-d'œuvre esclave. Propre, en ordre, il avait constitué un réservoir important de travailleurs pour cette partie de la Poméranie. Mais lorsque les défenses orientales de l'Allemagne s'effondrèrent, les SS qui gardaient le camp le désertèrent, s'enfuirent vers l'ouest, laissant les prisonniers mourir de faim.

Près de trois cents d'entre eux périrent, un chiffre réduit comparé au bilan effroyable des camps de l'horreur plus importants qu'étaient Buchenwald, Belsen et Dachau. Mais ce que j'y vis était un fac-similé à petite échelle du plus atroce corollaire de l'Ordre Nouveau d'Hitler.

Des excréments, des ordures, des vêtements en lambeaux et des déchets jonchaient le camp. Des cadavres, plusieurs d'entre eux dans des positions grotesques, étaient éparpillés à travers les baraquements en briques. Dans de nombreuses pièces, il régnait une fétide odeur de mort et de maladie si forte que nous ne pouvions pas y entrer. Des hommes morts depuis cinq heures et d'autres morts depuis cinq jours pendaient de leurs couchettes à étages, les bras tendus avec rigidité, les visages tordus dans la douleur de l'agonie, les corps, tels des araignées, témoignant d'une lente morte de faim. Dessus et dessous, gisaient des squelettes encore vivants, qui mouraient au fil des minutes.

Il y avait ici des scènes dont rien ne peut rendre compte. Les cris des vivants ; la puanteur, l'horreur stupéfiante, incroyable de ce lieu - ce n'était un sujet ni pour la photographie ou ni pour de la littérature. Une expérience personnelle déchirante.

Nous entendîmes parler de passages à tabac, de tortures et de fours crématoires qui faisaient partie du camp. Des prisonniers encore en vie nous parlèrent d'expériences chirurgicales des nazis sur des prisonniers des deux sexes - des histoires qui dépassent l'imagination. Nous entendîmes parler d'enfants nés dans les baraquements, de tribunaux irréguliers créés par les prisonniers eux-mêmes, de femmes SS sadiques, dont la cruauté dépassait celle des gardiens du sexe masculin.

Nous entrâmes dans une pièce qui contenait neuf cadavres et un homme encore vivant, allongé par terre et adossé au mur. Il pleurait faiblement et pitoyablement. «Ça ira mieux maintenant. Vous êtes libre. La guerre est finie», lui dit un docteur pour le rassurer. «Ils sont venus me frapper», gémit-il d'un ton plaintif. «Les Russes et les autres. Ils m'ont frappé parce que j'étais allemand. Et ça fait neuf ans que je suis ici». Il mourut une heure plus tard, toujours adossé au mur.

Les maladies allaient du typhus, des ulcères et de la dysenterie à l'inanition et la diarrhée. Le camp représentait un terrible danger pour toute la région car certains prisonniers s'étaient évadés après le départ des gardes et erraient dans les environs en pillant, violant et propageant leurs maladies. Nos médecins mirent le camp entier en isolement, recrutèrent des équipes de fossoyeurs parmi la population locale et firent de leur mieux pour nettoyer la crasse.

Un médecin français, le lieutenant Jean Fraisse, de Paris, un jeune avec une belle allure qui aurait facilement pu être en train de célébrer la grande victoire à Paris, se trouvait sur place avec une équipe de 55 Français qui s'acharnaient à rétablir de l'ordre dans le camp. Fraisse, armé d'un pistolet à la ceinture, conduisait une jeep de l'Armée Rouge, et, accompagné d'un interprète russe, travaillait vingt heures par jour à notre arrivée.

«Vous êtes prisonnier depuis cinq ans. Pourquoi ne rentrez-vous pas chez vous maintenant que c'est fini?

N'avez-vous pas envie de revoir Paris ?» demandai-je à un de ses assistants.

«Nous sommes impatients de rentrer» me répondit l'un d'eux. «Mais d'abord, il nous reste encore du travail ici». Nous, qui avions entendu cette réponse, et qui nous rendions compte qu'elle représentait tous les Français dans ce camp, ressentîmes soudain un immense respect pour ces hommes admirables. C'était revivifiant, au milieu de toute cette mort, de toute cette horreur, de savoir qu'il restait encore un sens clair du devoir moral en Europe.

Les Allemands qui avaient creusé les fosses communes pour les morts hésitaient : ces tranchées étaient-elles pour eux ou pour les prisonniers ? De la chaux vive était introuvable, aussi des sacs de potasse provenant d'une usine proche furent balancés sur les corps. «Nous avions entendu parler de ces choses-là à la radio de Londres», dit un Allemand. « Mais nous pensions que ce n'était que de la propagande alliée ».

«Vous voyez bien que ce n'est pas le cas», répondit un Français, le visage sombre. «Continuez à creuser, et plus vite que ça».

J'entrai dans une autre pièce où se trouvait un Russe costaud qui s'était battu à Moscou et à Stalingrad. Nous vîmes des cadavres empilés les uns sur les autres, rigides et malodorants. J'étouffai avec l'air pestilentiel et me retournai pour dire quelque chose au Russe. Je vis qu'il était parti.

Il était dehors, appuyé contre le bâtiment, le corps secoué de hauts le cœur.

18

ENVOL VERS LA CIVILISATION

Après avoir passé une semaine épuisante avec leurs alliés soviétiques, neuf mille kriegies traînaient douloureusement une gueule de bois quasi-permanente, toujours plus pressés de rentrer chez eux. Ce n'était pas uniquement la vodka et le champagne, bien qu'il y en eût abondance. La situation dépassait l'entendement et tout contrôle.

Un simple soldat russe s'introduisit dans notre parc automobile. Il exigea le plus beau véhicule, qui avait nécessité trois jours de réparations. Les mécanos étaient très malheureux, mais le soldat brandit deux gros pistolets. L'affaire fut réglée. Au moment de monter dans la voiture, un commandant russe passa à côté. Avec l'aide d'un interprète, le chef du parc protesta que nous avions vraiment besoin de la voiture. Le commandant comprit immédiatement et ordonna au soldat de descendre du véhicule et de déguerpir. «Si mes hommes vous créent des problèmes, tirez-leur dessus», nous conseilla-t-il calmement en s'éloignant à la recherche d'une fête.

Une autre fois, deux colonels russes entrèrent dans le camp, annoncèrent que leurs hommes avaient besoin de pantalons et demandèrent à voir nos stocks. Ils examinèrent les pantalons kaki, en hochant tristement la tête. «Qu'est-ce que c'est?» demanda un des colonels en montrant les plis. Lorsque nous lui expliquâmes que les plis au pantalon étaient la norme chez les anglo-américains, il secoua de nouveau la tête. «Je suis désolé», dit-il. «Du bon tissu. Mais nous devons avoir des galons rouges sur le côté, pas des plis».

Un groupe d'aviateurs s'empara des presses de Barth et se mit à imprimer un journal à édition unique, pour en faire un souvenir pour les kriegies. Ils quittèrent le camp avec des articles en abondance, des idées extravagantes pour la fabrication et la mise en page, et les bons souhaits des autorités russes et américaines. Le journal devait s'intituler La Presse Libre de Barth. Il parut deux jours après un labeur épuisant et des complications à fendre le cœur. Des travailleurs forcés avaient démoli les linotypes et jeté les machines à écrire par les fenêtres du deuxième étage. Le journal dut être composé à la main. Bien que le résultat s'avérât de qualité professionnelle, à sa sortie il fut rebaptisé Les Temps Durs de Barth.

Deux aviateurs itinérants, égarés à quelques kilomètres du camp, rencontrèrent une doctoresse russe qui travaillait dans une antenne chirurgicale. Un des aviateurs voulut développer le thème des relations interalliées avec leur nouvelle amie. L'autre dut aider son compagnon à rentrer au camp avec un œil au beurre noir et le dos en compote.

Trois jours après qu'un soldat russe eût donné l'ordre de faire tomber les barbelés, près de trois cents kriegies s'étaient dispersés dans la nature pour rentrer chez eux. Certains partirent en vélo, d'autres réquisitionnèrent des chevaux et des charrettes, d'autres employèrent la technique américaine du stop pour rejoindre les colonnes de ravitaillement russes. Un groupe remit en état une locomotive et partit vers Rostock par la voie ferrée. Un autre groupe enfin se servit d'un voilier de quinze mètres et mit cap au nord en direction de la Suède.

Trois hommes décidèrent de ne pas rentrer immédiatement chez eux, préférant visiter l'Europe. Ils prirent la route vers l'est, la Pologne et la Russie. Deux autres faillirent se faire tirer dessus lors d'une tentative infructueuse de voler un char russe pour aller à Berlin. De nombreux autres oublièrent la guerre, la victoire et la possibilité de rentrer chez eux. Ils partirent vers la campagne, trouvèrent d'accortes épouses d'agriculteurs, puis s'installèrent devant une bonne table suivie d'un long repos.

Une Allemande téléphona au camp pour se plaindre d'une voix fébrile qu'un aviateur voulait la violer. Un colonel et un commandant se rendirent à Barth pour régler l'affaire. Lorsqu'ils arrivèrent chez elle, ce fut pour apprendre que le standardiste avait mal compris : elle souhaitait avoir un aviateur américain chez elle pour empêcher les Russes de la molester. Nous devions apprendre par la suite qu'un certain nombre d'aviateurs avaient officieusement tenu ce rôle et recevaient en retour de bonnes quantités de nourriture et de boissons, et de surcroît un lit douillet.

Par la suite, lorsqu'un semblant d'ordre fut revenu, un système de laissez-passer fut instauré pour permettre à dix pour cent des effectifs du camp de se rendre à Barth chaque jour. Malheureusement, selon un interprète, «même la signature de Joseph Staline sur un laisser-passer ne suffirait pas de nos jours».

La plupart du temps, les Américains furent bien traités par leurs alliés russes. Il y eut tout de même quelques incidents dus à des frictions, et certains ex-prisonniers durent revenir au camp pour se faire recoudre.

Nous eûmes un avant-goût de la politique soviétique d'occupation lors d'un rassemblement à Barth avant notre départ. Un plan fut proposé aux habitants d'une zone en Poméranie, environ cent cinquante kilomètres derrière la ligne de démarcation soviétique - peut être un projet à petite échelle de ce qui était prévu pour toute l'Allemagne occupée par l'Armée Rouge.

Une foule de près de dix mille personnes était réunie, avec une certaine angoisse, sur la place principale. Elle attendait, inquiète, le discours du commandant soviétique de la zone et des dirigeants de «l'Allemagne Libre» quant à l'avenir. La majeure partie de la foule était composée de réfugiés de Prusse et de Poméranie orientales, qui avaient été balayés vers l'ouest par le raz de marée de l'avance soviétique. Plusieurs discours étaient en russe, traduit par le lieutenant Henry S. Levine, un navigateur de Fortress, originaire de Syracuse, New York.

Le premier discours fut prononcé par le nouveau maire, le burgomeister communiste de Barth, du nom de Lemke. Il appela ses concitoyens à coopérer avec la nouvelle administration. «Reprenez le travail», exhorta-t-il. «La honte du nazisme a enfin été lavée et une nation libre pourra se redresser si chacun fait son devoir». Pour conclure, il promit que tous les Allemands qui avaient été enfermés dans les camps de travail pourraient bientôt rentrer chez eux.

L'orateur suivant fut le colonel Zhovenik, un vétéran qui avait été blessé trois fois lors des batailles de Moscou et de Stalingrad, et commandant de la zone. «Nous ne nous attendions pas à l'attaque nazie en 1941», déclara-t-il. «Mais toute la population russe s'est dressée pour défendre la patrie, et finalement a stoppé les Allemands à Stalingrad...

«La propagande nazie affirme que les Russes veulent détruire le peuple allemand. Ce n'est pas vrai. Nous avons reçu l'ordre de notre dirigeant, Staline, de préserver votre culture. Mais nous avons juré de pourchasser et d'annihiler les militaristes qui ont démarré cette terrible guerre.

«Le peuple allemand vivra, en tant que peuple et en tant que nation, mais le nazisme sera éliminé. La guerre est finie maintenant et il n'y aura plus de destruction de vies humaines. L'Allemagne peut désormais faire respecter l'ordre dans son propre pays, tel que son peuple le désire. Vous pourrez avoir les partis politiques que vous souhaitez. L'Allemagne se redressera, en tant que pays libre, en travaillant étroitement avec notre grande Russie soviétique».

Il énuméra ensuite les règlements de la loi martiale : port d'armes interdit pour tous les Allemands, un couvre-feu entre vingt-trois heures et cinq heures du matin. Les troupes ne seraient cantonnées chez l'habitant qu'avec l'autorisation de leur commandant. Les jeunes femmes devaient rester chez elles toute la nuit. «Des Allemandes ont interpellé des soldats russes depuis leurs fenêtres, les ont invités à leur rendre visite, puis se sont ensuite plaintes des conséquences. Vous devez faire en sorte que cela ne se reproduise plus».

Après de nombreux autres discours, dont un par un vieil homme aveugle originaire de Prusse orientale, Zhovenik revint sur scène et ajouta, «Une nouvelle Allemagne et une nouvelle Europe sont en train de renaître. Nous devons œuvrer ensemble pour guérir nos maladies mutuelles et réparer nos blessures mutuelles. Nous serons vos dirigeants. Nous allons remplacer les nazis. Nous vous promettons la justice et l'opportunité pour les petites gens d'accéder à la place qu'ils méritent dans la société».

Le lieutenant John Burke, le sergent-chef William Medill, ancien journaliste de Marlboro dans le Massachusetts, le capitaine Ian Bolton et moi-même décidâmes qu'il serait trop long d'attendre une évacuation officielle. Nous nous procurâmes une petite voiture à deux cylindres dans le parc automobile, la chargeâmes de nos affaires personnelles et de colis de la Croix-Rouge, puis nous collâmes une feuille de papier sur le pare-brise, qui disait en russe : «Presse - Libre Passage».

Nous sortîmes du camp par un chemin de terre en direction de Barth. Au moment d'entrer en ville, nous décidâmes qu'il valait mieux avoir la signature d'un gradé sur une feuille de papier pour faciliter notre départ. Nous nous rendîmes au QG soviétique et demandâmes une entrevue avec le commandant. Le capitaine soviétique qui porta le message dans la maison réquisitionnée réussit à accomplir davantage que nous n'aurions imaginé ou désiré.

«Une entrevue avec le général ?» nous dit-il en se retournant. «C'est tout arrangé. Par ici».

Nous passâmes les quatre heures suivantes en la compagnie d'un personnage haut en couleur, s'exprimant avec beaucoup de clarté, qui se nommait le général Borrisov, le numéro deux du second front biélorusse. Héros de l'Union soviétique, vétéran de toutes les grandes batailles livrées sur le Front de l'Est entre 1941 et 1945, au cours desquelles il avait été blessé plusieurs fois, Borrisov était un hôte admirable. Son stock de vodka et de champagne était sans fond, il était tellement prolixe de ses histoires personnelles de la guerre que notre traducteur, le capitaine de Lage, de la RAF, faillit avoir une paralysie de la langue.

Nous prîmes place autour d'une table chargée d'assiettes de hors-d'œuvres, qui allaient du corned-beef en tranches fines à des bols de caviar scintillant. Étaient également présents le lieutenant-colonel Mark E. Hubbard, un as de l'aviation de St. Paul, dans le Minnesota, qui était l'agent de liaison auprès des Russes, et plusieurs officiers britanniques stationnés en ville en tant qu'assistants.

Borrisov, un homme sévère, basané et imposant, avait été autrefois commandant d'une division des Gardes Soviétiques, la meilleure unité d'infanterie de la nation. Âgé de quarante-trois ans, il avait passé vingt et un ans dans l'armée et il considérait le combat comme la profession la plus élevée que l'on puisse exercer sur terre.

Ses dents étaient en platine pour remplacer toutes celles qu'il avait perdues par des éclats d'obus sur Stalingrad. Son corps avait été ruiné et balafré de neuf blessures distinctes. Borrisov relevait sa chemise et baissait son pantalon pour nous les montrer.

C'était un orateur éloquent qui se servait amplement de ses bras et de la vaisselle à proximité pour décrire ses tactiques guerrières, et l'entrevue fut ponctuée de toasts fréquents. Au bout de deux heures, son récit devenait de moins en moins cohérent et mon crayon avait du mal à rester sur la page, car à chaque toast il fallait avaler un verre entier de vodka ou de champagne.

Les plus grandes batailles auxquelles il avait pris part avaient été celles de Kiev, Stalingrad, Danzig et Stettin, autant d'évènements clés dans cette terrible lutte pendant trois ans, au cours desquelles la Russie avait perdu cinq millions de morts[46]. «Maintenant», dit-il en levant son verre pour porter un autre toast, «Nous avons vaincu ensemble les loups fascistes, et ensemble nous devons construire un monde meilleur». Nous bûmes à la santé du monde meilleur, deLage traduisit le discours et je griffonnai ses paroles sur un cahier offert aux prisonniers par la Croix-Rouge.

«J'étais commandant de division à Kiev en juin 1941» raconta Borrisov. «Nous avons été encerclés deux fois, et à chaque fois nous avons réussi à nous en sortir pour

46- Une estimation de 2019 fait état de 26,6 millions de morts, dont 12 millions de soldats et 14,6 millions de civils. Ces chiffres sont toujours débattus.

repartir vers l'est pour nous battre. Nous avons livré de terribles combats d'arrière-garde jusqu'à Stalingrad, où je suis devenu sourd de l'oreille droite, j'ai perdu toutes mes dents et j'ai été blessé à la cuisse gauche.

«C'est à ce moment que la guerre a basculé. Mes divisions sont restées sur la rive occidentale de la rivière et ont défendu la zone industrielle en des combats désespérés en corps à corps. Depuis ce moment, nous avons poussé de l'avant, nous avons encerclé et annihilé les hordes fascistes».

Nous portâmes un nouveau toast.

«Moi et mon armée, nous avons traversé les rivières Volga, Dniester, Berezina et Vistule pour arriver à Stettin et Oder. Là, nous avons livré une des batailles les plus dures de la guerre. Pour les nazis, c'était la bataille de la dernière chance, et ils se sont battus avec fureur.

«Nos soldats ont dû livrer combat dans des marécages avec de la boue jusqu'à la taille. Un assaut frontal était impossible, aussi nous avons apporté des tronçonneuses thermiques et nous avons coupé les arbres. Nous avons construit des centaines de bateaux et de radeaux. Mes unités ont traversé la rivière au sud de Stettin. C'était une sorte de déferlement. Beaucoup de nos chars ont croulé sous les tirs de l'artillerie jusqu'à la construction de pontons, mais nous avons encerclé la ville et nous l'avons obligée à se rendre. Pendant les six jours et les six nuits suivants, nous avons traversé la Poméranie en direction de l'ouest sans rencontrer d'opposition, sauf de la part de quelques SS qui savaient qu'ils se feraient tuer de toute manière. Certains ont pu s'échapper vers l'île de Rugen (près de la côte Balte), et s'ils ne se rendent pas, je donnerai l'ordre d'un assaut sur l'île.

«Les Américains, vous pouvez m'aider. Je rassemblerai tous les bateaux, et vous, en tant que mécanos experts, vous les ferez fonctionner pendant l'assaut. (Heureusement, les SS sur Rugen se rendirent le lendemain matin et l'assaut ne s'avéra plus nécessaire).

«Oui, nous avons employé de grandes quantités de matériel américain, particulièrement pour les transports. Au fur et à mesure de notre avancée, il nous a fallu élargir les rails allemands pour les adapter à nos trains, ce qui nous a souvent ralenti, aussi vos camions nous ont été très utiles. Nous préférons nos propres chars, car les vôtres sont trop surélevés et ils se renversent trop facilement. Les nôtres sont le T-34 et le Klim Vorochilov; ce sont les meilleurs au monde. De même, notre lance-roquettes Katioucha de 123 millimètres est le meilleur au monde.

«Nous avons vu des villes frappées par votre aviation. J'en connais l'efficacité. Nous vous sommes reconnaissants du travail de vos bombardiers. Toutefois, nous préférons un soutien tactique direct. Nous utilisons des Stormoviks, des Aircobras et des Yaks pour dégager les routes devant nos troupes».

Toutes ces déclarations étaient entrecoupées de toasts fleuris. Nous bûmes à la santé du T-34 et du Klim

Vorochilov. Nous portâmes aussi des toasts adéquats à la Katioucha et aux Aviations alliées. Entre-temps, le général avait trouvé un appareil photo allemand qui lui était tombé entre les mains, on ne sait trop comment. Il me le donna et me demanda de prendre une photo pour les journaux. Je remarquai que son appareil n'était pas chargé, mais j'estimai que ce n'était pas le moment de l'en informer.

Depuis le lit, le dessus de la table et le rebord de la fenêtre, je pris plusieurs photos spontanées du général et de ses décorations, tout en pensant, avec une certaine tristesse, qu'il n'y avait pas de pellicule. Le lieutenant Burke prit des notes, pendant que le général continuait à parler.

«À Stalingrad, les Allemands ont tué des petits enfants russes et drainé leurs veines pour se fournir en sang pour leurs blessés. Ce sont de maudits barbares. Lorsque nous sommes arrivés en terre allemande l'hiver dernier pour la première fois, j'ai dit à mes soldats, 'Vous vous êtes battus vaillamment pour sauver la mère-patrie. Maintenant nous envahissons le pays de l'ennemi. L'Allemagne vous appartient. Prenez ce que vous voulez'».

À la suite de cette phrase, il y a une note : «Un Allemand vaut mieux que deux tu l'auras», mais ni Burke ni moi ne nous rappelons si le général avait bien dit cette phrase, ou si c'était l'effet de la vodka.

Le général avait aussi quelques remarques diplomatiques à faire à propos de son chef, le maréchal Constantin K. Rokossovski, qui commandait le second front biélorusse. Borrisov, avec un enthousiasme fraternel, louait son armée et son chef comme étant, là encore, les meilleurs du monde.

Après avoir bu à la santé du maréchal Rokossovski et avoir regardé le général tuer des nazis imaginaires avec la dague d'apparat allemande qu'il s'était procurée, nous nous rendîmes compte qu'il était trop tard pour partir ce jour-là, et nous nous installâmes dans une énorme beuverie, attentifs à tout ce qu'il se disait. Malgré son exhibitionnisme et ses gesticulations, Borrisov était visiblement loin d'être idiot. Ses yeux noirs d'écureuil brillaient comme le caviar. Son visage buriné prouvait qu'il ne s'était pas battu seulement sur papier. Ses louanges pour les États-Unis sonnaient juste - bien qu'il ne marquât aucune sympathie excessive pour les Britanniques. Il paraissait sincère dans son adhésion à une amitié durable. Avant notre départ, il y alla d'un nouveau toast : «La barbarie ne doit plus jamais être permise dans le monde. Nous nous sommes rencontrés lors d'une grande victoire historique, et nous devons rester amis pour une paix permanente dans le monde».

Nous aurions tort de tenter d'analyser les Russes que nous rencontrâmes au cours de ces sept journées folles sur la Baltique ou de trop chercher un sens profond aux scènes dont nous fûmes témoins en leur compagnie. Les circonstances étaient complètement anormales. L'Armée Rouge venait de gagner la plus grande victoire de son histoire, que ses troupes célébraient pleinement et apparemment sans aucune retenue.

En Poméranie, à ce moment de la guerre, les Russes étaient en roue libre. L'Allemagne leur appartenait vraiment. Ils prenaient tout ce qu'ils voulaient. Ils avaient un côté naïf, un manque de sophistication et de formalisme. S'ils vous aimaient, et ils aimaient profondément les Américains, ils faisaient tout pour que nous le sachions. Si vous étiez leur ennemi, vous faisiez ce qu'ils vous disaient de faire et vous vous écartiez de leur chemin.

Certains Américains qui avaient fait la fête avec les Russes se considéraient, assez hypocritement, bien supérieurs à ces orientaux sauvages. Il y avait parfois trop de tapes dans le dos et de protestations verbeuses d'amitié. Après quoi, les Américains se disaient : «Ces gars sont des sauvages». Plusieurs soldats soviétiques étaient originaires de coins reculés de Russie orientale. Ils ne connaissaient des usages européens que le peu qu'ils avaient appris au cours des trois mois précédents.

En revanche, ils avaient indéniablement de la suite dans les idées. Leur manque apparent de discipline et de dignité importaient peu, car ils savaient qu'ils se battaient et qu'ils pouvaient donc se dispenser des formalités des terrains de manœuvre. Les officiers et les simples soldats se mélangeaient librement. Je ne vis jamais un soldat saluer un officier, et je ne vis qu'une seule fois un soldat au garde-à-vous devant son supérieur. Leurs méthodes désordonnées et confuses étaient efficaces. La Poméranie orientale revenait dans l'ordre une semaine après sa conquête.

Pendant sept jours je ne vis pas un seul exemple de paperasse militaire. Il m'a semblé que les ordres soviétiques étaient tous oraux, en dehors des instructions politiques de Moscou adressées aux commandants de zone. Leur énergie et leur enthousiasme étaient phénoménaux. En nombre, ils étaient irrésistibles. Plutôt qu'une invasion, on aurait dit une migration ; j'avais du mal à croire que cette horde militaire pourrait se rassembler et repartir. Pourtant, elle était arrivée de Stalingrad et ses prouesses militaires, irrécusables.

Il me parut que ces Russes étaient semblables aux Américains de notre XIXe siècle. L'énergie et la vigueur qui avaient hissé les États Unis à de telles hauteurs se retrouvaient aussi chez un autre peuple, au moins au même degré. Nous allions devoir éviter de nous endormir sur nos propres lauriers pour pouvoir rivaliser avec une nation de ce calibre.

Le 10 mai, près de neuf mille prisonniers libérés furent évacués en avion, dans des B-17 d'une division de la Huitième Aviation américaine. Ils furent transportés depuis l'aéroport de Barth jusqu'à une vaste cité de tentes à Saint-Valéry, près du Havre. De là ils furent progressivement rapatriés - à l'allure que le permettait la bureaucratie militaire - pour des congés de soixante jours, qui se terminèrent au moment où la guerre du Pacifique prenait fin. Ainsi, les kriegies de Stalag Luft I purent-ils reprendre leurs vies de civils.

Le 7 mai nous entreprîmes, sans aucun document soviétique, un voyage de six cents kilomètres à travers les lignes russes, britanniques et américaines en direction de notre propre version de la civilisation. Le voyage constitua un antidote tout à fait approprié à la léthargie endurée pendant de longs mois dans un camp de prisonniers. En fait, il fut tellement stimulant qu'un rapport cohérent sur ce que nous avons vu est une tâche difficile, encore aujourd'hui.

Un chaos complet, indescriptible, régnait partout, sur les routes, dans les champs, dans les villages. Toutes les nationalités européennes étaient représentées parmi les hordes de réfugiés qui encombraient les routes, avec tous leurs moyens de transport, se dirigeant dans tous les sens. Des meules de foin, des vélos, des fiacres, des charrettes et des brouettes se retrouvaient parmi les véhicules. Des foules de réfugiés à pied s' alignaient le long des champs et des routes secondaires. Des masses grouillantes de soldats russes et de prisonniers allemands embouteillaient tous les carrefours.

Des jeeps roulaient à toute allure à travers la circulation, emplies de fourrures et de tapisseries orientales, pour conduire des officiers soviétiques à leurs missions.

Des policières militaires se tenaient efficacement aux carrefours pour essayer de mettre de l'ordre dans cette marée humaine. Des camions en prêt-bail fonçaient, chargés de fournitures, ainsi que des convois de charrettes tirées par des chiens portant les sacs à dos des fantassins soviétiques.

Nous longeâmes des forêts incendiées, débordant de véhicules allemands à moitié fondus. Des armes, des machines et des équipements jonchaient la nature. J'avais vu les décombres de la défaite d'une armée en France en 1940. Ce n'était pas la même chose. Ici, c'était mille fois pire. Nous passâmes devant des chemins de fer où se trouvaient encore des épaves de trains blindés, avec leurs canons inutiles, détruits, pointés vers le ciel, tels des doigts tordus.

Des cadavres nus gisaient dans les fossés, côte à côte avec des carcasses ballonnées et en décomposition de chevaux et de vaches. Les canons fendus de fusils allemands de 88 mm dépassaient de derrière les haies. Des chars, des voitures et des chariots de ravitaillement renversés encombraient le bas-côté de la route. Des milliers de carabines cassées, des kilomètres de pellicules photo, de bottes, d'uniformes, de casques, de matériel médical, de motos démolies, de boîtes de conserve et de rames de papier étaient éparpillés dans tous les sens - résidus d'une Wehrmacht détruite et d'une nation vaincue.

Claquements occasionnels de coups de fusils, crépitements de mitrailleuses, crissements de pneus des jeeps et des camions, grondements et cliquetis de wagons pleins de réfugiés... Tout se joignait aux acclamations, aux chansons et aux cris dans une douzaine de langues, en une étrange cacophonie - thème discordant d'une Europe libérée, pratiquement sans loi.

Notre voyage, par des itinéraires détournés, nous mena à un barrage routier à Wismar, où les forces russes et britanniques avaient fait la jonction. À notre arrivée, je brandis ma carte de presse rouge délivrée par le ministère britannique de la guerre. Bolton hurla quelque chose en russe depuis le siège arrière. Le commandant russe qui montait la garde au portail donna l'ordre d'ouvrir et nous entrâmes dans un nouveau monde.

Des soldats britanniques de la sixième division aéroportée, soignés, avec chaussures et bandoulières cirées, visages propres et épaules droites, patrouillaient les rues deux par deux. Des véhicules de l'armée stationnaient le long des trottoirs. Il y avait peu de dégâts. La ville était calme et il n'y avait pratiquement pas de réfugiés dans les rues. Le pillage ici était plus discret - le fait d'individus isolés.

Nous passâmes la nuit avec les officiers divisionnaires du QG, nous leur racontâmes notre histoire et bûmes leurs rations de whisky. Ils nous proposèrent de la poudre pour nous épouiller et un bain, deux choses dont nous avions sérieusement besoin. Le lendemain matin nous reprîmes la route avec notre voiture à deux cylindres, qui était tellement chargée qu'un puissant vent de face la faisait souvent caler.

Près de Schwerin, nous rencontrâmes le dix-huitième corps aéroporté américain. Nous échangeâmes notre voiture contre une place dans un camion vers Hildesheim et le QG de la neuvième armée américaine. Partout, nous fûmes impressionnés par la quantité d'équipements motorisés et l'organisation relativement ordonnée de l'occupation. Officiellement, la guerre n'était pas encore terminée mais des armées allemandes entières se rendaient à des lieutenants américains le long des routes, et la fin était toute proche. Nous vîmes des glaces, des sodas, des magazines américains pour militaires, des infirmières américaines, jolies et propres, des employés de la Croix-Rouge - la transition était presque abasourdissante.

La dernière fois que j'avais vu l'armée américaine en action, c'était en Tunisie, deux ans et demi auparavant[47]. La différence entre nos bataillons néophytes en Afrique et nos armées victorieuses le long de l'Elbe me serrait la gorge. J'y voyais ce dont est capable notre nation, quelle force magnifique, puissamment équipée, que l'Amérique avait créée en trente mois.

À Hildesheim - qui avait été pulvérisée par un bombardement aérien de vingt minutes - nous quittâmes

47- Lowell Bennett en avait tiré un récit : *Assignment to Nowhere - The Battle for Tunisia,* publié en 1943

le camion pour un vol jusqu'à Münster. De là, nous prîmes un autre avion pour Magdebourg, en zigzaguant à travers l'Allemagne pour suivre le flux du trafic. Enfin nous prîmes un vol pour le Havre en France. Pendant ce voyage, nous survolâmes à basse altitude une grande partie de l'Allemagne, et nous pûmes voir les forêts déchiquetées, les champs criblés, les tranchées disposées en puzzles, les cratères de bombes en forme de cistes, les villes bombardées et les gares de triage entortillées - le passage que nos armées avaient forcé à travers l'Allemagne. C'est comme si le pays lui-même avait été frappé par une apocalypse.

Au Havre, nous prîmes l'avion pour Paris, volant en rase-mottes au-dessus des toits en chaume de maisons normandes, projetant une ombre sur les prés luxuriants d'une région qui commençait déjà à oublier la guerre et à produire pour la paix. Nous atterrîmes à l'aérodrome du Bourget à Paris et rejoignîmes en jeep le Camp de la Presse, l'hôtel Scribe au centre de la ville.

C'était la nuit du 8 mai[48] et nous fûmes témoins actifs des réjouissances débridées. Ce soir-là, la capitale de la France était ivre de victoire. Les rues étaient submergées de millions de célébrants, de civils et de militaires de toutes les nationalités.

Des torches et des projecteurs illuminaient le ciel de mille paillettes. Des tirs de pétards, d'armes et des coups

48- Les Anglo-Saxons devaient baptiser ce jour V-E Day (Victoire en Europe).

de sifflets furent noyés sous le rugissement jubilatoire des foules. Des milliers de personnes dansaient dans les rues. L'Arc de Triomphe était illuminé.

Nous allâmes à un café dans lequel un orchestre jouait et rejouait les hymnes nationaux des Nations Unies. Un vieux monsieur français, qui avait connu la défaite de 1871 et l'apparente victoire de 1918, sanglotait et riait en même temps. «Peu importe ce qui viendra après,» dit-il. «C'est enfin terminé, c'est fini. La paix est revenue».

Quelques jours plus tard, je traversai l'Atlantique dans un Skymaster C-24, depuis Paris - en passant par l'Écosse, l'Islande et Terre-Neuve - jusqu'à l'aéroport de la Guardia à New York. Je rentrais chez moi pour prendre des vacances, et pour voir mon deuxième fils pour la première fois.

POSTFACE

Je dédie affectueusement cette traduction à mes quatre enfants, Cedric, Yvan, Elsa et Liz, à mon frère David et à mes sœurs Christine et Carole.

Je souhaite aussi remercier chaleureusement Thorsten Perl qui m'a mis sur la voie de la remise en circulation du livre de mon père et qui m'a fourni d'innombrables photos et informations de base pour le présent ouvrage.

Un remerciement tout à fait particulier à mon amie Mireille, qui dès le début m'a soutenu dans ce projet et qui a consacré de longues heures à corriger mon français maladroit pour qu'il soit à la hauteur du texte de mon père. Sans son aide je crois que le projet aurait eu du mal à décoller.

À Mona également, qui a eu la patience d'effectuer une seconde relecture de mon texte, et qui a suggéré un certain nombre de corrections très utiles.

Et à Jean-Maurice, pour son enthousiasme et son soutien constant dès le début du projet, et Suzana Iorga qui a mis ses talents linguistiques au service des ultimes corrections de la version française.

Le récit de mon père Louis Lowell Bennett sur ses expériences dans une Allemagne sous les bombes alliées entre 1943 et 1945 est tout à fait unique et exceptionnel.

Tout d'abord ce témoignage à la première personne, publié à peine quelques mois après la fin de la guerre condamne sans ambiguïté la politique délibérée des alliés de cibler les populations civiles allemandes. Aujourd'hui on le tiendrait pour un lanceur d'alerte, ce qui lui pourrait lui faire courir de grands risques auprès des autorités de certains pays. Dans le contexte, son livre témoigne d'un courage certain, à une époque où les Allemands étaient considérés par l'opinion publique des pays Alliés, comme les ennemis absolus,

C'était un tout jeune homme d'un peu plus de 23 ans lorsque le 3 décembre 1943 il prit place dans un bombardier de la RAF, avec des compagnons plus jeunes que lui, pour accomplir un reportage dangereux sur le bombardement de nuit de la capitale du Reich.

Participaient à cette mission, dans trois autres avions, le journaliste australien Norman Stockton, le journaliste norvégien Johan Nordahl Brun Grieg et Ed Murrow, correspondant de guerre pour la radio américaine CBS. Stockton et Grieg y trouvèrent la mort.

Murrow fut le seul à en revenir. Plus tard, il s'illustra dans la campagne de presse qui fit tomber le sénateur MacCarthy. De retour à Londres cette nuit de décembre 1943, Murrow se conforma à une tradition journalistique anglo-saxonne en diffusant le reportage sur les ondes, à la place et au nom des absents.

Le sort de mon père resta inconnu pendant plusieurs semaines. La presse américaine ne put signaler que le 21 janvier 1944 – plus d'un mois et demi après les faits - qu'il était encore en vie et prisonnier des Allemands.

Ma mère, Enid Elizabeth, enceinte de mon frère David, avait déjà fui le Blitz de Londres pour les États Unis, où elle avait été accueillie par ses beaux-parents près de New York. J'étais alors âgé de deux ans. Elle était partie avec moi d'un port en Écosse pour une traversée de dix jours en zigzags dans l'Atlantique Nord, en plein hiver, tous feux éteints la nuit, pour éviter les U-Boot qui patrouillaient, à l'affût de navires de la marine marchande. La famille ne devait se réunir qu'en 1945, après la libération de Lowell et mon petit frère David fit enfin la connaissance de son père.

Lowell, né en 1920 à Kansas City, dans le Missouri, n'était pas un correspondant de guerre novice. Pendant l'hiver 1942-43 il avait couvert la campagne alliée en Tunisie, d'où il revint avec son premier livre Assignment to Nowhere [Mission pour nulle part] publié en 1943 par The Vanguard Press de New York, qui devait ensuite publier Parachute to Berlin.

Auparavant, il avait rejoint un contingent de volontaires britanniques pour la Guerre d'Hiver en Finlande en 1940, expédition annulée après le traité de paix soviéto-finlandais. Il se rendit ensuite à Paris pour s'engager dans la Légion Étrangère, qui refusa de l'incorporer dans une unité de combat, à cause de sa nationalité. Il rejoignit le American Volunteer Ambulance Corps, fut fait prisonnier par les Allemands dans la Sarre, mais fut libéré d'un camp de prisonniers cinq semaines plus tard, l'Amérique n'étant pas encore engagée dans la guerre. Il se rendit à Londres, en passant par Madrid et Lisbonne, devint ambulancier pendant le Blitz, rencontra et épousa ma mère, et fut engagé comme journaliste auprès de l'International News Service en juillet 1941.

Son récit est également singulier, dans la mesure où il s'agit d'un témoignage unique sur les bombardements alliés de l'Allemagne, vécus depuis le sol, par un journaliste américain. En février 1943, le correspondant de guerre américain Robert Perkins Post avait été tué lors d'un reportage dans un bombardier américain au-dessus de l'Allemagne, et dès lors les autorités états-uniennes ne devaient plus autoriser les journalistes à prendre de tels risques dans un avion de la US Air Force. Mon père fut l'un des très rares journalistes à voler avec les bombardiers, à endurer les bombardements depuis le sol, et à revenir.

Josef Borner, l'officier allemand qui guida mon père dans cet effrayant voyage de son pays sous les bombes alliées, mérite une mention particulière, car sans lui, ce livre n'aurait peut-être pas vu le jour, Lowell lui donna une fausse identité pour garantir sa sécurité. Les deux hommes se retrouvèrent après la guerre et restèrent longtemps bons amis.

Ian Bolton, le pilote écossais âgé de 20 ans, qui n'abandonna son avion en flammes qu'au tout dernier moment, se retrouva avec Lowell au stalag jusqu'à leur libération par l'Armée rouge en 1945. Les deux hommes restèrent en correspondance amicale après la guerre. D'après sa fille Fiona, Ian était sévèrement atteint d'un trouble de stress post-traumatique, un « désordre » à l'époque. Cette pathologie ne fut reconnue aux Etats-Unis que très progressivement entre 1950 et 1970.

Les avions britanniques durent affronter la Luftwaffe en nombre insuffisant dans le ciel de Dunkerque au printemps 1940 pour protéger l'évacuation en catastrophe de près de 340 000 soldats britanniques, français et belges, encerclés sur les plages par l'armée allemande.

Suite au bombardement allemand de Rotterdam en mai 1940 la RAF lança une campagne aérienne soutenue contre l'Allemagne, qui se mit à bombarder l'Angleterre, notamment les villes côtières du sud et du sud-est, à partir de juillet de la même année. Les premiers raids aériens britanniques sur des objectifs allemands n'eurent pas le succès escompté. Les bombardements de jour exposaient les équipages à trop de risques, et ceux de nuit étaient totalement imprécis, faute d'un matériel de repérage adapté. Les gros bombardements allemands sur les villes importantes (le Blitz) commencèrent en septembre. En neuf mois 43 000 Londoniens y trouvèrent la mort. En réplique, les pilotes de la Bomber Command de la RAF avaient l'ordre formel d'éviter de frapper les centres de population, mais l'imprécision des attaques de nuit eurent comme résultat une augmentation exponentielle du nombre de victimes civiles.

En février 1942, Arthur Harris fut nommé commandant en chef de la Bomber Command. Churchill le chargea de coordonner le bombardement stratégique de l'Allemagne. L'objectif clairement annoncé était de briser le moral de l'ennemi, détruire son potentiel industriel et ferroviaire et l'obliger à redistribuer son effort de guerre en mobilisant une main d'œuvre importante pour les réparations.

Pendant les trois années suivantes, la technologie aérienne britannique fit d'immenses progrès. L'industrie accéléra la production massive de bombardiers d'une puissance inégalée, notamment les Avro Lancaster, qui pouvaient voler plus loin avec des charges plus importantes, jusqu'à plus de 5 tonnes de bombes, et avec une précision de visée toujours plus grande. Au cours de la guerre, les Britanniques larguèrent près d'un million de tonnes de bombes sur l'Allemagne, tandis que les

Américains, qui les rejoignirent en 1942, en larguèrent 623 000.

Le Bomber Command perdit 57 000 aviateurs tués au combat pendant cette campagne. C'était en majorité des hommes très jeunes, de formation universitaire, ce qui leur était nécessaire pour les tâches complexes exigées dans ces immenses bombardiers quadrimoteurs avec leurs équipages de sept hommes. Plus de 635 000 civils Allemands devaient périr sous leurs bombes selon le gouvernement de la République fédérale allemande en 1956. Rien qu'en France on estime à 60 000 le nombre de civils morts sous les bombes alliées. En un seul raid sur Royan les 4 et 5 janvier 1945 la RAF tua plus de 440 civils avec des bombes incendiaires ainsi que 47 soldats allemands, sans aucune destruction d'équipements nazis…

De nos jours encore l'efficacité et la moralité de ces bombardements stratégiques sont au cœur de nombreux débats au Royaume Uni. D'éminents historiens contemporains, tel Max Hastings, auteur d'un remarquable «Bomber Command», publié en 1979, confirment le jugement sévère de Lowell Bennett en relevant que l'impact sur le moral allemand fut beaucoup moins important qu'espéré par les stratèges de la RAF, et que l'effet sur la production industrielle était très limité, même si les bombardements tactiques des canaux, des réseaux ferroviaires, des raffineries de pétrole et des oléoducs avaient facilité le déploiement des troupes alliées et perturbé celui des allemands sur le continent européen au cours des derniers mois de la guerre.

D'autres historiens estiment au contraire que les bombardements stratégiques auraient permis de maintenir la pression alliée sur l'Allemagne nazie à l'ouest tandis que les soviétiques la maintenaient à l'est. Selon Albert Speer, ministre de l'Armement et des Munitions sous Hitler, ces bombardements auraient causé de réels dommages à l'économie du Reich. Quoi qu'il en soit, Sir Arthur Harris ne reçut aucune reconnaissance officielle britannique après sa retraite en 1946, à la déception de nombreux équipages de la RAF ayant volé sous ses ordres dans ces dangereuses expéditions.

Ce témoignage vécu de mon père m'apparaît opportun et nécessaire, pour la mémoire historique.

Alan Bennett – Août 2022

Table des matières

Imprimé en France - R_54672 - novembre 2023 - 14110 Condé-sur-Noireau
RapidBook, une marque du Groupe Corlet Imprimeur